珍藏版

国学知识

全鉴

东篱子◎编著

中国纺织出版社有限公司 | 国家一级出版社
全国百佳图书出版单位

内 容 提 要

国学是中华五千年文明的宝贵遗产。作为中国人，不能忘记传统，不能不知国学。国学有利于重塑现代人的价值观。了解和认识国学，使国学得到更好的继承和发扬，是当今每位炎黄子孙应尽的光荣义务。《国学知识全鉴（珍藏版）》一书装帧精美，能满足广大读者朋友收藏、馈赠需要，其内容非常广泛，伦理道德、礼仪民俗、经史子集、琴棋书画无所不包。这是一部提升人文修养、丰富知识储备的理想读本，是人人都能看懂的国学入门之作。

图书在版编目（CIP）数据

国学知识全鉴：珍藏版 / 东篱子编著 . —北京：中国纺织出版社有限公司，2019.11（2024.1重印）

ISBN 978 – 7 – 5180 – 6736 – 7

Ⅰ . ①国… Ⅱ . ①东… Ⅲ . ①国学—基本知识 Ⅳ . ①Z126

中国版本图书馆 CIP 数据核字（2019）第 215523 号

策划编辑：陈希尔　　责任校对：韩雪丽　　责任印制：储志伟

中国纺织出版社有限公司出版发行
地址：北京市朝阳区百子湾东里 A407 号楼　　邮政编码：100124
销售电话：010—67004422　　传真：010—87155801
http://www.c-textilep.com
中国纺织出版社天猫旗舰店
官方微博 http://weibo.com/2119887771
北京华联印刷有限公司印刷　各地新华书店经销
2019 年 11 月第 1 版　2024 年 1 月第 2 次印刷
开本：710×1000　1/16　印张：20
字数：250 千字　定价：68.00 元

　　国粹倾情，只为燃起一盏心灯。因为被点亮的是千年文化精髓，是我们心灵向往的圣处。

　　学海遨游，只为芳华泅渡。因为我们愿意在心田种满精致的诗魂！

　　国学，就这样，经过千年的历史积淀，文化传承，以它独具魅力的姿态，突破空间与时间的界限，走进了我们的视野，也走向了世界的舞台。

　　国学，概念很广，简要地说，就是中国之学、中华之学，即"一国所固有之学术也"，是数千年来中国人思维方式、行为方式和生活方式的高度总结。它包括历史、文学、思想、哲学、地理、政治、经济以及书画、音乐、术数、医学、建筑等多方面。国学是人类精神宝库中的璀璨明珠，也是闪烁在历史文化长河中的绚丽光影。

　　近年来，"国学热"正在我们身边悄然兴起，令人欣慰。更可喜的是，很多家长开始对孩子进行国学启蒙教育，希望孩子奠定扎实的国学根基，以此帮助他们树立正确的道德观和价值观。"国学热"的兴起，我们不应只看到它表面的热闹，而应深入省察，透视其深层的原因，认识到它是一个国家全面振兴时期必然出现的一种文化现象，反映了国人对传统文化的反思与正视，以此来重新托起国家的尊严。

　　著名的散文家刘白羽说："每一部名著都是一个广阔的世界，一片浩瀚的海洋，一个苍莽的宇宙。"国学就仿佛一幅幅波澜壮阔的画卷在我们眼前展现，它细数着人世的沧桑，诉说着岁月的变迁。阅读它，就像与一位智者、一位挚友交谈，在他那双洞悉人世的慧眼的凝望中，在他那沉甸甸又带着暖意的警策下，你必然有所悟有所得。余秋雨先生在为《知道点中国文化》一书作序时说道:"不知道是可惜的,区区五尺之躯,不以文化群峰为背景,只是一种无觉无明、平庸卑琐的生理存在。人凭文化与外界进行不同层次的沟通,并通过文化证明自己是谁,对此,即使文化程度不高的人也有一种荣辱感。"国学的内容融汇了儒家的自强不息、佛家的宽仁宏大和道家的超脱玄妙之思想,告诉人们:做人要含蓄浑厚,只有宽广深厚的胸襟才能容纳天地万物,使自己真正地修身养性;懂得如何为人处世,知道该怎么样去学习、去陶冶情操,以此来帮助我们洗却心灵的尘埃,增强我们的洞察力,不断去超越自己,完善自己。

国学,作为传统,是一种历史的创造和存在,是一种能够温暖我们生命和心灵的财富。尽管我们有时与这种传统文化存在着一种时间上的距离和心理上的距离,但是,它却是我们的历史和文化的基础,它的因子充满了我们的血液,它构成了我们精神成长的客观环境。所以,从根本上来说,我们其实都是它的受益者。

国学著作从儒、道、墨、法诸子百家,到诗、词、歌、赋、文学小品,种类繁多,浩如烟海。在快节奏的现代生活中,如何在有限的时间里尽快领略到国学经典的核心要义,减少在茫茫书海中不得要领的辛苦?本书即是您的理想选择。该书为修订版,在第一版的基础上,对内容进行了更精细的归纳与完善,如标题的提炼、条目的增删、篇目的调整等。总体来说,分为常识卷、经卷、史卷、子卷、集卷、蒙学卷、文化艺术卷七个篇章,内容涵盖了历史常识、礼仪民俗、伦理道德、经史子集、琴棋书画等多方面,为您全面掌握国学知识提供了一条捷径。

本书平装本自出版以来,广受读者欢迎和喜爱。为满足大家的收藏、馈赠需要,现特以精装形式推出,敬请品鉴。

编者
2019 年 8 月

目录

常识卷——中华文明的起源和发展

子卷——诸子百家及释道宗教著作

集卷——古代诗文词赋著作

蒙 学 卷 ——幼儿启蒙教育经典

艺术文化卷——演绎文人四雅的魅力

常 识 卷

——中华文明的起源和发展

一、国学学习知要

国学典籍浩如烟海，国学的概念意蕴深广。那么，要有条理地学习国学，我们必须弄清楚这样三个问题：什么是国学？国学学什么？国学应该怎么学？

什么是国学

"国学"一说，产生于20世纪20年代的西学东渐、文化转型的历史时期。而关于国学的定义，严格意义上，到目前为止，学术界还没有统一明确的界定。名家众说纷纭，莫衷一是。普遍说法如国粹派邓实在1906年撰文说："国学者何？一国所有之学也。有地而人生其上，因以成国焉，有其国者有其学。学也者，学其一国之学以为国用，而自治其一国也。"《国学讲习记》，载于《国粹学报》第19期）邓先生的国学概念很广泛，但主要强调了国学的经世致用性。

一般来说，国学是指以儒学为主体的中华传统文化与学术。国学既然是中国传统文化与学术，那么无疑也包括了医学、戏剧、书画、星相、数术等，这些当

然是属于国学范畴，但也可以说是国学的外延了。

国学以学科分，应分为哲学、史学、宗教学、文学、礼俗学、考据学、伦理学、版本学等，其中以儒家哲学为主流；以思想分，应分为先秦诸子、儒道释三家等，儒家贯穿并主导中国思想史，其他列从属地位；国学以四部分类法分，应分为经、史、子、集四部，但以经、子部为重，尤倾向于经部。

简要地说，国学实际上就是中国学的简称，是我们中国人自己对中国固有传统学术文化的称谓。国学也叫国故，以前北大曾经出版过《国故月刊》。胡适提出过"整理国故"的口号。他说："中国的一切过去的文化历史，都是我们的国故。研究这一切过去的历史文化的学问，就是国故学，也称为国学。"

总之，国学是一个国家治国、齐家、修身的所有学术、文化的总和。涵盖了自然科学和社会科学所有门类：数、理、化、天、地、生，文、史、哲、政、经、法，在国家的发展中是不可或缺的。不但不可缺，还要不断创新，以便满足国家发展的需要。

国学学什么

谈"国学"，讨论"国学"，必须明确它的范畴。国学即"一国固有之学"，诸子百家、文史、制度、内典、理学等都囊括其内。如此丰富的国学内容，是我们中华民族的宝贵财富。学国学，不仅要学习它外在的文化，更要学习它内在的精神。具体来说，应注重如下方面：

（1）要以史为鉴。唐太宗的《帝范》有云："以铜为镜，可以正衣冠；以古为镜，可以知兴替；以人为镜，可以明得失。"历史是一面镜子，其中的兴衰更替对国家、企业、个人都有一番启示。夏桀和商纣纵情酒色、粗暴管理、不以人为本、从不关心百姓的生活疾苦，最终都带来灭顶之灾。明朝万历的怠政、泰昌的短命、天启的无能、崇祯的懦弱与多疑，终使得大明在和大清、大顺的角逐中结束了朱家的历史王朝。

（2）要以人为镜。国学不仅可以学历史，还可以从古人身上学修身、处世、领导以及持家。国学中有许多为人处世的典范以供后人参考。例如，姜子牙的《六韬》有云："杀一人而天下为之震者，杀之；赏一人而万人为之悦者，赏之。"这是对赏罚有据、赏罚分明的最好归纳。又如："贤主应劳以求贤而逸以治事。"这是指领导的工作重在选人与用人，而不是处理日常事务等。

（3）要古为今用。学国学当然可以深入地研究各家各派的学说，但就其实际而言，应该古为今用才能真正体现国学的现实意义与价值，这也是学国学的真正收获。冯友兰有一句话说得好："讲哲学要接着讲，而不是照着讲。"这说明了哲学结合实际的重要性。有些国学的内容不一定符合现代社会的需求，也不一定能解决企业所面临的问题，这些必须在学习中有所理解，有所取舍。比如，帝王学的内容就有它的历史背景，古代帝王的权威极大，皇权的服务对象是为维护一个家族王朝的统治地位，现今这种情况已不复存在。再者，帝王学有许多奸诈、残酷以及不择手段的伎俩，这些也不适用于有法律依据、以理服人的现代社会。

总之，学习国学要学习其所蕴含的精神和底蕴，而不应该仅仅局限在知识层面，我们的情操要在学习的过程中得到陶冶，我们的人格要从学习中得到完善，这才是我们学习国学所要达到的最终目的。

国学应该怎么学

冯其庸先生为《开心学国学》作序时说道"人人都来学国学"。国学，是中华民族五千年来的思想精华、文化精华和精神宝库，是我们世世代代的祖先们与天奋斗、与地奋斗、与人奋斗的经验总结和智慧的渊海。作为伟大中华民族的一分子，尤其值此民族复兴、国家日益走向强盛之际，更应该认真学国学。

那么，应该怎样去学呢？从古到今，人们都似乎认为唯一的办法就是背诵，实际上更重要的还要注意以下环节：

第一，要尽可能地把"理解"贯穿到经典诵读的各个阶段。理解的具体方式，可以根据实际情况，进行多种多样的探索。

第二，要循序渐进。国学典籍繁多，其内容也深奥不一，一般人很难有精力去全部顾及。所以要善于选择，循序渐进地提高。

第三，从国学大师那里借鉴和吸取学习方法。当年清华国学研究院的四大导师王国维、梁启超、赵元任、陈寅恪，都是公认的、难以企及的国学大师。他们都是学贯中西，运用西方现代学术方法来研究国学，在中西结合、新旧结合中成为大师的。由此可见，学国学，在方法上不应对古人亦步亦趋，对传统的方式生搬硬套。应该逐步学会用比较的方法、综合的方法来学国学。当然，这里仍然有一个由浅入深的渐进过程。

学界泰斗季羡林先生认为"其实国学不用搞得那么神秘，如果轻松一点更容易被大众接受"。国学是一脉相承的中国文化，并没有跟现代社会割裂开来，科技越进步，社会发展越快，就越需要文化精神的支持。所以，我们应该始终带着一颗求知和探索的心去学国学。

二、历史常识

中华文明起源最早可以追溯到什么时候

中华民族源远流长，早在100多万年前，我们的祖先就生活在辽阔的中华大地上。因此，中华文明起源最早可以追溯到远古社会时期。远古社会处于人类历史进程的初期，先后经过原始人群、母系氏族社会和父系氏族社会三个发展阶段。原始社会出现在约100万年前的旧石器时代，当时社会的生产力水平十分低下，随着人类思维和技能的进步以及劳动工具的改良，生产力水平有所提高。

随后，进入了母系氏族社会，母系氏族社会的形成距今约十至二三万年的旧石器时代中、晚期。生产力的显著发展，使母系氏族社会进入繁盛时期。母系氏族社会的结构和制度日臻成熟。磁山——裴李岗文化距今约8000年，仰韶文化距今约7000年至5000年，大汶口文化早期距今约6300年至5500年，河姆渡文化距今约7000年至5300年，上述黄河、长江流域的考古学文化大体处于这一历史发展阶段。

大约在距今5000年左右，各氏族部落先后进入了父系氏族社会。相当于这一历史时期的文化遗存，主要有黄河流域的大汶口中、晚期文化，龙山文化等；长江流域主要有屈家岭文化、良渚文化以及珠江流域的石峡文化等。

"三皇五帝"是指哪些人物

我国古代有把远古三个帝王和上古五个帝王合称为"三皇五帝"的传说，统一六国的秦始皇为了表示其崇高的地位，曾采用三皇之"皇"、五帝之"帝"

构成其皇帝的称号。但是，在历史上，"三皇五帝"却说法不一。第一种说法：三皇指天皇、地皇、泰皇，这种说法认为泰皇最可贵。另一种说法提出三皇指天皇、地皇、人皇。还有说法认为应该是燧人、伏羲、女娲。此外，《帝王世纪》以伏羲、神农、皇帝为三皇，《通鉴外纪》又以伏羲、神农、共工为三皇。由此可见，伏羲和神农占有三皇两席，诸说基本一致，而第三位分歧较大。至于"五帝"的说法也有所不同，一种认为是黄帝、颛顼、帝喾、唐尧、虞舜五人。后来又有人认为"五帝"是指伏羲、神农、黄帝、尧、舜。另外，还有炎帝高辛等人也被列为五帝之中。但是有一点是可以确定的：五帝主要是指传说中原始社会里接触的部落首领。多数人认为燧人氏、伏羲氏、神农氏三人是"三皇"；黄帝、颛顼、帝喾、尧帝、舜帝为"五帝"，这种说法约起源于春秋战国时期。

为什么说我们是炎黄子孙

相传在上古时代，中国的黄河流域住着许多分散的人群，他们按照亲属关系组成了氏族，很多氏族又联合起来组成了部落，黄帝和炎帝就是其中两个大部落的首领。那时候，人们抵抗自然灾害的能力很低，一遇到水旱灾，就得搬家。有一次，炎帝部落在搬家的时候，来到了黄帝部落占据的地方，他们看到那里条件很好，就决定长期住下来，可是黄帝部落的人不愿意，结果双方互不让步就打起仗来。经过三次战斗，炎帝部落被打败了。炎帝向黄帝认输，表示愿意听从黄帝

7

的命令，黄帝就答应了炎帝部落住下来的要求。黄帝的妻子亲自教给炎帝部落的人养蚕缫丝，黄帝让人把造车、造船的技术教给他们，炎帝也把木犁和草药送给了黄帝，他们相处得很好。后来，他们联合在一起组成了炎黄部落联盟，黄帝成了这个联盟的领袖。中华民族的历史，从此就开始了，所以中国人就把黄帝尊为中华民族的始祖，并自称是"炎黄子孙"。

尧帝有何主要功绩

尧帝，姓尹祁，名放勋。因封于唐，故称"唐尧"，由于他德高望重，人民倾心于他。他为人简朴，严肃恭谨，上下分明，能团结族人，使邦族之间团结如一家，和睦相处，深得人民爱戴。传说在尧的时代，首次制定了历法，这样，劳动人民就能够依时按节从事生产活动，不致耽误农时。汉民族是农业垦殖历史悠久的民族，对农时十分重视，故《尚书·尧典》对此有详细记载。《史记》说：尧帝"其仁如天，其知如神，就之如日，望之如云"。接近他如太阳一般，远望他如云霞一样灿烂。尧在位时，天下洪水汤汤，他用鲧治水，九年无功而返，又启用禹，使洪水得以治理。尧设置谏言之鼓，让天下百姓尽其言；立诽谤之木，让天下百姓攻击他的过错。他治天下五十年，问天下治与不治，百姓爱戴自己与否，左右不知，朝野不知。他于是微服私访于民间，在田边听到一位八九十岁老人唱道："日出而作，日入而息，凿井而饮，耕田而食，帝力于我何有哉？"这就是著名的《击壤歌》，它反映了农耕文化的显著特点，是一首十分淳朴的民谣。

尧帝开创了帝王禅让之先河，他认为儿子丹朱不成器，决定从民间选用贤良之才。他听说舜非常贤明，便微服私访，来到舜居住的历山一带，方圆百里都夸舜是一个贤良之才。尧便决定试一试舜，他把两个女儿娥皇、女英嫁给舜，让两个女儿观其德；把九个男儿安排在舜周围，让九个男儿观其行，把舜放进深山之中，舜头脑清醒，方向明确，深山之中不迷失，很快就走了出来。尧先让舜在朝中作虞官，试舜三年后，带着舜在文庙祭拜了先祖，此后，他禅让帝位，让舜开始代行天子之政。尧让位28年后去世。

舜帝有何主要功绩

舜是中华民族五帝之一，中国之源始于尧、舜、禹时期，舜承尧启禹，为华夏民族作出了不朽的贡献。舜帝统治时期，在尧帝仁政抚民的基础上，完善律法，修正仪礼，体察民情，开诚议政，治理洪水，安国定民，发展农业，开拓疆域，统一时序，制乐作典，选贤任能，在他以德育人的统一思想影响下，君臣和谐，集思广益，形成了一个政治清明，社会安定，五谷丰登，人民安康，政治、经济、文化都迅速发展的时代。《舜典》中说，舜命令主持政事的各方酋长，要对四方百姓提高政务的透明度，要让百姓们明察四方政务措施得当与否，详细倾听四方百姓意见。这表现了古代帝舜已经有了倾听群众批评的民主意识与卓识。舜帝处于承尧启禹的重要时期，透过数千年历史的雾霭阻隔，使虞舜成为中华民族的一位伟大的先祖，他倡导和力推的道德思想，至今依然光彩夺目，熠熠生辉。

大禹有何主要功绩

禹，姒姓夏侯氏，名文命，号禹，后世尊称大禹，夏后氏首领，传说为帝颛顼的曾孙，黄帝轩辕氏第六代玄孙。他与尧舜并称为传说中的古圣王，又是夏王朝的开国君主。

舜在年老的时候，认为自己的儿子商均不肖，就确定了威望最高的禹为继任者，并由禹来摄行政事。禹，最主要的功绩是治水。

传说帝尧时，中原洪水为灾，百姓愁苦不堪。鲧受命治理水患，用了九年时间，洪水未平。舜巡视天下，发现鲧用堵截的办法治水，没有什么效果，最后在羽山将其处死。接着命鲧的儿子禹继任治水之事。禹接受任务以后，立即与益和后稷一起，召集百姓前来协助。

他不辞辛劳，翻山越岭，蹚河过川，视察河道，在总结鲧失败的原因后，决

9

定改革治水的方法，变堵截为疏导。他拿着工具，从西向东，一路测度地形的高低，树立标杆，规划水道。带领治水的百姓，走遍各地，根据标杆，逢山开山，遇洼筑堤，以疏通水道。

经过十三年的努力，他们开辟了无数的山，疏浚了无数的河，修筑了无数的堤坝，使天下的河川都流向大海，终于治水成功，根治了水患。

禹在外治水，无暇顾及家庭，曾"三过家门而不入"的感人传说，表现了他在治水中艰苦卓绝的作风以及忘我的精神，其坚忍不拔的意志，在我国人民心目中历久弥新。至今在我国到处都有关于大禹的遗迹和传闻。

商汤为何会得到后人的肯定和赞扬

商汤（？~前1588年）子姓，名履，庙号太祖，为商太祖。商朝的创建者（公元前1617年~前1588年在位），在位30年，其中17年为夏朝商国诸侯，13年为商朝国王。

《易革象辞》："汤武革命，顺乎天而应乎人。"商族原来是活动在夏朝东边的部落，因汤施行仁政，爱护百姓，深得民众的拥护，周围的一些小国慕名前来归附，商族的势力迅速强大起来。当时，夏王桀残暴无道，王朝内部动荡不安，汤趁此时机实施取代夏的计划。他在伊尹和仲虺的帮助下，先灭掉了商附近的一小国葛国，之后经过11次的出征，先后灭掉周边十余个拥护夏朝的小国，成为当时的强国。汤发布征伐夏桀的誓师辞《汤誓》，于鸣条（今河南洛阳附近）之战中一举灭夏，建立了中国历史上第二个奴隶制国家商朝。商汤开了以武力夺得天下的先例，使华夏以后的历史变得多姿多彩，打破了天子是不可变的定律，是中国政治史上的第一次改革。他的此举，客观上推动了历史的发展，符合人民的愿望，因此得到后人的肯定和赞扬。

周文王有何主要功绩

周文王是商朝末年周族的首领，姬姓，名昌。古公亶父之孙，季历之子。商纣时为西伯，亦称西伯昌。相传西伯在位五十年，死后被追封为文王。太子发继位，是为武王。

周文王原为商朝的诸侯，位居三公，封为西伯。他是一位礼贤下士、尊老爱少的统治者，因不满商纣王暴政，被拘于河南羑里。《史记》中说"文王拘而演周易"，就是记载他被拘时的作为。文王归周后，不断发展生产，其在位的主要功绩是为灭商做好了充分准备。他是很有作为的君主，勤于政事，重视发展农业生产，礼贤下士，广罗人才，拜吕尚为军师，问以军国大计，使"天下三分，其二归周"，为武王灭商奠定了坚实基础。

管仲有何主要功绩

管仲（约前723或前716～前645年），姬姓，管氏，名夷吾，谥曰"敬仲"，春秋时期齐国颍上（今安徽颍上）人，史称管子，是春秋时期齐国著名的政治家、军事家。

管仲因辅佐齐桓公成为春秋时期的第一霸主而被称为"春秋第一相"。

管仲少时丧父，家庭生活贫困，为了维持家庭生计经营商业，为后来辅助齐桓公经济富国思想提供了实践基础。后来管仲从事政治活动，曾支持公子纠与小白（即齐桓公）争夺君位。小白取得君位后，经鲍叔牙的力荐，不计前嫌，管仲被拜为齐国上卿（即丞相）。

管仲注重经济，反对空谈主义，主张改革以富国强兵，他说："国多财则远者来，地辟举则民留处，仓廪实而知礼节，衣食足而知荣辱。"齐桓公尊管仲为

"仲父"，授权让他主持一系列政治和经济改革：在全国划分政区，组织军事编制，设官吏管理；建立选拔人才制度；按土地分等征税，禁止贵族掠夺私产；发展盐铁业，铸造货币，调剂物价等。通过改革，成效显著，齐国由此国力大振。对外，管仲提出"尊王攘夷"，联合北方邻国，抵抗山戎族南侵。这一政策，使其霸业更加合法合理，同时也保护了中原经济和文化的发展，为中华文明的存续作出了巨大贡献。管仲的政治、经济思想收录在《管子》中，该书共24卷，85篇，今存76篇。

应如何看待"千古一帝"秦始皇的功过

秦始皇（前259～前210年）姓嬴，名政，为秦庄襄王之子。中国历史上杰出的政治家、军事家，也是著名的暴君。因为在赵国出生，又叫做赵政。13岁即王位，39岁统一中国，建立了中国历史上第一个统一的、多民族的、专制主义中央集权制国家——秦朝。是中国的第一个皇帝。

其功绩主要表现为："消灭六国，统一中国"，结束了纷纷扰扰长达数百年的旧时代，开启了天下大一统的新时代；"废分封，置郡县"，比较彻底地消除了旧的宗法制的羁绊和模式，从当时的政治和社会的实际需要出发，创建了一套系统完整的国家制度；"统一经济制度，统一文字"，对于巩固国家的政治统一，促进经济、文化的发展，都起了巨大的作用。

其过错主要表现为：焚书坑儒，坑杀大批无辜的士人学者，严重摧残了我国古代文化，这是一种政治暴行；横征暴敛，不恤民力，使广大百姓苦不堪言。于是陈胜、吴广揭竿而起，天下响应，推翻了秦朝的统治。

秦始皇一方面是首创统一局面的"千古一帝"，一方面是专制独裁的"暴君"，对于其功过是非，我们应辩证客观地看待。

李斯有何主要功绩

李斯，姓李，名斯，字通古，战国末年楚国上蔡（今河南上蔡西南）人。秦汉时代著名的政治家、文学家。他早年为楚国郡小吏，后从荀子学帝王之术，学成入秦。初被吕不韦任以为郎，后劝说秦王政灭诸侯、成帝业，被任为长史。秦王采纳其计谋，派遣谋士持金玉游说关东六国，离间各国君臣，又任其为客卿。秦王政十年（公元前237年）下令驱逐六国客卿，李斯上《谏逐客书》阻止，为秦王政所采纳，不久官为廷尉。

秦统一天下后，李斯官至丞相。他主张废分封制，设郡县，明法度，定律令，禁私学，以加强专制主义中央集权的统治；以小篆为标准，统一全国文字，销毁民间兵器，加强对人民的统治。

秦始皇死后，李斯与赵高合谋伪造遗诏，迫令秦始皇长子扶苏自杀，立胡亥为二世皇帝。公元前208年，李斯被赵高诬陷为谋反，腰斩于咸阳闹市，并夷四族。

商鞅变法的主要内容是什么

商鞅（前390～前338年），姬姓，卫氏，又称卫鞅、公孙鞅，汉族，卫国（今河南安阳市）人。战国时期政治家、思想家，先秦法家代表人物。秦孝公时封于商邑，故名商鞅，号为商君。

商鞅起先在魏相公叔痤的手下担任中庶子一职。公叔痤得知商鞅怀才不遇，便向魏惠王推荐商鞅。商鞅并未被惠王重用。后来听说秦孝公颁布求贤令而西行入秦，通过秦孝公宠臣景监，商鞅三见秦孝公，提出了帝道、王道、霸道三种君主之策。孝公拒绝施行儒家的仁政德治，而对霸道非常崇尚，这与商鞅的法家思想不谋而合，于是商鞅在秦国一度得到了重用，并在秦国推行了最为彻底的变法运动。

商鞅在秦国先后两次实行变法，变法的主要内容为"废井田、开阡陌，实行郡县制，奖励耕织和战斗，实行连坐之法"等。这一举措，较为彻底地革除了旧的封建制度，实行了新制度，使得秦国迅速走上了强盛之路。由于商鞅的变法触及了贵族保守派的利益，以至于在公元前338年，秦孝公驾崩，惠文王即位后，商鞅受到陷害，最终被处以车裂之刑。

董仲舒对儒学的发展有何贡献

董仲舒（前179～前104年），我国西汉时期著名的思想家、政治家。景帝时任博士，讲授《公羊春秋》。汉武帝元光元年（公元前134年），董仲舒在著名的《举贤良对策》中，提出他的哲学体系的基本要点，并建议"罢黜百家，独尊儒术"，为汉武帝所采纳。董仲舒思想的主要特色，是以儒家学说为基础，引入阴阳五行理论，构建"大一统"和"天人感应"的新思想体系。

他认为道德是"天意"、"天志"的表现。从天人感应的神学目的论出发，并明确指出人性包括"性"与"情"两个方面。他认为，性表现于外则为仁，可以产生善；"情"表现于外则为贪，可以产生恶。因此，必须以"性"控制"情"，"损其欲以辍其情以应天"。董仲舒继承了先秦时期孔子、孟子的义利观，提出"正其道不谋其利，修其理不急其功"的主张，强调义重于利。在志与功的关系上，他强调志，主张"本其事而原其志，志邪者不待成"，认为动机（志）不善就可以惩罚，不必等到酿成事实。董仲舒崇尚儒学的主张，为当时封建制度提供了主要的理论根据，因而被尊为群儒之首，成为汉代和整个中国封建社会的重要理论家。

桑弘羊推行的经济政策主要有哪些

桑弘羊（前152～前80年），汉武帝时大臣，洛阳人。出身商人家庭，自幼有心算才能，13岁入侍宫中。自元狩三年（公元前120年）起，终武帝之世，历任大司农中丞、大司农，御史大夫等重要职务，深得武帝宠信。元狩年间以后，在桑弘羊的参与和主持下，先后实行了盐、铁、酒官营，均输、平准、算缗、告缗，统一铸币等经济政策。此外，还组织了60万人屯田戍边，防御匈奴。这些措施都在不同程度上取得了成功，暂时缓解了经济危机，史称当时"民不益赋而天下用饶"，桑弘羊以此赐爵左庶长。武帝后元二年（公元前87年），桑弘羊由搜粟都尉迁任御史大夫，与霍光、田千秋、金日磾、上官桀四人同受遗诏辅佐昭帝。始元六年（公元前81年），昭帝召集各地贤良文学至长安，会议盐铁等国家大事。贤良文学反对盐铁官营和均输平准等与民争利的政策，力主改弦更张，桑弘羊与之展开辩论。由于桑弘羊的坚持和封建国家财政方面的需要，当时除废止酒类专卖改为征税外，盐铁官营等各项重要政策仍沿袭不变。次年，桑弘羊因与霍光政见发生分歧，被卷入燕王旦和上官桀父子的谋反事件，最终被处死。

司马迁对中国史学作出了哪些贡献

司马迁（前145或前135～前87年），字子长，西汉夏阳（今陕西韩城西南）人。著名史学家、文学家。

据说，司马迁10岁开始学习古文书传。约在汉武帝元光、元朔年间，向董仲舒和孔安国学习。20岁时，他从京师长安南下漫游，江淮流域和中原地区都留下了他的足迹，他每到一个地方，都考察风俗，采集传说。从元封三年（公元前108年）他被封为太史令后开始阅读、整理史料，准备写作《史记》，到太始四年（公元前91年）基本完成全部写作计划，共经过16年。这是他用一生的精力、艰苦的劳动，并忍受了肉体和精神上的巨大痛苦，创作而成的一部永远闪耀着光辉的伟大著作。

《史记》是中国第一部纪传体通史。全书包括十二本纪，三十世家，七十列传，十表，八书，共五个部分，一百三十篇约五十二万六千多字。记述了从传说中的黄帝至汉武帝太初四年上下三千年的历史，是一部伟大的史学名著，为后世留下了一笔极其珍贵的文化遗产。

鲁迅称赞《史记》是"史家之绝唱，无韵之离骚"。

王莽篡汉是怎么一回事

王莽（前45～23年），字巨君，魏郡元城（今河北大名县东）人。他是汉元帝皇后王政君的侄子。早年折节恭俭，勤奋博学，孝事老母，以德行著称。成帝时封为新都侯。哀帝时，因外戚丁、傅两家辅政，王莽被迫告退，闭门自守。哀帝死后，王政君以太皇太后临朝称制，任侄子王莽为大司马，拥立刘衎（kàn）为平帝，由他总揽朝政。遂诛灭异己，大封汉宗室、功臣子孙和在朝大官为侯，广植党羽，以此获得了许多人的拥护。平帝死，改立2岁的孺子婴为帝，自己以摄政名义据天子之位，称"假皇帝"。

初始元年（公元 8 年）废孺子婴，自称皇帝，改号为新，建年号为"始建国"。于是托古改制，下令变法：将全国土地改为"王田"，限制个人占有数量；奴婢改称"私属"，均禁止买卖；推行五均六，以控制和垄断工商业，增加国家税收；屡次改变币制，造成经济混乱，农商失业，食货俱废；恢复五等爵，经常改变官制和行政区划，等等。由于贵族、豪强破坏，改制没有缓和社会矛盾，反而使阶级矛盾激化；加之又对边境少数民族政权发动战争，赋役繁重，横征暴敛，法令苛刻，终于在公元 17 年爆发了全国性的农民大起义。更始元年（公元 23 年），新王朝在赤眉、绿林等农民起义军的打击下覆灭，王莽也在攻入长安时被杀。

张道陵为何被尊为天师道祖师

张道陵（34～156 年），道教创始人，第一代天师。本名张陵，东汉沛国丰邑（今江苏丰县）人。据传为汉留侯张良的八世孙。建武十年（34 年）正月十五夜，生于吴之天目山。

他自幼聪慧过人，七岁就读通了老子《道德经》，天文地理河图洛书无不通晓。后来被选为贤良方正的官，然而虽然做官，而他却志在修道，不久就隐居到北邱山里。汉和帝曾经赐他做太傅，并封他为冀县侯，三次下诏他都婉拒了。他后来到了四川，爱上四川的山明水秀，于是就隐居在鹤鸣山上潜心修道。

相传，张道陵在鹤鸣山修道传教时，恰逢地方瘟疫肆虐，生灵涂炭，十室九空。为拯救苍生于水火，他将自创金丹术和极富道教特色的人体医学思想加以整合，研制出祛病健体的神秘草药配方，并将药浸于酒中送于百姓，瘟疫得以祛除。百姓病除之后感觉身轻体健，精神焕发强于从前。百姓感念其施救苍生之恩，奉张道陵为代天行道之师，即"张天师"，所以，"正一盟威之道"又称为"天师道"。

张道陵在鹤鸣山著作道书 24 卷，阐明"天师道"的微言奥义，成为教众的行动纲领，又尊奉老子为教祖，《老子五千文》为主要经典，又作了《老子想尔注》，他宣称，人君用"道意"来治国，国则太平；循"道意"而爱民，民即寿考；人法道义，便可长久，并以"佐国扶命，养育群生"为最高目标。

王充的哲学思想主要表现在哪些方面

王充（27~约97年），字仲任，会稽上虞人，东汉唯物主义哲学家，在中国哲学史上具有重要影响。他反对当时流行的天人感应说，提出"气"的一元论思想，以为气是客观世界的最基本的元素，"天地，含气之自然也"。这是古代朴素唯物主义的体现。此外，王充还反对有神论，认为人的生命与精神，均以"精气"为物质基础，"死而精气灭"。王充曾作《问孔》和《刺孟》等篇，反对儒家古是今非的观点，提出"汉高于周"的历史进步观点。他提出的一系列理论，体现其独立思考的可贵品质，并对以后思想界的发展产生了深远的影响。

王充的重要著作是《论衡》，共85篇，二十多万字，解释万物的异同，纠正了当时人们疑惑的地方。另有《讥俗》《政务》《养性》等。

诸葛亮为什么被尊为"中华民族智慧的化身"

诸葛亮（181~234年），字孔明，号卧龙，琅琊阳都（今山东临沂市沂南县）人，蜀汉丞相，三国时期杰出的政治家、战略家、发明家、军事家。代表作有《前出师表》《后出师表》《诫子书》等；发明有木牛、流马、孔明灯等。千百年来，诸葛亮已经成为中华民族智慧的化身，其传奇性的故事亦为世人所传扬。

诸葛亮早年躬耕南阳，晴耕雨读，研究过前代历朝的政治、经济、军事状况和各家学派的政治主张，对先秦法家人物，特别是管仲、乐毅、申不害和韩非的著作，做过认真的研究。因而娴熟韬略，学识渊博，兼通天文地理，奇门遁甲。

207年，刘备"三顾茅庐"于襄阳隆中，诸葛亮提出了著名的《隆中对》，"足不出户而知天下三分"。历史上有许多知名的故事，比如草船借箭、借东风、七擒孟获、革新"连弩"、造"木牛""流马"、推演兵法，作"八阵图"等，这都是诸葛亮足智多谋的表现，因而他被后人称为中华民族智慧的化身。

223年，后主刘禅即位，诸葛亮受封武乡侯，勤勉谨慎，事必躬亲，赏罚严明。他多谋略，善巧思，与东吴联盟，改善和西南各族的关系，实行屯田，加强战备。227年，上疏《出师表》于刘禅，率军出驻汉中，前后六次北伐中原，多以粮尽无功。234年，终因积劳成疾，病逝于五丈原军中。表现了他"鞠躬尽瘁，死而后已"的精神。

为何说陶弘景是"山中宰相"

陶弘景（456～536年），字通明，自号阳陶隐，人称"山中宰相"，南朝梁时丹阳秣陵（今江苏南京）人。南朝齐、梁时期的道教思想家、医药家、炼丹家、文学家，自号华阳隐居，卒谥贞白先生。南朝南齐、南梁时期的道教茅山派代表人物之一。自幼聪明异常，10岁读葛洪《神仙传》，便立志养生，15岁著《寻山志》。20岁被引为诸王侍读，后拜左卫殿中将军。36岁梁代齐而立，隐居句曲山（茅山）华阳洞。梁武帝早年便与陶弘景认识，称帝之后，想让其出山为官，辅佐朝政。陶于是画了一张画，两头牛，一个自在地吃草，一个带着金笼头，被拿着鞭子的人牵着鼻子。梁武帝一见，便知其意，虽不为官，但书信不断，常以朝廷大事与他商讨，人称"山中宰相"。他的思想脱胎于老庄哲学和葛洪的神仙道教，杂有儒家和佛教观点。工草隶，行书尤妙。对历算、地理、医药等都有一定研究。曾整理古代的《神农百草经》，并增收魏晋间名医所用新药，成《本草经集注》七卷，共载药物730种，并首创沿用

至今的药物分类方法，以玉石、草木、虫、兽、果、菜、米实分类，对本草学的发展有重大的影响。

陶弘景一生著书很多，约223篇。其中关于医药学的有《本草经集注》7卷，《补阙肘后百一方》3卷，《梦书》1卷，《效验施用药方》5卷，《服食草木杂药法》1卷，《断谷秘方》1卷，《消除三尺要法》1卷，《服气导引》1卷，《养性延命录》2卷，《人间却灾患法》1卷，《集药诀》1卷等。其中绝大多数均已散失。

寇谦之对道教改革的主要内容是什么

寇谦之（365～448年），名谦，字辅真，北朝道教的代表人物。祖籍上谷昌平（今属北京），后迁居冯翊万年（今陕西临潼）。自称东汉光武帝时雍奴侯寇恂的十三世孙。其父修之，为苻坚东莱太守；其兄寇赞在北魏初任南雍州刺史。

寇谦之夙好仙道，有绝俗之心，少年时曾修张鲁之术，服食饵药，历年无效。后随仙人成公兴，随之入华山，采食药物不复饥。继隐嵩山，修道七载，声名渐著。后出山入世，对早期道教的教义和制度进行了全面的改革，吸取儒家五常（父义，母慈，兄友，弟恭，子孝）观念，吸融儒释的礼仪规诫，建立了比较完整的道教教理教义和斋戒仪式，并改革道官职位的制度，主张唯贤是授，信守持戒修行。他重视道教斋醮仪范，为道教增订了诸多斋仪和仪式，亦为后世道教斋仪奠定了基础。经寇谦之改革后的天师道，后人称新天师道或北天师道。公元448年，寇谦之卒，年八十四，葬以道士之礼。

为何称玄奘是中国佛学界第一人

玄奘（602～664年），名陈祎，洛州缑氏（今河南偃师滑国故城）人。唐代著名三藏法师、佛教学者、旅行家，与鸠摩罗什、真谛并称为中国佛教三大翻译家，中国佛教法相唯识宗的创始者之一。

玄奘 13 岁出家。贞观三年（629 年），从长安（今陕西西安）出发，历经 4 年至印度那烂陀寺，拜名僧戒贤为师，研习《瑜伽师地论》等佛经。贞观十九年（645 年）携大、小乘佛教经典回到长安。组织译经，共译出经、论 75 部，凡 1335 卷。所译佛经，多用直译，笔法谨严，丰富了中国古代文化，并为古印度佛教保存了珍贵典籍，世称"新译"。曾编译《成唯识论》，论证"我"（主体）、"法"不过是"识"的变现，都非真实存在，只有破除"我执""法执"，才能达到"成佛"境界。所撰又有《大唐西域记》，是研究印度、尼泊尔、巴基斯坦、孟加拉国以及中亚等地古代历史、地理的重要资料。历代民间广泛流传其故事，如元吴昌龄《唐三藏西天取经》杂剧，明吴承恩《西游记》小说等，均由其事迹衍生。

玄奘在中国佛教史上开辟了中国译经史的新纪元，同时他还积极讲经弘法，热心佛教教育，门下人才辈出。玄奘的译经传教，使长安成为当时世界佛教的中心，日本和韩国的僧侣也纷纷投到玄奘门下，再把中国佛教传到各国。他不愧被称作为"中国佛学界第一人"。

为什么说唐太宗是一位杰出的政治家

唐太宗（598～649 年）即李世民，祖籍陇西成纪（今甘肃秦安西北），李渊次子，是唐朝第二代皇帝，中国历史上伟大的军事家、政治家。即位为帝后，他积极听取群臣的意见，精心治理天下，开创了历史上的"贞观之治"。

为什么说唐太宗是一位杰出的政治家呢？主要在于：①唐太宗注意吸取隋亡教训，认识到皇帝要勤于政事，大臣要廉洁奉公，政府要轻徭薄赋、发展生产，统治才能巩固。②他善于用人和重视纳谏，贞观时期，名相名将辈出，如"房谋杜断"的房玄龄和杜如晦，敢于直言的魏征等。③沿用和完善隋朝的三省六部制，增加宰相人数，避免宰相专权。④合并州县，革除唐初"民少吏多"的弊政，减轻人民负担。⑤重视文化教育，完善科举制，增加了考试科目，以进士科最为重要；中央设国子学、太学等，学校还有了专业分科，如医学、算学、天文学等。⑥唐太宗以较为开明的民族政策，赢得各民族的拥戴，北方各族尊称他为

"天可汗"，他还设立安西都护符作为管辖西域的最高行政和军事机构。⑦唐太宗把文成公主嫁给吐蕃赞普松赞干布，加强了唐蕃友好关系，促进了吐蕃经济文化发展。⑧唐太宗派人到天竺学习熬制砂糖的技术。

唐太宗实行了这些比较开明的政策，既维护了统治，又使百姓安居乐业，经济发展，国力强盛，为唐朝进入全盛时期奠定了基础，不愧为我国古代杰出的政治家。

朱熹为何被认为是理学集大成者

朱熹（1130～1202年）字元晦，后改仲晦，号晦庵，别号考亭先生、紫阳先生、云谷老人、逆翁等。南宋时期，出生于南剑州尤溪（今属福建三明市），后随母迁居建阳崇安县。晚年曾在抚州定居，游历甚广。南宋著名理学家、思想家、哲学家，闽学派的代表人物，世称朱子，是孔子、孟子以来最杰出的弘扬儒学的大师。

朱熹18岁举建州乡贡，19岁中进士，初任泉州同安县主簿。任满后，请求为祠官，潜心理学研究，四处讲学，宣扬他的"太极"即"天理"和"存天理，灭人欲"的理学思想体系，成为程（指程颢、程颐）朱学派的创始人。元朝皇庆二年（1313年）复科举，诏定以朱熹《四书集注》试士子，朱学定为科场程式。朱元璋洪武二年（1369年）科举以朱熹等"传注为宗"。朱学遂成为巩固封建社会统治秩序的强有力精神支柱。他的学术思想，在中国元明清三代，一直是封建统治阶级的官方哲学，标志着封建社会意识形态的更趋完备。

作为一代理学名家，朱熹的著述甚多，主要著作有《四书集注》《四书或问》《太极图说解》《通书解》《西铭解》《周易本义》《易学启蒙》等。

朱熹22岁授左迪功郎，初任泉州同安县主簿，为官48年。庆元六年（1200年）病逝，享年71岁。赐谥曰"文公"。后人称朱文公，累赠太师，追封信国公，后改徽国公，从祀孔子庙。明朝通称先儒朱子，清康熙五十一年（1712年）诏升大成殿配享，位列十哲之次。

朱熹曾在岳麓书院讲学，他还重建了庐山的白鹿洞书院，邀请了吕祖谦、陆九渊等学者讲学。

朱熹把《大学》重新整理，认为"经一章，盖孔子之言而曾子述之；其传十章，则曾子之意而门人记之也。"他又将《论语》跟《孟子》，以及《礼记》一书中的两篇《大学》《中庸》，合订为一部书，定名《四书》。《四书》遂与《五经》合称为"四书五经"，成为后来科举考试的核心内容。

朱熹发扬《大学》中的"格物、致知、诚意、正心、修身、齐家、治国、平天下"的思想，成为后世学者必宗的追求。朱熹的学说对中国影响深远，此后的各朝各代都以他的儒学理论为正统，道学家甚至以朱熹的是非为是非，而他所倡导的封建礼教，也成为束缚中国人思想解放的精神枷锁。

陆九渊为何被认为是"心学"祖师

陆九渊，字子静，生于宋高宗绍兴九年（1139年），卒于宋光宗绍熙三年（1192年），江西抚州金溪（今江西临川县）人。由于他在中年以后，到贵溪的象山居住讲学，又自号"象山居士"，故学者称他为象山先生。陆九渊还与四兄陆九韶、五兄陆九龄以学名世，号称"三陆子之学"，甚有影响。

陆九渊"心即理"的哲学命题使他开创了中国"心学"，是当时唯一能与朱熹理学相持对立的一家。他所主导"心即是理"的观点认为人的心和理都是天赋的，是永恒不变的，仁义礼智等道德是人的天性所固有的，致学目的就在于穷此理、尽此心。人难免受物欲的蒙蔽，受到蒙蔽后的心就不灵，理也就不明了了，这样就必须通过师友讲学来恢复心的本然。

自宋以后，朱熹理学成为执政者的统治思想，而自明代中期以来，陆门弟子将"心即理"进一步发展成为"万物唯我""心外无理"的命题，影响渐大，官方学界开始由朱转陆。明朝王阳明更以陆门传人自居宣扬心学，并提出"心外无物""心外无理"的命题。陆九渊所创心学在王阳明时终集大成，史称"陆王心学"。明代之后，陆王心学大盛华夏，并出现诸多流派，对近代中国理学产生深远影响。

王阳明心学有何独到之处

王守仁（1472～1528年），字伯安，别号阳明，浙江余姚人。是我国明代著名的文学家、哲学家、思想家、政治家和军事家。"心学"之集大成者，非但精通儒家、佛家、道家，而且能够统军征战，是中国历史上罕见的全能大儒。

王守仁发展了陆九渊的学说，用以对抗程朱学派。他说："无善无恶心之体，有善有恶意之动，知善知恶是良知，为善去恶是格物。"并以此作为讲学的宗旨。他提出"心外无物，心外无理"的命题，认为身之主宰便是心，心之本体便是理，心外无理；心之所发便是意，意之所在便是物，心外无物。

王守仁心学的特点是他的"良知说"。他认为，人心之灵明就是良知，良知即是天理，故不可在良知之外求天理。他说，良知是造化的"精灵"，"生天生地，成鬼成帝，皆从此生，真是与物无对"。天地万物皆从良知中产生。没有良知，便没有天地万物，但良知为人心之所固有。他又说，良知是"天渊"，是天地万物发育流行的根源，因此，良知又称为"太虚"。天地万物在太虚中发育流行，就是在良知中发育流行，而不在良知之外。

在知与行的关系上，王守仁从"天地万物本吾一体"的理论出发，反对朱熹的"先知后行"之说，而主张"知行合一"。由他创立的阳明学派，成为明代中后期一个体系庞大、门徒众多、思想活跃、影响深远的新儒家学派，在我国儒学发展史上占有重要地位。

为何说黄宗羲是"中国思想启蒙之父"

黄宗羲（1610~1695年），字太冲，号梨洲，世称南雷先生或梨洲先生，浙江余姚人。他的父亲黄尊素为万历进士，天启中为御史，是东林党人，因弹劾魏忠贤而被削职归籍，不久又下狱，受酷刑而死。19岁的黄宗羲乃进京讼冤，并在公堂之上出锥击伤主谋，追杀凶手，明思宗叹称其为"忠臣孤子"。黄宗羲归乡后，愈加发愤读书。黄宗羲与弟黄宗炎、黄宗会号称"浙东三黄"；与顾炎武、方以智、王夫之，并称为"清初四大家"，并有"中国思想启蒙之父"之誉。

黄宗羲多才博学，于经史百家及天文、算术、乐律以及释、道无不研究。尤其在史学上成就很大，而在哲学和政治思想方面，更是一位从"民本"的立场来抨击君主专制制度者，堪称是中国思想启蒙第一人。他的政治理想主要集中在《明夷待访录》一书中。该书通过抨击"家天下"的专制君主制度，向世人传递了光芒四射的"民主"精神，这在当时黑暗无比社会环境下是极其难能可贵的！

黄宗羲一生著述大致依史学、经学、地理、律历、数学、诗文杂著为类，多至50余种，300多卷，其中最为重要的有《明儒学案》《宋元学案》《明夷待访录》《孟子师说》《思旧录》《易学象数论》《大统历推法》《四明山志》等。其中《明儒学案》是中国第一部学术史，他开创了中国史学上的新体裁，即"学案体"。这种体裁被清人取用，成为编写中国古代学术史的主要方式。

王夫之的思想对中国历史产生了何种影响

王夫之（1619~1692年）明末清初时期，我国著名的思想家、哲学家、文学家，衡阳市人，字而农，号姜斋；中年称"一瓠道人""更名壶"，晚年仍用旧名。因隐居衡阳县曲兰乡（今船山乡）石船山，故自号船山老人，后人称船山先生。王夫之与顾炎武、黄宗羲同称明末三大学者。

王船山少"负奇才",称"神童"。4岁与二哥王参之跟随长兄王介之入塾读书,7岁读完《十三经》,8岁卒业私塾,10岁从父读《五经经义》及大量古代哲学和史学典籍,12岁能咏诗作对,通晓文辞,以文会友,崭露头角。他勤恳著述凡40年,有著作100余种,400余卷,近800万字;他崇尚道学,排佛、儒学。在政治思想方面,提出"循天下之公""不以一人疑天下,不以天下私一人"。主张选贤使能,"以天下之禄位,公天下之贤者"。在哲学思想上,辟朱(熹)程(程颐,程颢)"理在气先""道在器先"和陆王"心学良知"之说,提出"天下唯器""理不先而气不后"的理论,而归于躬行实践,强调知行统一。

船山思想是社会历史和文化发展的必然产物。工船山勇敢面对"天崩地解"、改朝换代、社会变革以及传统文化内在危机的历史挑战,他站在历史高度,对社会历史深刻反思,对传统文化批判总结,自觉置身于现实生活中,承担起从思想领域去反映时代精神的历史重任。他推吐纳新,开辟生面,创立了博大精深、气势宏伟的思想体系。其影响已远远超出学术的范围,他务实求真、"趋时更新"的理论品质,闪烁出强烈的时代精神和经世致用的鲜明特点,从而具有强大的时代生命力,对后世,尤其是对近代中国的志士仁人产生了深远的影响。

为何说张居正是明朝著名的改革家

张居正(1525~1582年),字叔大,少名白圭,号太岳,谥号"文忠",湖广江陵(今属湖北)人,又称张江陵。明代政治家、改革家。5岁入学,7岁能通六经大义,12岁考中了秀才,13岁时就参加了乡试,文章绝伦,只因湖广巡抚顾璘有意让张居正多磨炼几年,才未中举。16岁中了举人,23岁嘉靖二十六年(1547年)进士,由编修官至侍讲学士令翰林事。隆庆元年(1567年)任吏部左侍郎兼东阁大学士。隆庆时与高拱并为宰辅,为吏部尚书、建极殿大学士。万历初年,代高拱为首辅。当时明神宗年幼,一切军政大事均由张居正主持裁决,他前后当国10年,实行了一系列改革措施,取得了一定成效。

张居正改革,首重吏治。他认为,各级官员长期因循旧事,纲纪废弛,臃肿腐败,因此需要重典治吏。对朝中四品以上官员实行考核,昏官与庸官一律裁汰。

对违法乱纪的官员，严惩不贷。冯保的侄子殴打平民百姓，张居正果断地把他革职。远在云南的黔国公沐朝弼自以为天高皇帝远，屡次犯法，张居正派人飞马前去捆绑沐朝弼，将他押解幽禁于南京。在张居正执政期间，原来软弱疲惫的官场为之一振，朝廷号令，"虽万里外，朝下而夕奉行"，行政效力大大提高。

改革过程中，张居正恩威并用，软硬兼施，显示出卓著的才干。当时，官民田土的耕地面积达到1161万余顷，成为万历年间乃至整个明朝后期财政状况最好的时期。而张居正推行"一条鞭法"，改革赋税制度，促进了商品经济的发展，对外贸易由此活跃，他还成功解决了明朝中央政府与蒙古族地方政权的冲突问题，促进了汉蒙和睦相处。

张居正万历十年（1582年）卒，赠上柱国，谥文忠。死后不久即被宦官张诚及守旧官僚所攻讦，籍其家，至天启时方恢复名誉。著有《张太岳集》《书经直解》等。

康熙帝的主要政绩有哪些

爱新觉罗玄烨（1654～1722年），即清圣祖，满族，顺治皇帝的第三子。"康熙"为其年号，清朝入关后的第二代皇帝，8岁登基，在位61年，是中国历史上在位时间最长的皇帝。

康熙10岁丧母，在其祖母孝庄太后的教导下长大成人。康熙六年（1667年）七月初七，康熙在太和殿举行亲政仪式。在其祖母太皇太后孝庄文皇后的帮助下，康熙八年（1669年），康熙打败了顾命大臣鳌拜，开始真正亲临朝政。

康熙执政时期，在政治、经济、文化等方面采取了多项措施：

在政治上，康熙进一步完善各种政治制度，加强皇权。在经济上，康熙一方面采取轻徭薄赋，与民生息的政策，另一方面废止"圈田令"，保证百姓有土地耕种，而且延长了垦荒的免税时间。

在军事上，剿抚并用的方针初步形成。为了维护国家的统一安定，1673年，康熙废除了吴三桂等三藩势力；1684年，统一了台湾；1688~1697年，平定准噶尔汗噶尔丹的叛乱，抵抗了当时沙俄对我国东北地区的侵略，签订了《尼布楚条约》，从而换得了大清朝近150年的边界和平。

在文化上，康熙强调兴礼教。在他的倡导之下，编成了《康熙字典》《大清会典》《佩文韵府》《历代题画诗类》《全唐诗》及《古今图书集成》等。

康熙在位期间政治清明，民族矛盾得到缓和，他开创了封建王朝的最后一个盛世——康乾盛世。

乾隆帝的主要政绩有哪些

爱新觉罗弘历（1711~1799年），满族，爱新觉罗氏，雍正十三年，弘历继位，改年号乾隆，习称乾隆帝（1735~1795年），中国历史上掌权时间最长的皇帝之一。

乾隆帝在位时，凭借清朝强大的军事力量，曾多次平定了少数民族贵族的叛乱，密切了中原与少数民族的关系，进一步巩固了多民族封建国家的统一。

除了在战事上的成就外，乾隆在文化方面也为后人留下了一些可贵的财富。

乾隆帝十分重视文化事业的发展，乾隆三十八年，以国家财力，组织360余人，历时15年，在全国范围内，征集图书开馆编纂巨帙——《四库全书》。该书对古往今来的学术作了全面的总结，保留下来了大量有价值的古籍，对古籍整理和总结历史文化遗产有重要贡献，成为我国古代思想文化遗产的总汇。

乾隆继位时，清王朝已经是一片繁荣的景象，经过他的励精图治，清王朝达到了强盛的顶点，再加上乾隆的雄才大略，巩固和发展了中国这个多民族国家，奠定了今天中国固有的版图。

颜元的教育主张是什么

颜元（1635～1704年），字易直，又字浑然，号习斋，直隶博县北杨村（今属河北省）人。唯物主义思想家、是明末清初杰出的教育家。

颜元的学术思想有一个变化发展过程。24岁时，他"深喜陆、王，手抄《要语》一册"。26岁时，始知程朱理学之学旨，34岁"因司周公之六德、六行、六艺，孔子之四教，正学；静坐读书，乃知程朱王为禅学、俗学所浸淫，非正务也"。从此以后，他力主恢复尧舜周孔之道，猛烈抨击程朱陆王学说，从原来笃信理学变成批判理学的杰出代表，学术思想发生了根本性的转变。他竭力提倡"实学"和"实用"的教育，主张读书的目的应该是"经世致用"，而非程朱理学所倡导的"格物致知"。

颜元毕生从事教育活动。62岁时，应郝公函之聘，主持肥乡漳南书院。他亲自规划书院规模，制定了"宁粗而实，勿妄而虚"的办学宗旨，这比较集中地反映了他的教育主张。颜元一生培养了众多的学生，其中有记录可查者达100多人。高足李恭（1650～1733年），字刚主，号恕谷，继承和发展了颜元的学说，形成了当时一个较为著名的学派，后人称为"颜李学派"。

颜元的教育思想对中国近代教育的发展，起了革新的作用。所以，在中国教育史上，具有十分重要的地位。

章学诚对方志学的突出贡献体现在哪些方面

章学诚（1738～1801年），原名文酕，字实斋，号少岩。会稽（今浙江绍兴）人。清代杰出的史学理论家和方志学家。乾隆四十三年（1778年）进士。

曾援授国子监典籍，主讲定州定武、保定莲池、归德文正等书院，并为南北方志馆主修地方志。

章学诚自小对文史有浓厚兴趣，立志追求学问。乾隆三十七年（1772年）起开始撰写《文史通义》，20余年从不中断。章学诚一生主修、参修各类地方史志十余部，如应聘纂修过和州、永清县、亳州、常德府和荆州府等地方志，并参与《湖北通志》的修订。于此，撰写了大量的志评著作。修志的过程也是章学诚史学理论逐步成熟的过程，因其提出较为系统的方志学理论而被梁启超称为中国方志学的创始人。章学诚方志编纂思想的重心有过两次大的转变，从关注方志的艺文著录转向关注如何保存地方掌故，从企图在方志书志部分保存掌故转向方志"志"体与掌故分立。他创立了一套完整的修志义例，提出了方志分立三书的主张。《方志立三书议》可以说是章学诚所创立的方志学之精义所在，它的提出，标志着其方志理论的成熟、修志体例的完备和方志学的建立。

章学诚倡"六经皆史"之论，治经治史，皆有特色。所著《文史通义》共9卷（内篇6卷，外篇3卷），是清中叶著名的学术理论著作。

慈禧太后对中国历史的走向有哪些影响

慈禧太后，姓叶赫那拉，出生于北京，满洲镶蓝旗人，又称"西太后""那拉太后""老佛爷"，咸丰帝的妃子，同治帝生母，光绪帝养母。1861～1908年间清朝的实际统治者。

咸丰元年（1851年），叶赫那拉氏被选秀入宫，赐号兰贵人，后册封懿嫔。1856年3月，生下咸丰帝唯一的皇子载淳（即后来的同治帝），诏晋封懿妃。未几又晋封懿贵妃。咸丰帝死后，皇子载淳即位，定年号"祺祥"，慈禧与孝贞显皇后（慈安太后）并尊为皇太后。顾命八大臣企图专权，权力欲极强的慈禧非常不满，于是联合在京主持和谈的咸丰帝的弟弟恭亲王奕䜣，利用帝后和咸丰帝的梓宫回京的机会发动辛酉政变，设计逮捕了八大臣，判处怡亲王载垣、郑亲王端华自裁、肃顺斩立决，其他人革职，粉碎了八大臣势力。奕䜣被封为议政王，1861年12月2日，两宫太后御养心殿，垂帘听政，并改年号为"同治"。

同治十一年（1872 年），载淳已 17 岁，慈禧不得已为他选后，次年，两宫太后撤帘归政。

1875 年 1 月，同治帝病逝。慈禧立她的侄子兼外甥 4 岁的载湉为帝，改年号为"光绪"，两宫太后再次垂帘听政。

慈禧所处的历史时代，西方世界工业革命已经完成，西学东渐，这是人类前所未有的新时代，也是中国这头睡狮应对这场生死攸关的挑战的关键时刻。作为当时中国最高统治者的慈禧本应该运用她的权力，引领中国这艘摇摇欲坠的古老航船，闯过险滩急浪，成功地驶向彼岸。遗憾的是，她虽然熟谙权力场上的帝王术，却昧于世界潮流，面对险象环生的时局，或视而不见，或反应迟钝，或判断及决策一误再误。1900 年，八国联军侵入北京后，她与光绪帝逃往西安，下令屠杀义和团，并与八国联军签订了丧权辱国的《辛丑条约》，1906 年又宣布预备立宪，结果让中国滑向半殖民地半封建的苦难深渊。这实在是中国发展的悲剧，也是她个人的悲剧。

中国历史发展的脉络是怎样的

我国经历了原始社会、奴隶社会、封建社会、社会主义社会。此外，中国朝代历史顺序如下表：

华夏族（黄帝）——4000 多年前

尧 →舜→禹

夏朝——约公元前 21 世纪～公元前 17 世纪

商朝——约公元前 17 世纪初 ~ 公元前 11 世纪

周朝——约公元前 11 世纪 ~ 公元前 256 年，分为西周和东周，东周又分为春秋和战国

秦朝——公元前 221 ~ 前 206 年，秦王（嬴政）统一六国，之后项羽和刘邦为争夺帝位，进行了四年的楚汉战争。

西汉——公元前 206 年 ~ 公元 25 年，汉高祖（刘邦）→汉文帝→汉景帝（刘启）→汉武帝（刘彻）

东汉——公元 25 ~ 220 年，汉光武帝（刘秀）

三国——公元 220 ~ 280 年，刘备、曹操、孙权争夺天下

晋朝——公元 265 ~ 420 年，分为西晋和东晋

南北朝——公元 420 ~ 589 年

隋朝——公元 581 ~ 618 年，隋文帝（杨坚）

唐朝——公元 618 ~ 907 年，唐高祖（李渊）→唐太宗（李世民）→唐玄宗（李隆基）

五代——公元 907 ~ 960 年，后梁、后唐、后晋、后汉、后周五个朝代

宋朝——公元 960 ~ 1279 年，北宋宋太祖（赵匡胤），南宋（赵构）

元朝——公元 1206 ~ 1368 年，元世祖（忽必烈）是成吉思汗的孙子

明朝——公元 1368 ~ 1644 年，朱元璋即明太祖

清朝——公元 1616 ~ 1911 年，顺治→康熙→雍正→乾隆→嘉庆→道光→咸丰→同治→光绪→宣统

中国朝代历史顺序可用一首简短的历史朝代歌概括如下：

夏商和西周，东周分两段，

春秋和战国，一统秦两汉，

三分魏蜀吴，两晋前后延，

南北朝并列，隋唐五代传，

宋元明清后，皇朝至此完。

三、文化常识

什么是"三易"

"三易"是《连山易》《归藏易》和《周易》的合称。现只有《周易》存世。关于"三易",易学界普遍认为,《连山易》《归藏易》《周易》分别形成于夏、商、周三代,其中《连山易》最早,《周易》最晚。

有学者认为"三易"的名称和它们各自的卦序以及卦序所要表达的内容有关。郑玄在《易赞》中说:"《连山》者,象山之出云,连连不绝。《归藏》者,万物莫不归藏于其中。《周易》者,言易道周普,无所不备。"贾公彦疏:"《连山易》,其卦以纯艮为首,艮为山,山上山下是名连山,云气出内(纳)于山,故名易为《连山》。《归藏易》以纯坤为首,坤为地,故万物莫不归而藏于中,故名为《归藏》也。"这两位学者的意思是说,《连山易》取象于流云从连绵不绝的大山深处飘来,因此以上艮下艮的纯艮卦为第一卦,艮为山,一座座山连在一起称为连山。而《归藏易》以纯坤为首卦,坤象征着地,万物莫不归藏于大地之中,因此名为归藏。而《周易》则是要表达易道包罗万象、无所不备的意思。

何谓"三礼"

古人的三礼有两种说法:一是指祭祀天、地、之礼;二是指《周礼》《仪礼》《礼记》。我们通常说的三礼是指后者。

"三礼者,《周礼》《仪礼》《礼记》是也。"昔人谓《周礼》《仪礼》均系周公所作，《礼记》则系汉戴德（人称大戴）、戴圣（人称小戴）叔侄所删记也。按汉何休疑《周礼》作于六国之时，宋儒亦多疑之。唯刘歆、郑玄、信为周公致太平之书，但亦有谓为刘歆伪造者。清方苞《周官义》已开其端，近人康有为作《新学伪经考》，则也认为系刘歆伪造。

《周礼》这部书搜集了周王朝及各诸侯国官制及制度，以儒家的政治理想加以增减取舍汇编而成。《仪礼》一书的内容主要是冠、昏、丧、祭、朝、聘、燕等典礼的详细仪式，阐述了春秋战国时期士大夫阶层的，提倡一种有等差的人伦礼仪，其中今天我们所能见到的体现"亲亲尊尊"原则的礼仪，它不仅反映了当时的社会制度与血缘关系，而且对后世社会组织、文化观念有着重要影响。

《礼记》的内容主要是记载和论述先秦的礼制、礼仪，解释《仪礼》，记录孔子和弟子等的问答，记述修身做人的准则。

何谓"春秋三传"

"春秋三传"是解释《春秋》的三部书，就是指《左传》《公羊传》和《谷梁传》。

《左传》也叫做《春秋左氏传》或《左氏春秋》，相传是春秋、战国之际的左丘明所撰。《左传》是研究先秦历史和春秋时期历史的重要文献，它代表了先秦史学的最高成就，对后世的史学产生了很大影响，特别是对确立编年体史书的地位起了很大作用。它补充并丰富了《春秋》的内容，不但记鲁国一国的史实，而且还兼记各国历史；不但记政治大事，还广泛涉及社会各个领域的"小事"；一改《春秋》流水账式的记史方法，代之以有系统、有组织的史书编纂方法；不但记春秋时史实，而且引证了许多古代史实。这就大大提高了《左传》的史料价值。

《公羊传》也叫做《春秋公羊传》或《公羊春秋》，旧题战国时公羊高撰；唐人考证，为西汉前期人所作：最初为口头传授，到汉景帝时，才由公羊高的五世孙公羊寿和其弟子胡母子都整理成书。

《谷梁传》也叫做《春秋谷梁传》或《谷梁春秋》，旧题战国时谷梁赤撰。初仅口述流传，西汉时才成书，有晋范宁注，唐杨士勋疏。

后两书的体裁相近，都是研究先秦历史和思想史的重要资料。

何谓"百家争鸣"

百家争鸣是指春秋（公元前770～前476年）战国（公元前475～前221年）时期知识分子中不同学派的涌现及各流派争芳斗艳的局面。《汉书·艺文志》将战国主要思想学派分为十家——儒、墨、道、法、阴阳、名、纵横、杂、农、小说。西汉人刘歆在《七略·诸子略》中将小说家去掉，称为"九流"。俗称"十家九流"就是从这里来的。

春秋战国时期，是由封建领主制向封建地主制过渡的时期，新旧阶级之间，各阶级、阶层之间的斗争复杂而又激烈。代表各阶级、各阶层、各派政治力量的学者或思想家，都企图按照本阶级（层）或本集团的利益和要求，对宇宙对社会对万事万物作出解释，或提出主张。他们著书立说，广收门徒，高谈阔论，互相辩难，于是出现了一个思想领域里"百家争鸣"的局面。

"百家争鸣"反映了当时社会激烈和复杂的政治斗争，主要是新兴地主阶级和没落奴隶主阶级之间的阶级斗争。这个时期的文化思想，奠定了整个封建时代文化的基础，对中国古代文化有着非常深刻的影响。

"百家争鸣"中代表性人物及主要思想是什么

百家争鸣中的代表性人物及主要思想如下：

儒家学派：创始人是孔子。他的理论核心是"仁"，"己所不欲，勿施于人"。孔子首创私人教学，主张"有教无类"，重视道德教育，特别是个人修养，强调关爱别人，用社会规范约束自己的行为。

墨家学派：创始人是墨子。墨子的主张和儒家是针锋相对的。反对世卿世禄制度，主张尚贤，任用官吏要重视才能，打破旧的等级观念，使"官无常贵，而民无终贱"。

道家学派：创始人是老子。老子的哲学里包含着丰富的辩证法思想。指出，任何事物都有矛盾对立的两个方面；矛盾两方可以互相转化，转化的途径是"守静"。政治上提倡"无为而治"，无为是指不妄为，不胡作非为，为所欲为。道家在战国时期的代表人物是庄周。

法家学派：该学派代表新兴地主阶级的利益。早期代表人物有李悝、吴起、商鞅、申不害等人。韩非是荀子的大弟子，与李斯同学，出生于韩国的贵族家庭，是法家的著名代表。《韩非子》一书是他总结前期法家思想的成果。韩非注意吸取法家不同学派的长处，提出了"法""术""势"相结合的法治理论。

兵家学派：该学派的鼻祖是春秋晚期杰出的军事家孙武。当时著名的兵书有《孙子兵法》和《孙膑兵法》。《孙子兵法》是孙武写的一部军事名著，"知己知彼，百战不殆"等军事名言就出自这本书。今天此书在世界上也享有盛誉，很多西方的军事学校都把它列为教材。战国时期，孙武的后代孙膑继承发扬了他的军事思想，写成了《孙膑兵法》。他们当时被称为兵家。

名家学派：该派萌芽于春秋末期，以郑国大夫邓析为先驱。作为一个学派，名家并没有共同的主张，仅限于研究对象的相同，而各说差异很大。主要有"合同异"和"离坚白"两派。

"合同异"强调事物的统一性，"离坚白"强调事物的差异性。战国末期，后期墨家对二者的片面性有所纠正，提出了"坚白相盈"的观点，荀子亦强调

"制名以指实"。

阴阳家学派："阴阳"的概念，最早见于《易经》，"五行"的概念最早见于《尚书》，但两种观念的产生，可以追溯到更久远的年代。到战国时代，阴阳和五行渐渐合流，形成一种新的观念模式，便是以"阴阳消息，五行转移"为理论基础的宇宙观。阴阳家是战国时期重要学派之一，因提倡阴阳五行学说，并用它解释社会人事而得名。

纵横家学派：纵横即合纵连横。是以从事政治外交活动为主的一派，主要人物是鬼谷子。

杂家学派：杂家列于诸子中，是很鲜明的一派，因为它是战国末至汉初兼采各家之学的综合学派。其特点是"采儒墨之善，撮名法之要"。杂家著作以秦代《吕氏春秋》、西汉《淮南子》为代表。

农家学派：农家是先秦在经济生活中注重农业生产的学派。吕思勉先生在其《先秦学术概论》中，把农家分为两派：一是言种树之事，二是关涉政治。农家学派主张推行耕战政策，奖励发展农业生产，研究农业生产问题。农家对农业生产技术经验进行总结且具有朴素辩证法思想。

小说家学派：该家是先秦与西汉杂记民间古事的学派。在中国春秋战国时代，小说家指的是一类记录民间街谈巷语的人，而小说家被归类于古中国诸子百家中的其中一家。

中国三大传统宗教是什么

中国三大传统宗教分别是儒教、佛教、道教。儒教是以孔子为儒家之祖，又称孔教。中国历史上把孔子创立的儒家学派视同宗教，与佛教、道教并称为三教。起初儒教不算宗教，因为孔子与孟子只注重伦常，而不谈论神道，不谈过去与未来的事，只被称为儒家。后来才慢慢形成为宗教，称为"儒教"。儒教自汉代以来被奉为官学，其后各个主要朝代，或者主要历史时期，儒教都是官方指导思想。

佛教起源于古印度，到汉代时才传入中国，它的创始人是乔达摩·悉达多。因为他属于释迦族，人们又称他为释迦牟尼，意思是释迦族的圣人。佛教重视人类心灵的进步和觉悟，主张轮回转世学说，它认为人来到这个世界上就是受苦的，这一世受苦来世就能享福，佛教与基督教、伊斯兰教并称为世界三大宗教，在历史上曾对世界文化传播作出不可磨灭的贡献，至今依然深深地影响着我们。

道教是中国土生土长的一种宗教，距今已有 1800 余年的历史。它与中华本土文化紧密相连，深深扎根于中华沃土之中，具有鲜明的中国特色，并对中华文化的各个层面产生了深远影响。一般认为道家思想的特征之一，是幻想通过各种养生修炼而达到长寿不死。

道家的养生思想中，"清静无为""返璞归真""顺应自然""贵柔"等主张，对中医养生保健有很大影响和促进。道家的哲学思想对中国古代也有重大影响，它主张的"道""有与无""无为"对中国古代的哲学都作出了不可磨灭的贡献。"道"是中国古代哲学的重要范畴，用以说明世界的本原、本体、规律或原理。"有"指具体存在的事物，也称实有。"无"指无形无象的虚无。"无为"相对"有为"而言。老子认为道作为宇宙本体自然而然地生成天地万物，就其自然而然来说，天道自然无为；就其生成天地万物来说，天道又无不为。无为与无不为，即有为，无为为体，有为为用。也就是说，必须无为才能有为，无为之中产生有为。

孔子为何有"圣人"之称

孔子姓孔名丘，生于公元前 552 年，是春秋时代鲁国人。人们尊称他"孔夫子"，简称"孔子"。他出生不久，父亲就去世了，家庭生活困难，但他刻苦好学，使自己的知识渐渐丰富起来，成为我国古代著名的思想家，创立了儒家学派。他赞成社会改革，调和各种矛盾，提出"仁者爱人"的思想，周游列国，到处游说。

孔子在我国首创私人讲学，是一位伟大的教育家。他从事教育几十年，收各国弟子三千人，其中精通礼、乐、射、御、书、数六艺的就有 72 人。弟子中多数来自贵族家庭，但也有出身平民阶层的，还有个别下层的"贱人"。孔子认为，学生只有通过艰苦的学习，才能获得知识，他提倡老老实实的学习态度，不能不懂装懂，也不要自以为是。他能根据学生的不同水平、不同特点，用不同的方法进行启发式教学，鼓励学生独立思考。孔子的许多至理名言，几千年来成为我们读书、做事、为人的重要准则，这些可贵的教育思想和教学经验，都是从他长期的教学实践中总结归纳出来的，不仅对我国，也对人类文化教育发展作出了重大贡献，值得我们永远纪念他，于是后人都尊称他为"圣人"。

孟子为何被尊称为"亚圣"

孟子（约前 372～前 289 年），名轲，字子舆，邹（现在山东邹城市）人，是孔子之孙子思的再传弟子。中国古代战国时期的思想家、教育家、散文家、政治家，著名儒家代表人物。

孟子自幼便在母亲的教育下，勤奋攻读，学成以后便以孔子的继承者自称，广招弟子，并且到各国游学，先后周游齐、晋、宋、薛、鲁、滕、梁列国，游说他的"仁政"和"王道"思想。但由于当时诸侯各国忙于战争，他的仁政学说被认为是"迂远而阔于事情"，几乎没有人采纳他的治国思想。归而与弟子讲学著书，作《孟子》7篇。孟子维护并发展了儒家思想，提出了"仁政"学说和"性善"论观点，形成了世人俗称的"孔孟之道"。他的思想对后世影响很大。鉴于他对儒学的巨大贡献，后世奉其为"亚圣"。因此历史上总把孟子和孔子相提并论，提及儒家，必说"孔孟"。

为何说老子是道家学派的创始人

老子姓李，名耳，字伯阳，楚国苦县（今河南鹿邑东）历乡曲仁里人，约生活在春秋末年。他是春秋战国时期的思想家、哲学家，道家学派的创始人，被道教奉为教祖，尊为"道德天尊"。老子修道德，其学主无为之说，以自隐无名为务。据《史记》记载：老子曾担任"周藏室之史"（做史官，管理藏书），后见周朝衰落，社会风气颓败，于是弃官归隐，归隐后著《老子》。《老子》，又称《道德经》《五千言》，是中国道家的主要经典，也大致全面反映了老子的哲学思想。其中"道"的观念，是其思想体系的核心。老子反对儒墨两派的道德观，认为真正道德是不追求道德，提倡柔弱虚静，减少私欲，知足不争；理想政治是无为而治，理想社会是小国寡民社会。《老子》包含丰富的辩证法思想，对中国哲学有巨大影响，后来唯物、唯心两派都从不同角度吸取了《老子》思想。

鉴于《老子》开创了我国古代哲学思想的先河，由老子创立的道家学派，不但对我国古代思想文化的发展作出了重要贡献，而且对我国2000多年来思想文化的发展，产生了深远的影响。所以，老子自然而然地是道家的创始人。

庄子对中国文学史有什么深远影响

庄子（约前369～前286年），名周，字子休，战国时代宋国蒙（今安徽蒙城）人。著名思想家、哲学家、文学家，是道家学派的代表人物，老子哲学思想的继承者和发展者。他的学说涵盖着当时社会生活的方方面面，但根本精神还是归依于老子的哲学。后世将他与老子并称为"老庄"，称他们的哲学为

"老庄哲学"。

庄子早期曾在蒙地做过漆园吏，生活很穷困，但却淡泊名利，主张修身养性、清静无为，是一位非常廉洁、正直，有相当棱角和锋芒的人。楚王听说了他的贤德，便派使者以千金相馈赠，并邀请他出任宰相，被他拒绝了。随即终身不再出仕，隐居于抱犊山中。

他所著《庄子》一书，文章结构奇特，句式富于变化，文字汪洋恣肆，意象雄浑飞越，给人以超凡脱俗与崇高美妙的感受，在中国的文学史上独树一帜。他的文章体制已脱离语录体形式，标志着先秦散文已经发展到成熟的阶段，代表了先秦散文的最高成就。

可以说，《庄子》无论在哲学思想方面，还是文学语言方面，都给予了我国历代思想家和文学家以深刻而巨大的影响，由此，也奠定了庄子在我国文学史上极其崇高的地位。

荀子的思想有哪些特别之处

荀子（公元前313～前238年），名况，字卿，赵国郇邑（今山西临猗县）人，战国后期著名的思想家、教育家，儒家代表人物之一，时人尊称"荀卿"。

荀子是继孔子和孟子之后最大的儒学家。他的思想偏向于经验以及人事方面，从社会脉络方面出发，重视社会秩序，反对神秘主义的思想，重视人为的努力。孔子中心思想为"仁"，孟子中心思想为"义"，荀子继二人后提出"礼"，重视社会上人们行为的规范。在自然观方面，他反对信仰天命鬼神，肯定自然规律是不以人的意志转移的，并提出人应顺应自然规律才能繁荣发展；在人性问题上，他针对孟子"性善论"提出"性恶论"，认为人性本来是恶的，"其善者伪也"，需经过后天改造才变善。他反对"生而知之"的先验论，强调后天环境和教育对人的影响；在政治思想上，他坚持儒家的礼治原则，同时重视人的物质需求，主张发展经济和礼治法治相结合，在认识论上，他承认人的思维能反映现实，但有轻视感官作用的倾向。

荀子虽然是儒家的继承人，但他并没有盲目地将儒家学说照单全收，而是将其融会贯通、加以发挥。他的重要思想都集中反映在《荀子》一书中，对中国两千多年的封建社会产生了广泛而深远的影响。

韩非子最突出的思想理论是什么

韩非（约前280～前233年），也称韩非子，是战国末期韩国贵族。韩非口吃，不善于言谈，喜好著书。是先秦时期著名思想家，集先秦法家思想之大成者。

韩非师从荀卿，但思想观念却与荀卿大不相同，他没有承袭儒家的思想，却"喜刑名法术之学"。韩非身为韩国公子，目睹韩国日趋衰弱，曾多次向韩王上书进谏，希望韩王励精图治，变法图强，但韩王置若罔闻，始终都未采纳。这使他非常悲愤和失望。这位极具时代使命感的哲人以其审视的目光、冷峻的思考、理性的分析，从"观往者得失之变"中探索变弱为强的道路，提出了最具特色的"法""术""势"相结合的法制理论。法是指健全法制，推行法令；术是指驾驭群臣，掌握政权，推行法令的政策和手段；势指的是君主的权势，其目的是防止犯上作乱，维护君主地位。写了《孤愤》《五蠹》《内外储》《说林》《说难》等十余万言的著作，这些著作全面、系统地阐述了他的法治思想，抒发了他忧愤孤直而不容于时的愤懑。

韩非的著作面世后，秦王大加赞赏。后来韩非子奉韩王之命出使秦国，因为李斯的嫉贤妒能，使得他受到了秦王的猜忌，最终被李斯用毒药毒死。

为什么说屈原是伟大的爱国诗人

屈原（约前339～约前278年），名平，楚国丹阳（今湖北秭归）人，出生于楚国的贵族家庭，楚武王熊通之子屈瑕的后代。战国时期杰出的诗人、政治家。

屈原生活的时期，正是中国即将实现大一统的前夕，"横则秦帝，纵则楚王"。屈原因明于治乱，又娴于辞令，故而早年深受楚怀王的宠信，位为左徒，朝廷一切政策、文告，皆出于其手。屈原为实现楚国的统一大业，对内积极辅佐怀王变法图强，对外坚决主张联齐抗秦，使楚国一度出现了国富兵强、威震诸侯的局面。但是由于在内政外交上屈原与楚国腐朽贵族集团发生了尖锐的矛盾，由于上官大夫等人的嫉妒，屈原后来遭到群小的诬陷使楚怀王而对其疏远。顷襄王即位后，屈原受到迫害，并被放逐到江南。公元前278年，秦国大将白起带兵南下，攻破了楚国国都，屈原眼看自己一度兴旺的国家已经无望，也曾认真地考虑过出走他国，但最终还是不忍离开故土，于悲愤交加之中，自沉于汨罗江，以壮怀激烈的气节和风骨殉了自己的理想，表现了对国家和故土的深深热爱。他的作品共有25篇，篇目为：《九歌》《招魂》《天问》《离骚》《九章》《卜居》等，给中国文学宝库增添了宝贵的遗产。

汉高祖对中华文化的影响体现在哪些方面

汉高祖刘邦（前256～前195年），字季（一说原名季），沛县丰邑中阳里（今江苏丰县）人，起兵于沛（今江苏沛县）。秦朝时曾担任泗水亭长，他于公元前209年响应陈胜吴广号召在沛县起义，公元前206年首先入关推翻暴秦，后利用近五年时间消灭天下割据势力，于公元前 202 年统一中国，建立汉朝。登基后，刘邦一面平定诸侯王的叛乱，巩固统一局面，一面建章立制并采用休养生息之宽松政策治理天下，迅速恢复生产发展经济，不仅安抚了人民、凝聚了民心，也促成了汉代雍容大度的文化基础。可以说刘邦使四分五裂的中国真正统一起来，而且还逐渐把分崩离析的民心凝聚起来，他对汉民族的统一、中国的统一强大、汉文化的保护和发扬等有着巨大的贡献。

汉武帝对中华文化作出了哪些贡献

汉武帝刘彻（公元前 157～前 87 年），字通，幼名彘，汉朝第七位皇帝，中国历史上伟大的政治家、战略家。汉武帝是汉景帝刘启之子。4 岁被册立为胶东王，7 岁时被册立为太子，16 岁登基，在位 54 年（公元前 141～前 87 年）。其间，他任用卫青、霍去病北击匈奴，基本解除了汉朝北方的边患，开创了西汉王朝最辉煌的功业。他的雄才大略、文治武功使汉朝成为当时世界上最强大的国家，他也因此成为了中国历史上伟大的皇帝之一。

汉武帝不但是一位雄才大略的政治家，也是一位爱好文学的皇帝，对中华文化的发展作出过重要贡献。他曾创造过六个"第一"：第一个用儒家学说统一思想的皇帝；第一个创立太学培养人才的皇帝；第一个大力拓展中国疆土的皇帝；第一个开通西域的皇帝；第一个用皇帝年号来纪元的皇帝；第一个用罪己诏形式进行自我批评的皇帝。

五经指哪些著作

两千多年来，宣扬儒家思想的典籍浩如烟海。但作为重要经典的儒家著作，最初只有五部，是儒家的五本经典著作，即《诗经》《尚书》《仪礼》《周易》《春秋》。据说，儒家原本有六经，还有一本就是《乐经》，但秦始皇"焚书坑儒"，将之附之一炬，《乐经》从此失传。

十三经指哪些著作

"十三经"是儒家文化的重要经典，主要是在上述"五经"的基础上，增加了《春秋左传》《春秋公羊传》《春秋谷梁传》《论语》《礼记》《孝经》《尔雅》《孟子》几部儒家著作。就传统观念而言，《易》《诗》《书》《礼》《春秋》谓之"经"，《左传》《公羊传》《谷梁传》属于《春秋经》之"传"，《礼记》《孝经》《论语》《孟子》均为"记"，《尔雅》则是汉代经师的训诂之作。这十三种文献，当以"经"的地位最高，"传""记"次之，《尔雅》又次之。十三种儒家文献取得"经"的地位，经过了一个相当长的时期。在汉代，以《易》《诗》《书》《礼》《春秋》为"五经"，官方颇为重视，立于学官。唐代有"九经"，也立于学官，并用以取士。所谓"九经"包括《易》《诗》《书》《周礼》《仪礼》《礼记》和《春秋》三传。唐文宗开成年间为国子学刻石，所镌内容除"九经"外，又益以《论语》《尔雅》《孝经》。五代时蜀主孟昶刻"十一经"，排除《孝经》《尔雅》，收入《孟子》，《孟子》首次跻入诸经之列。南宋大儒朱熹以《礼记》中的《大学》《中庸》与《论语》《孟子》并列，形成了今天人们所熟知的《四书》，并为官方所认可，《孟子》正式成为"经"。至此，儒家的十三部文献确立了它的经典地位。清乾隆时期，镌刻"十三经"经文于石，阮元又合刻"十三经注疏"，从此，"十三经"之称及其在儒学典籍中的尊崇地位深入人心。

"十三经"内容极为宏博，作为儒家文化的经典，其地位之尊崇，影响之深广，是其他任何典籍所无法比拟的。

十三经的核心内容有哪些

"十三经"的核心内容可简要归结于如下：

《周易》——是占卜之书，其外层神秘，而内蕴的哲理至深至弘。

《尚书》——是上古历史文件汇编，主要内容为君王的文告和君臣谈话记录。

《诗经》——是西周初至春秋中期的集，内分"风""雅""颂"三部分，"风"为土风歌谣，"雅"为西周王畿的正声雅乐，"颂"为上层社会宗庙祭祀的舞曲歌辞。

《周礼》——该书原名《周官》，西汉时在民间发现，创作年代大多数学者认为可能在战国时期。主要汇集周王室官制和战国时期各国制度。

《仪礼》——主要记载春秋战国时代的礼制。

《礼记》——是西汉的两位学者礼学家戴德和他的侄子戴圣编辑的战国至秦汉年间儒家学者解释说明经书《仪礼》的文章选集。是秦汉以前有关各种礼仪的论著汇编。

《春秋》——指春秋三传，包括《左传》《公羊传》《谷梁传》。《左传》为春秋末左丘明所作，但也有人认为是战国初的作品，重在史事的陈述。《公羊传》作者旧题是战国时齐人公羊高，他受学于孔子弟子子夏，后来成为传《春秋》的三大家之一。《谷梁传》其作者相传是子夏的弟子，战国时鲁人，起初也为口头传授，至西汉时才成书传。后二传重在论议。

《论语》——是春秋时孔子弟子对于孔子的语录笔记，是孔子及其门徒的言行录。

《孝经》——西汉在孔壁中发现的藏书，可能为春秋时孔子或其弟子曾子所作。为论述儒家伦理思想的专著。

《孟子》——战国时儒家学者孟子的著作。专载孟子的言论、思想和行迹。

《尔雅》——战国到西汉的学者编写的一本可以用来学习儒家经典的词典，《尔雅》全书收词语4300多个训解词义，诠释名物，多据以解经。

何谓十三经注疏

"十三经注疏"是对中国十三部儒家经典注疏的汇编本。即《周易正义》10卷，《尚书正义》20卷，《毛诗正义》70卷，《周礼注疏》42卷，《仪礼注疏》50卷，《礼记正义》63卷，《春秋左传正义》60卷，《春秋公羊传注疏》28卷，《春秋谷梁传注疏》20卷，《论语注疏》20卷，《孝经注疏》9卷，《尔雅注疏》10卷，《孟子注疏》14卷，共416卷。"十三经注疏"最早的合刻本是南宋十行本，以后辗转翻刻，讹谬渐多。清嘉庆二十一年（1816年），由当时江西巡抚阮元主持，将南宋十行本残存的十一经，配补以宋刻《仪礼》《尔雅》两书的单疏本，重刻于南昌学堂，并将阮元旧日罗致学者所作《十三经校勘记》分别摘录，附于各卷之后，世称"阮刻本"。1935年，世界书局曾将阮刻本圈点缩印为两巨册出版。1980年，中华书局又将世界书局本校正讹脱后，重新影印，仍为两巨册发行。

《左传》是怎样成为儒家经典的

《左传》也称《左氏春秋》《春秋古文》《春秋左氏传》，古代编年体历史著作。《史记》称作者为春秋时左丘明，清代今文经学家认为系刘歆改编，近人又认为是战国初年人据各国史料编成（又有说是鲁国历代史官所写）。它的取材范围包括了王室档案，鲁史策书，诸侯国史等。记事基本以《春秋》鲁十二公为次序，内容包括诸侯国之间的聘问、会盟、征伐、婚丧、篡弑等，对后世史学、文学都有重要影响。《左传》本不是儒家经典，但自从它立于学官，后来又附在《春秋》之后，就逐渐被儒者当成经典。

《四库全书》是分为经、史、子、集四部分编列的，书中对经部的分类是怎样的

《四库全书》经部总叙中提到："盖经者非他，即天下之公理而已。今参稽众说，务取持平，各明去取之故，分为十类：曰易、曰书、曰诗、曰礼、曰春秋、曰孝经、曰五经总义、曰四书、曰乐、曰小学。"

《四库全书》将经部分为"易类""书类""诗类""礼类""春秋类""孝经类""群经总义类""四书类""乐类""小学类""石经类""汇编类"，主要是儒家经典和注释研究儒家经典的名著。其中儒学十三经：《周易》《尚书》《周礼》《礼记》《仪礼》《诗经》《春秋左传》《春秋公羊传》《春秋谷梁传》《论语》《孝经》《尔雅》《孟子》，是经部中重要的内容。

何谓郑学

郑学，亦称"郑氏学""通学""综合学派"等，是指东汉末由郑玄开创的经学学派。在遍注群经的基础上，郑玄以古文经学为主，兼采今文经学之长，融会为一，以其丰富的著述创立了"郑学"，破除了过去今古文经学的家法，初步统一了今古文经学，使经学进入了一统时代，对经学的发展作出了重大贡献。

它的特点是兼容并包、形式灵活、简明扼要，其内容涉及古代政治、经济、哲学、法律、教育、历史、天文、历法、数学、物理学、机械制造等多种学科，但就其体式而言为训诂，其成就是：重视古今词义的对比研究，强调以今语释古语，使古文献中的词语的本义得到正确解释；经注尽量说明古代文献在词语方面所保存的古今音变的轨迹；通过注释，广泛解释属于百科性的语词意义。当时还出现过一大批推崇郑学的人，魏国崇信郑学者，主要有王基、孙炎、马昭、张融等，蜀国主要有许慈、姜维等，吴国主要有薛综、徐整。

中国文学是如何分类的

诗歌

按国别分，诗歌可分为中国诗歌和外国诗歌。按时代分，可分为古代诗歌和新诗。古代诗歌按体例分为诗、词、曲：古诗又分为古体诗和近体诗，词可分为小令（58字以内）、中调（59~90字）和长调（91字以上），元曲可分为小令和套数（又叫套曲）。新诗可分为自由诗和用旧形式写成的新诗。

小说

小说，就是运用形象思维，通过情节、细节，越过时间、空间，调动环境、场景，塑造性格化的人物形象，反映丰富的社会生活，以及隐蔽地显示代表作者世界观的主题思想。按篇幅及其容量分，小说可分为长篇小说、中篇小说、短篇小说和微型小说。按内容分，可分为历史小说、现代小说、科幻小说、公案小说、武侠小说、言情小说，传奇小说等。按写作体例分，可分为章回体小说、日记体小说、书信体小说、自传体小说等。按语言形式分，可分为文言小说、白话小说等。

小说与其他文学体裁比较，是一种最自由的叙事性的文学形式。它既不受真人真事的限制，也不受时间、空间的约束；既能在文中直叙作者的感情和见解，又能在文中根据情节的发展描述大段的景物和人物的心态。总之，它是可以调动

各种艺术表现手段，多角度、多层次和充分反映五彩缤纷生活的全方位的创作"摄影机"。

散文

散文在不同的时代有着不同的含义。现代散文主要包括叙事散文、抒情散文和议论散文。古代散文的外延是相当广的概念，赋、骈文、辩、说、论、奏议、序跋、赠序、铭、祭文、杂记、童话、民间故事、寓言、传说等，都属于散文的一类。散文的主要特点是：形散而神不散；意境深邃，注重表现作者的生活感受，抒情性强，情感真挚；语言优美凝练，富于文采。散文素有"美文"之称，它除了有精辟的见解、优美的意境外，还有清新隽永、质朴无华的文采。经常读一些好的散文，不仅可以丰富知识、开阔眼界，培养高尚的思想情操，还可以从中学习选材立意、谋篇布局和遣词造句的技巧，提高自己的语言表达能力。

戏剧

戏剧，指以语言、动作、舞蹈、音乐、木偶等形式达到叙事目的的舞台表演艺术的总称。文学上的戏剧概念是指为戏剧表演所创作的脚本，即剧本。戏剧的表演形式多种多样，常见的包括话剧、歌剧、舞剧、音乐剧、木偶戏等。

戏剧旧时专指戏曲，后为戏曲、话剧、歌剧、舞剧、诗剧等的总称。戏剧的基本要素是矛盾冲突，通过演员和布景再现现实生活的矛盾冲突，使观众有身临其境之感，激起观众强烈的情感反应，达到教育和审美的目的。戏剧按作品类型可分为悲剧、喜剧、正剧等；按题材可分为历史剧、现代剧、童话剧等；按情节的时空结构可分为多幕剧和独幕剧。

先秦散文的特点有哪些

先秦散文主要包括诸子散文和历史散文。诸子散文以论说为主，如《论语》《孟子》《庄子》；历史散文是以历史题材为主的散文，凡记述历史事件、历史人物的文章和书籍都是历史散文，如《左传》。先秦散文思想深刻丰富，有个性而又各成体系。春秋战国是社会大变革的时期，诸子百家尽管思想观点有所分歧，但有两点大致相同：一是敢于正视当时的社会现实，以治世为根本出发点；二是对"民"十分重视，或言邦本，或称神主，甚至提出民贵君轻主张，诸子多以为民请命的姿态上下游说。这两种精神，成为中国文学的优良传统，后世许多杰出的作家，都是关注着国运民生，与人民的命运息息相关。

这一时期作品的形式风格多样。诗分风、骚，文有史、论。《论语》警策，《墨子》谨严，《孟子》雄畅，《庄子》恣肆，《荀子》淳厚，《韩非子》犀利，《春秋》隐约，《左传》富艳，《战国策》夸饰，都可供后人借鉴。后世很多文体也大多被认为源于先秦。正如刘勰所言："故论说辞序，则《易》统其首；诏策章奏，则《书》发其源；赋颂歌赞，则《诗》立其本；铭诔箴祝，则《礼》总其端；纪传盟檄，则《春秋》为根，并穷高以树表，极远以启疆。所以百家腾跃，终入环内者也。"

赋是一种什么文体

赋是中国古典文学中有诗歌特点的一种重要文体。虽然对于现代人而言，赋远不及诗词、散文、小说那样脍炙人口，但是，在古代，尤其在汉唐时代，诗与赋往往连称并举。赋在表现手法上铺张直陈，描绘细腻，文采华丽。赋产生于战国，兴盛于汉唐，衰落于宋元明清。

赋是汉代最具代表性，最能彰显其时代精神的一种文学样式。它是在远承《诗经》赋颂传统，近《楚辞》的基础上，兼收战国纵横之文的铺张恣意之风和先秦诸子作品的相关因素，综合而成的一种新文体。它与汉代的诗文一起，成就了汉代文学的灿烂与辉煌。汉赋的特点主要包括：语句上以四六字句为主，并追求骈偶；语音上要求声律谐协；文辞上讲究藻饰和用典。排偶和藻饰是汉赋的一大特征。经历了长期的演变，发展到中唐，在古文运动的影响下，赋又出现了散文化的趋势，不讲骈偶、音律，句式参差，押韵也比较自由，形成散文式清新流畅的气势，称为"文赋"。

古人有何重要的礼俗

礼俗，即礼仪与习俗，指婚丧、祭祀、交往等各种场合的礼节。古人的礼俗中重要的有"五礼"，即古代的五种礼制。分别是吉礼、嘉礼、宾礼、军礼、凶礼。现简述如下：

吉礼是五礼之冠，即祭祀天神、地祇、人鬼的礼仪活动。主要内容有：①祀天神：昊天上帝；祀日月星辰；祀司中、司命、雨师。②祭地祇：祭社稷、五帝、五岳；祭山林川泽；祭四方百物，即诸小神。③祭人鬼：祭先王、先祖、先圣、先师、贤臣、先农、先蚕、先火、先炊、先医、先卜等。

嘉礼是指人际关系、沟通、联络感情方面的礼仪。其主要内容有：饮食之礼；婚、冠之礼；宾射之礼；飨燕之礼；脤膰之礼；庆之礼。

宾礼，即邦国间的外交往来及接待宾客的礼仪活动。

军礼是有关军事方面的操演、征伐之礼。

凶礼是哀悯吊唁忧患之礼。其内容有：以丧礼哀死亡；以荒礼哀凶札；以吊礼哀祸灾；以禬礼哀围败；以恤礼哀寇乱。

四、诗词韵律常识

何谓诗词格律

　　格律，就是格式和规律的意思，也就是规格和程式。所谓诗词格律，是指一系列独有的，在创作时必须遵守的格式、音律等方面的准则。古代诗词在格律上都有严格的要求。诗词格律一般有四大要素：用韵、平仄、对仗（对偶）、字数。其中律诗最为严格，必须满足全部要素。格律原本来自乐谱，在音乐散佚后，经研究者总结歌的共同规律，便形成了诗词格律。

何谓"平上去入"

　　平、上、去、入是古代汉语的四声。古代汉语中共有平、上、去、入四个声调，而现代汉语则由阴平、阳平、上声、去声构成。因此，从古代到现代语音变化可概括为八个字："平分阴阳，入派三声"（入声合入到平、上、去三声中）。现在的普通话里已经没有了入声（有些方言里还保留部分入声）。古人作诗讲究平仄，如果以现代汉语来看，阴平、阳平属于平声，上声、去声属于仄声，入声也属于仄声。这样就会出现一个问题，那就是现代汉语中的阴平、阳平中的一些字，虽然在今天看来属于平声，但是如果它们是由古代汉语中的入声转化而来的，那么在古代就应该归入仄声，而非平声。

何谓"押韵"

押韵，又称为"压韵"，是指在韵文的创作中，在某些句子的最后一个字，都使用韵母相同或相近的字，使朗诵或咏唱时，产生铿锵和谐感。这些使用了同一韵母字的地方，称为韵脚。讲押韵，必须弄清三个概念：

韵，包括韵母和韵部。韵是就韵腹、韵尾和声调而言，它不管韵头。

韵母是就韵头、韵腹、韵尾而说的，它不管声调。

韵部是就韵腹、韵尾而说的，它不管韵头和声调。

押韵是增强诗歌节奏性的重要手段，近体诗为了使声调和谐、容易记忆，对押韵特别讲究。古人通常使用官方颁布的专门指导押韵的书，如《唐韵》《广韵》，《礼部韵略》《佩文诗韵》《诗韵集成》，《诗韵合璧》等，其中以南宋王文郁撰的《新刊韵略》最为流行，即世人所谓之"108部平水韵"。

何谓古体诗

古体诗，又称古风。一般来说，在中国唐朝之前的诗，往往都称为古体诗，唐朝之后，就称为近体诗，其区别在于：古体诗形式比较自由，不拘对仗、平仄，押韵较宽，篇幅长短不限，就格律而言，是一种比较宽泛的诗体。还有相当一部分唐朝或之后的诗作故意依古体而不依今体，也属于古体诗。古体诗的表现形式有三言、四言、五言、六言、七言及杂言多种。乐府通常也归类为古体诗。

目前，最广为人知的古体诗多为五言诗或七言诗，代表作有《古诗十九首》、陶渊明的《归园田居》、杜甫的"三吏三别"、白居易的《琵琶行》等。四言诗有曹操的《短歌行》。杂言诗有李白的《蜀道难》《将进酒》等。

何谓近体诗

近体诗，又称今体诗或格律诗，是要求遵循一定的平仄、对仗和押韵的诗体。为有别于古体诗而有近体之名。近体诗兴起于唐代，代表诗人有：李白、杜甫、白居易、王维等。

近体诗分为绝句（五言四句、七言四句）和律诗（五言八句、七言八句）两类。最基本的格律包括：字数、句数、平仄、用韵和对仗（绝句不要求对仗）几个方面。主要有如下特点：每句必须平仄相间，同联的两句必须平仄相对，联与联之间必须平仄相粘，即"句内相间，联内相对，联间相粘"；除首尾二联外，必须要对仗；一韵到底的平声韵。

何谓四言诗

四言诗是古代产生最早的一种诗体，通篇每句四字或以四字为主。在上古歌谣及《周易》韵语中，已有所见。《诗经》中的《国风》《小雅》《大雅》等都是以四言诗为基本体裁。

在先秦两汉的其他典籍里，如《史记》所载《麦秀歌》，《左传》所载《宋城子讴》《子产诵》等，也都是以四言体为主。可见，在西周到春秋时期，无论是社会上层还是下层，是娱乐场合还是祭祀场合，最流行的诗体就是四言诗。

春秋以后，四言诗逐渐衰落，但仍有不少诗人写作四言诗。如三国时期的曹操，魏末的嵇康，西晋的陆机、陆云，东晋的陶渊明等。同时，也出现过许多佳作，如曹操的《步出夏门行·龟虽寿》："老骥伏枥，志在千里。烈士暮年，壮心不已。"至今仍为人们吟诵不绝。

何谓五言诗

五言诗，是指每句由五个字构成诗篇的一种诗体。大约起源于西汉，而在东汉末年趋于成熟。五言诗虽然只是增加了一个字，但可以容纳更多的词汇，从而扩展了诗歌的容量，给诗句的变化提供了更多余地，从而能够更灵活细致地抒情和叙事。在音节上，奇偶相配，也更富于音乐美。《诗品·序》说："五言居文词之要，是众作之有滋味者也。"历史上的诗作总量，以五言诗为最多。唐人写有大量的五言古风及五言律绝，如李白、杜甫、王维等人的作品。初唐以后，产生了近体诗，其中即有五言律诗、五言绝句。唐代以前的五言诗便通称为"五言古诗"或"五古"。

何谓七言诗

七言诗，是指全诗每句七字或以七字句为主的一种诗体。起源于先秦和汉代的民间歌谣。不过，汉、魏之际七言诗极少，在南北朝时期至隋渐有发展，直到唐代，才真正繁盛起来，成为我国古典诗歌又一种主要形式。七言诗包括七言古诗（简称七古）、七言律诗（简称七律）和七言绝句（简称七绝）。魏曹丕的《燕歌行》是现存的第一首文人创作的完整七言诗。以后汤惠休、鲍照都有七言作品。鲍照的《拟行路难》18首，不仅在诗歌内容上有很大扩展，同时还把原来七言诗的句句用韵变为隔句用韵和可以换韵，为七言体的发展开出了新路。七言诗的出现，为诗歌提供了一个新的、有更大容量的形式，丰富了中国古典诗歌的艺术表现力。

何谓词

词是我国古代诗歌的一种韵文形式，由五言诗、七言诗或民间歌谣发展而成，起于唐代，盛于宋代。原是配乐歌唱的一种诗体，句的长短随歌调而改变，因此又叫长短句。有小令和慢词两种，一般分上下两阕。词最初称为"曲词"或"曲子词"，是配音乐的。从配音乐这一点上说，它和乐府是同一类的文学体裁，也同样是来自民间文学。后来词也跟乐府一样，逐渐跟音乐分离了，成为诗的别体，所以有人把词称为"诗余"。明代顾从敬刻《类编草堂诗余》中，将分类编排的旧本改为按调编排的新本，将词重新分为长调、中调、小令三类：58字以内为小令，59~90字为中调，91字以上为长调。文人的词深受律诗的影响，所以词中的律句特别多。词虽是长短句，但是全篇的字数、句数以及平仄也是有一定的格律要求的。

何谓词牌

词牌，又称为词格，是填词用的曲调名。词最初是伴曲而唱的，曲子都有一定的旋律、节奏。这些旋律、节奏的总和就是词调。词与调之间，或者按词制调，或者依调填词，曲调就称为词牌，其通常根据词的内容来定。宋代以后，词经过不断的发展变化，主要是根据曲调来填词，词牌与词的内容并不相关。在词完全脱离曲之后，词牌便仅仅作为文字、音韵结构的一种定式。一些词牌，除了正名之外，还标有异名，或同名异调。

词的格式和律诗的格式不同：律诗只有四种格式，但是词则总共有两千多种格式。词的这些格式可称为词谱。关于词牌的来源，大概有如下三种情况：首先本来是乐曲的名称。如《菩萨蛮》《西江月》《风入松》《蝶恋花》等，这些有的来自于民间，有的来自于宫廷或官方，其次摘取一首词中的几个字作为词牌，例如《忆秦娥》，因为依照这个格式写出的最早一首词的开头两句是"箫声咽，秦娥梦断秦楼月"，所以词牌叫《忆秦娥》，又叫《秦楼月》。《忆江南》本名《望江南》，因为白居易的一首咏"江南好"的词，最后一句是"能不忆江南"，所以又叫《忆江南》。《念奴娇》

又叫《大江东去》，这由于苏轼一首《念奴娇》的第一句是"大江东去"；又叫《酹江月》，因为苏轼这首词的最后三个字是"酹江月"。还有本来就是词的题目。《浪淘沙》咏的是浪淘沙，《更漏子》咏夜，《抛球乐》咏抛球，等等。这是最普遍的。凡是词牌下面注明"本意"的，就是说，词牌同时是词题，不另有题目了。但是，绝大多数的词都不是用"本意"的，因此，词牌之外还有词题。一般在词牌下面或后面注明词题。这种情况下，词题和词牌没有任何联系。一首《浪淘沙》可以完全不提到浪和沙；一首《忆江南》也可以完全不提到江南。其实，词牌就是词谱的代号，即填词时应遵循的字数及其平仄的规律。

何谓楚辞

楚辞又称楚词，本义是指楚地的言辞，后来逐渐固定为两种含义：一是诗歌的体裁，一是诗歌总集的名称（在一定程度上也代表了楚国文学）。从诗歌体裁来说，它是战国后期以屈原为代表的诗人，在楚国诗歌基础上开创的一种新诗体。作品运用楚地（今两湖一带）的文学样式、方言声韵，叙写楚地的山川人物、历史风情，具有浓厚的地方特色。后来许多人模仿它作诗，所有这类诗被统称为"楚辞"。从总集名称来说，它是西汉刘向在前人基础上辑录的一部"楚辞"体的诗歌总集，收录战国楚人屈原、宋玉的作品以及汉代贾谊、淮南小山、严忌、东方朔、王褒、刘向诸人的仿骚作品。其中《离骚》《九歌》《天问》等篇保存了较多的历史资料和神话传说，学术参考价值很高。

何谓骚体

先秦文学中的骚体是韵文体裁的一种，得名于屈原的作品《离骚》。由于后人常以"骚"来概括《楚辞》，所以"骚体"亦可称为"楚辞体"。由于汉代司马相如的《长门赋》《大人赋》，班固的《幽通赋》，张衡的《思玄赋》等作品与《离骚》体裁相类，所以这些赋文亦被称之为"骚体赋"。这样，"骚体"又

包括了与《离骚》形式相近的一些赋。

骚体是屈原在楚国民歌的基础上所创造的一种抒情韵文，以《离骚》为代表，一般篇幅较长，句式灵活参差，多六、七言，以"兮"字作语助词。另外，过去有人总结过，"骚"调以虚字为句腰，腰上一字与句末一字平仄相异为谐调，平仄相同为拗调；《九歌》以"兮"字为句腰，句调谐拗亦同。骚体可以称诗，亦可以指赋。汉以后署名蔡琰的骚体《悲愤诗》后半部分，韩愈的《复志赋》，柳宗元的《惩咎赋》《闵生赋》等均可归入骚体类。

骚体主要代表人物：屈原、宋玉、蔡琰。代表作品有《九歌》《离骚》等。

较之屈原以前的诗歌形式，骚体诗主要有以下特征：

一是句式上的突破。屈原创造了一种以六言为主，掺进了五言、七言的大体整齐而又参差灵活的长句句式。这是对四言体的重大突破。

二是章法上的革新。屈原"骚体"不拘于古诗的章法，放纵自己的思绪，或陈述，或悲吟，或呼告，有发端，有展开，也有回环照应，脉络又是极其分明的。

三是体制上的扩展。屈原以前的诗歌大多只是十多行、数十行的短章。而他的《离骚》则长达 372 句、2469 字，奠定了中国古代诗歌的长篇体制。

何谓歌行体

"歌行体"为南朝宋鲍照所创，鲍照模拟和学习乐府，经过充分消化吸收和熔铸创造，不仅得其风神气骨，自创格调，而且发展了七言诗，创造了以七言体为主的歌行体。"歌行"是我国古代诗歌的一种体裁，是初唐时期在汉魏六朝乐府诗的基础上建立起来的。刘希夷的《代悲白头吟》与张若虚的《春江花月夜》的出现，可说是这种体裁正式形成的标志。明代文学家徐师曾在《诗体明辨》中对"歌""行"及"歌行"作了如下解释："放情长言，杂而无方者曰歌；步骤驰骋，疏而不滞者曰行；兼之者曰歌行。"

乐府诗有何特点

所谓乐府古代指音乐机关，它除了将文人歌功颂德的诗制成曲谱并制作、演奏新的歌舞外，又收集民间的歌辞入乐。汉魏两晋南北朝时代，中央政府一直设立着管理音乐和歌曲的专门机构，所采集配乐演唱的诗歌，就称为"乐府诗"，简称"乐府"。现存乐府诗的数量众多，其中有不少采录自民间歌谣，更多的则是文人作品。乐府诗原是配合音乐的，但是后来许多文人，只是用乐府体写作，并不配乐。在体式上，乐府诗以五言为主，兼有七言和杂言。多用生动的口语，亲切朴素，叙事同抒情结合，感情真挚动人，并善于巧妙地熔铸对话刻画人物，声情毕肖，使人如闻其声，如见其人，其生活气息十分浓厚。这种淳朴的诗歌风格，不但具有普遍意义，而且纯真自然。可以说，乐府诗是中国诗歌史上的一个里程碑，它象征着文人诗的开始，象征着诗开始追寻自由和个性化。

五、官制常识

中国传统的封建官制是什么

中国传统封建官制是封建专制主义中央集权国家的统治支柱，是指在皇帝之下设置的中央官制与地方官制上下两级官僚行政机构。中央政府作为皇帝的辅政机构，主要设置宰辅、宰相及负责各方面事务的政务机构。在地方上，建立了一整套由中央层层统摄的严密的地方统治机构。同时，为保证各级官僚机构有充分的人选及各级官员对皇帝尽忠尽责，还配备了一套比较系统、完备的官吏选拔及职官管理制度。

中国古代的封建官制既控制官员本身，又为专制统治服务，是封建统治者用以调节封建社会各阶级、阶层矛盾的工具系统。

怎样看待封建皇权制度的建立

夏商周时期实行的是封国建藩的地方行政体制，诸侯虽然具有地方长官的属性，但仍保留着相对的独立性。自秦朝统一全国后，建立了我国历史上第一个统一的、中央集权的封建制国家，秦的统一，标志着中国进入"大一统"的政治时代。从此以后，由高度集权的中央政府对各地施行统一的政治管理，揭开了此后封建王朝的帷幕。

公元前221年，秦灭六国。天下初定，秦王嬴政所要做的第一件事，就是给自己先确定个名号。先秦时期最高统治者一般都称"王"，完成了前无古人的大业、自感功高盖世的嬴政，认为"王"的称号已经不足以显示他的权势和地位了。于是，他下令群臣议出个名号。结果采用上古"帝"位的名号，称为"皇帝"。这一名号的确立，是秦完成统一大业的产物，显示了皇帝"唯我独尊"的权势和地位，并创立了皇权制度。其主要内涵由三点组成，即皇帝独尊、皇权至上、皇位世袭。这种制度，为以后两千多年的中国封建专制社会奠定了坚实的基础。总的来看，在我国封建社会的特定时期，皇帝制度在多民族国家的形成与统一，封建经济和文化的发展，反抗外来侵略等方面，是起过进步作用的。但是，皇帝制度的发展，造成了极端腐败的封建专制，加强了对农民的残酷剥削和对人民的精神束缚，桎梏了封建经济的进一步发展，在中国历史上又起着极大的反动作用。

中国传统地方行政制度如何

中国历史进入封建社会以后，随着专制主义中央集权制度的建立，不仅表现为中央政权集中掌握在皇帝手中，而且还表现在地方权力集中到中央，由中央对地方的统属关系所构成的行政组织形式，称为郡县制。

在漫长的历史沿革过程中，地方行政机构的组成层次曾出现过：郡县或州县两级制；州、郡、县，或路、府、县，或道、府（州）、县三级制；省、路、府、县，或省、道、府、县四级制。经过这样划分，就形成了一张大网，逐层布下，遍布全国每一个角落，而掌控网纲的就是皇帝。在地方权力的分配上，历代统治阶级的指导思想都是：分割地方权力，使之各有其主，并且使地方官吏之间互相制约。

总之，中国传统地方行政制度，实际是中国传统社会政治制度的重要组成部分。

传统的爵位制度经历了哪些演变

爵位制度是中国古代社会的政治等级制度之一。爵位最早萌芽于春秋时期，分公、侯、伯、子、男五等，是按照血缘关系对王室宗亲等级地位的一种划分，

后世渐渐转变为按照军功、事功赐爵，但其中包含着尊卑等级的本质没有改变，其作用主要体现在通过赏功来激励人的拼搏、上进之心。

先秦爵制与世袭的宗法、分封等制度互为表里，爵位往往就是政治权力的标志。秦国推行的是典型的军功爵制，把在战争中立下的军功同爵位、享受的待遇联系起来。汉代实行两种封爵制度，一种是将宗室封为王、侯两等，一种是对功臣的封爵。以后各代基本依照秦制。元代，凡是宗室、驸马通称诸王。明代以皇子为亲王，亲王之子为郡王。文武官员的封爵是公、侯、伯三级，各加地名为封号，但只有岁禄而无实际的封邑。清代宗室封爵为十等，按宗亲世系分别授予，宗室凡年满二十岁均可具名题请。另外，对皇帝的妃嫔、女儿、姐妹、姑母，以至功臣的母亲、妻子等，也授予封号。秦以后的爵制（分赐爵与封爵），与先秦爵制的性质有所不同。爵不具备行政职能，主要用来确定皇亲、功臣世袭的政治名位和经济权利。

中国古代吏治制度的主要特点是什么

吏治即为治吏，中国自古就有一套严密的吏治制度。其主要特点表现在：一是有明确的指导思想，统治者十分重视官员的"德"，也就是官员的教育，主要是儒家的政治思想和德行操守，选官要依此标准，考试也依此，而且官员还负有"教化"百姓的职责；二是有为官的具体规范和标准，清明、廉洁、公正执法，就是做官的基本要求，后来做官的具体规范、要求越来越多；三是有法令的详细规定，主要是刑法，这是中华法系的一个特点，其中相当大的一部分是官员执法和犯法的处罚规定；四是对吏治有专门机构负责（相当于现在的组织人事部门），其中尤其是相对独立的、强有力的御史制度，这也是中国古代政治制度的一大特点。官僚制度发端于秦汉，但粗疏多变。在唐代得以定型完备，并为后世所继承和逐步调整。作为吏治的一部分，在古代对官员的考核亦起源于秦汉，兴盛于唐代，严密于明清。

中国古代的选官制度有哪些

中国古代选官制度主要可概括为如下：

（1）禅让制度。传说中的尧、舜、禹时期的部落联盟民主推选首领的制度。夏朝启时取消。

（2）世袭制度。我国奴隶社会、封建社会爵位世代相传的制度。由夏启建立，贯穿中国奴隶社会和封建社会始终。

（3）军功爵禄制。战国商鞅变法时实行，奖励军功，按功受爵；贵族无军功不再受爵。有利于新兴地主阶级力量的增强，也促进了封建制度的确立。

（4）察举制度。为适应专制主义中央集权封建国家统治的需要，两汉时期推行新的选官制度，包括察举、征召等。察举即选举，是一种自下而上的推选人才为官的制度，是两汉选用官吏最主要的途径之一。西汉时主要是以才能和品德为推荐标准，东汉初重孝廉；但发展到东汉后期，门第族望成为选举的依据，使累世公卿的世家地主发展形成并壮大起来。

（5）九品中正制度。魏晋南北朝时期实行的选官制度，以门第为选官标准，它促进了汉魏之际的士族制度的巩固和发展，隋文帝时期废除。

（6）科举制度。通过科举考试的办法选拔官员，这项制度延续了一千三百多年，至清朝末年寿终正寝。

何谓客卿制度

客卿是战国时秦国任用外来人才的一种制度。秦国地处西方，不在当时的中原文明国家之列，被看作是一个蛮荒之国。然而，就是这个蛮荒之国，抱负却很大，时刻梦想着向东方扩展势力。为了实现这个目的，秦王广罗六国的贤才，用种种优厚的待遇吸引他们能到秦国来任职。

从六国来到秦国的优秀之士做官一般有两种情况：一种是受到秦王的赏识后，直接授以高官厚位主持国政。如商鞅就是在宦官景监的推荐下，直接由秦孝公授以左庶长之爵，从而展开变法的。秦国的军功爵分为二十级，左庶长为第十级。自左庶长以上直至第十八级的大庶长，都是卿大夫，也都是军将。大庶长就是大将军，左庶长就是左偏裨将军。

另一种则是先拜为客卿，然后再升迁为正卿或相。客卿是秦王的高级顾问，不是正式的官职，但可以参与商讨国家大政。由客卿拜为正卿或相，必须统兵参加过征战，并立有军功才行。这就是秦国的客卿制度。

秦国通过大量放手使用客卿，不仅弥补了人才的不足，而且使秦国成了人才济济的人才大国，秦国不仅客卿之多冠于各诸侯国之首，而且几代首辅丞相、统军将帅均出自客卿。百里奚、商鞅、吕不韦、李斯、蒙氏，一代一代的客卿高居显位，秦国的客卿制度无疑为实现富国强兵起了决定性的作用。可客卿制度的实行，也无可避免地与秦国旧贵族产生尖锐对立。客卿集团前仆后继地以秦王为权力核心与旧贵族进行夺权斗争，逐渐壮大，形成一个很有分量的强大利益集团，并逐渐占据上风，把秦国旧贵族势力排挤到了边缘。秦国的法制也是这样在一代代客卿与旧贵族的斗争中经受考验并巩固下来的。

古代官员的俸禄有哪些形式

俸禄是政府支付给官吏的报酬。俸禄与官吏相伴始终。进入文明时代，有了国家，就有了官吏，有了官吏，自然也就有了俸禄。但是，历朝历代官吏的俸禄有着不同的形式，而且俸禄的多寡也有着极大的差别。

大致说来，我国古代官吏的俸禄有三种形式：

（1）采邑或禄田。这是商周时期的俸禄形式，即：政府将邑或土地授给官员，官员收取其封邑或封地的租税作为生活来源。《国语晋语四》"公食贡，大夫食邑，士食田"，即指此而言。"公"指诸侯，诸侯除了拥有"公田"以外，还收取卿大夫的贡赋，所以说"公食贡"。大夫和士则有"食邑""食田"。由于公、大夫、士的身份是世袭的，他们的"食贡""食邑""食田"同样也是世袭的，这就形成了世卿世禄制。除了官员以外，供职政府的其他人员，如工商、皂隶等，则各按其职业获取衣食之源，这就是《国语晋语四》所说的"工商食官，皂隶食职"。

（2）谷禄。这是春秋后期出现的俸禄形式。春秋后期，由于社会的发展，人口的繁衍，不少邦国渐无都邑、土地可封赐，这就出现了一批无"食邑""食田"的低级贵族，而私人讲学之风的盛行，也培养了一批"学而优"的人才，这些人都积极谋求仕进，希望得到一官半职，以解决生活来源问题。而这些人一旦入仕从政，政府不再给予采邑或禄田，而是量官职之大小给予谷物作为俸禄。《论语泰伯》记孔子说："三年学，不至于谷，不易得也。"意思是说，学习了三年，还没有做官获取谷禄的念头，是很难得的。《论语宪问》又记孔子说："邦有道，谷；邦无道，谷，耻也。"这是说，在邦有道、政治清明的时候，可以出来做官获取谷禄；在邦无道、政治黑暗的时候，不可以出来做官获取谷禄，否则，就是耻辱。这正说明了当时实行的一种新的谷禄制度。

谷禄制度自春秋后期开始实行，到战国时普遍推广开来，从秦汉到隋唐，一直是俸禄的主要形式。

（3）货币。始于汉代，起初只是谷禄制的辅助形式，后来随着商品经济的发展，货币在俸禄中所占的比重逐渐增大，到唐代开元年间，开始成为支付俸禄的主要形式，历宋元明清大致相沿不变。

上述三种俸禄形式，从历史演变来看，有先有后，而且，从土地到谷物再到货币，也体现了历史的进步；另一方面，这三种俸禄形式在历朝历代又往往是并存的。一般来说，从秦汉以后，以土地作为俸禄，主要授予皇室贵族和有特殊功勋的官员，其余官员的俸禄则主要以谷物和货币形式支付，二者的比重随着时代的变化而有差异，唐代以前以谷物为主，唐代以后以货币为主。

周代诸侯是如何划分等级的

　　周初大分封之后，形成了为数众多的同姓和异姓诸侯。这些诸侯有出身、功勋、实力等的不同，他们之间自然有差异等级。周王室将诸侯分成五个等级，其相应的爵位分别称：公、侯、伯、子、男。

　　公，主要有三种情况，一是先王之后，如舜之后称陈胡公，夏之后称东楼公，宋之后称宋公等，都是先王之后而为周所褒封的；二是周王畿内的诸侯，如周公、召公；三是与周王室关系特别密切的，如虢公、虞公。

　　侯，主要是大国诸侯，如齐、鲁、卫、晋、燕、陈、蔡等。

　　伯，主要是小国诸侯，如曹、原、毛、郑等。

　　子，主要是蛮夷之君，如楚、吴、越、邾、莒等。

　　男，主要是华夏小国之君，如许。一说子男是同一等级。

　　周代诸侯的五等爵制，见于许多文献记载，如《礼记王制》说："王者之制爵禄，公、侯、伯、子、男凡五等。"《史记汉兴以来诸侯王年表》也说："周封五等，公、侯、伯、子、男。"但是，从春秋时期的情况来看，五等爵制似乎并没有严格执行，诸侯称爵比较混乱，诸侯对内的尊称以及对外的谦称，往往使人无所适从，单从称呼上无以辨别其真实的爵位。如诸侯称"公"的常常对外称"伯"，称"侯"的常常对外称"伯"、称"子"，称"伯"的则往往自称"伯男"；反之，也有诸侯称"子"的，对外自称"伯""侯"，以壮声势。两国之君会盟，双方互称时往往就高不就下，以示尊重。至于蛮夷之君，甚至有称"王"的，如楚王、吴王、越王、戎王等。这说明，五等爵制虽然存在，但不是很严格，诸侯们不受"正名"的束缚，有灵活掌握的空间。

不过，对于同姓诸侯来说，由于血缘宗法关系的制约，他们之间的爵位班次比较严格一些。据《国语》记载，周代同姓诸侯有一个位次秩序，称为"周班"，是周天子为了分别亲疏、排列爵位而制定的，体现了同姓诸侯之间的亲疏、远近、贵贱、长幼、上下的差别，很受重视。《左传》多次记载诸侯会盟有位次之争，说明当时诸侯对于自己的位次十分在意。在"周班"中，鲁国居首，《国语鲁语下》称"鲁之班长"，说明在同姓诸侯中，鲁国实居第一。

汉朝官制经历了哪几次变化

汉代的官制变化有几个关键点：西汉立国之初，汉景帝、汉武帝、成帝、哀帝时期、东汉光武帝。西汉立国之初，刘邦在萧何、叔孙通的帮助下制定新官制，大体沿袭了秦代制度，但重要的改变是"郡国并置"。汉景帝的时候改革了一些官名，但主要的变革在于"令诸侯王不得复治国"，加强了中央集权。汉武帝时期改变了一些官名，增设了一些官职，加强了京城的纠察与防卫力量，设立了边疆的官职，定加官之制，中朝官开始形成，总而言之，武帝时期非常重要，很多重大的变化是从这个时期开始萌芽的。成帝、哀帝时期改革了一些官名，十分重要的是将刺史改成为州牧，扩大了地方的权力。东汉立国之初，为紧缩开支而裁减官僚机构，减少官员名额，每年节省俸钱开支以亿万计。光武亲政的时候，以尚书台总领纪纲，不以实权交给三公，大大加强了中央集权。

怎样看待隋朝的官制改革

隋文帝即位后，即废除了北周的官制，恢复魏旧制。隋代的中央行政官制，最为突出的是三省六部制度的确立和强化（实际上朝廷一共设尚书、门下、内史、秘书、内侍五省。前三省的长官实际是宰相，后二省则是宫廷内务机构）。三省为尚书省、门下省和内史（中书）省。尚书省是管理政务的机构，为中央最高执行机关，下设吏部、礼部、兵部、都官（刑部）、度支（户部）和工部六曹，各个部门都兼管有关的统计工作，这就是中央的"三省六部"制。此外又有二台（御史、都水），十一寺（太常、大理、国子、光禄、卫尉、宗正、太仆、鸿胪、司农、太府、将作）等机构，负责朝廷日常的行政事务。这种制度基本上沿用到清代。而在地方行政机构方面，则由过去的州、郡、县三级制改为州、县二级制，废除了郡，简化了地方行政组织，不仅节省了国家开支，还大大提高了行政效率，有利于中央的统治，值得后世借鉴。

清朝对各级官员是怎样考核的

清代对各级官吏的考核分为"考满"和"考察"两种。考满即实行一年一考，三考为满。所谓考察，对京官的考察称为"京察"，对地方官吏的考察称为"大计"。清代考察具体工作由吏部清吏司主持，清朝政府总结了明朝后期考核制度松散、官吏贪污成风的教训，进一步发展了封建官吏的考察标准。顺治四年（1647年）颁布"四格八法"制度。"四格"包括"才"（才能）、"守"（操守品德）、"政"（工作态度）、"年"（年资）四个方面。对四格的评价基本上按照"好中差"分三个等级，即"才"分"长、平、短"，"守"分"廉、平、贪"，"政"分"勤、平、怠"，"年"分"青、中、老"。清代的"四格"基本照顾到了德、能、勤、绩四个方面。单就形式内容来说，已是比较全面的了。"八法"

与明代类似，即贪、酷、浮躁、才力不及、罢软无为、不谨、年老、有病。凡属这八种人，都要被清除，以保证官吏队伍的素质。

怎样区别宰相和丞相

宰相是中国古代最高行政长官的通称。"宰"的意思是主宰，商朝时为管理家务和奴隶之官，周朝有执掌国政的太宰，也有掌贵族家务的家宰，掌管一邑的邑宰，实已为官员的通称。相，本为相礼之人，字义有辅佐之意。宰相联称，始见于《韩非子·显学》，但只有辽代以为正式官名，其他各代所指官名与职权广狭则不同，而且名目繁多。

宰相最早起源于春秋时期。管仲就是中国历史上第一位杰出的宰相。到了战国时期，宰相的职位在各个诸侯国都建立了起来。

秦朝时，宰相的正式官名为丞相。有时分设左右，以右为上，称为"右丞相""左丞相"，宦官担任宰相职务的称为"中丞相"。汉朝与秦朝相仿，只是如果称为相国的话地位更高一些，并以御史大夫为副职。汉武帝时，起用儒生当丞相，处理日常行政事务，而政务中心则转到了内廷。宰相的职权逐渐转移到了尚书台长官的手中。汉哀帝改丞相为大司徒，东汉由司徒、司空、太尉共同执政。汉献帝时，复置丞相，由曹操担任。

"三公九卿" 具体包括哪些

三公是中国古代朝廷中最尊贵的三个官职的合称。如前所述,西汉今文经学家以为三公指司马、司徒、司空,而古文经学家则以为太傅、太师、太保为三公。秦代不设三公。西汉最初继承秦制,辅佐皇帝治国者主要是丞相和御史大夫,最高军事长官是太尉,但不常置。而从武帝时起,因为受到经学影响,丞相、御史大夫和太尉也被称为三公了。先秦文献中的九卿之说,秦代并没有这种制度,西汉初也不见九卿名称。也是武帝以后由于儒家思想的影响,人们就以秩(官的品级)为中二千石一类的高官附会为古代九卿(太常、光禄勋、太仆、廷尉、卫尉、大鸿胪、宗正、大司农、少府)。不过本来汉代的卿,有十几种官,将九卿定为九种官职,始于王莽新朝,其制中以中二千石为卿。即以大司马司允、大司徒司直、大司空司若、羲和、作土、秩宗、典乐、共工、予虞为九卿,分属于三公。总而言之,三公只是实行于两汉,并且权力一直下落,曹魏重新恢复三公之制。在魏晋南北朝时期,三公依然位居极品,且开府置僚佐,但实权则进一步向尚书机构转移。至隋代,三公完全变成虚衔或优崇之位。宋代以后,往往亦称太师、太傅、太保为三公,但其虚衔性质不变,并渐次演化成加官、赠官。明、清同。

至于九卿,魏晋以后多同东汉之制,但是隋唐九卿虽然也为太常、光禄、卫尉、宗正、太仆、大理、鸿胪、司农、太府,却已无行政之权。南宋、金、元,九卿多有省并。明、清遂改以吏、户、礼、兵、刑、工六部尚书,都御史、大理寺卿、通政司合起来共称为九卿,以前的九卿之官或有保留,但已成为虚衔或加官、赠官。这里有一个"九卿"的名与实的关系。

太尉是什么样的官职

太尉之名最早见于《吕氏春秋》,中国古代职官。西汉始置,为最高军事长官,与丞相、御史大夫并称三公。太尉往往在国家有重大军事行动时才任命,事毕则改官。西汉军制，平时，中央军队分隶卫将军和诸校尉，战时任命骠骑将军、车骑将军、材官将军等诸将军指挥，太尉是皇帝在军事上的最高顾问，并不直接领兵。汉武帝时，改太尉为大司马，作为大将军、骠骑将军的加号。东汉，复置太尉官，与司徒、司空为三公。历代沿置，均为加官，无实际职务。到元朝时被废止。

太师是什么样的官职

　　太师为辅佐国君的高官之一。周时以太师、太傅、太保合称为"三公"。秦代不置，而汉代每一个皇帝即位，都设太师、太傅、太保各一人，为重臣之首，而位在"三公"（大司徒、大司马、大司空）之上。西晋时，因避讳改太师为太宰，仍为最高官职。以后各代沿制，但三公之职一般只是一种荣衔，以示尊荣而无实职。另外，各代均设有太子太师一官，负辅导太子言行，传授知识之责。古代乐官之长，亦称太师。

少师是什么样的官职

　　少师辅佐国君之职，以后各代沿置，职位尊崇而无实权。周时以少师、少傅、少保合称为"三少"。明史清史稿官职志载："太师、太傅、太保为三公，正一品。少师、少傅、少保为三孤，从一品。掌佐天子，理阴阳，经邦弘化，其职至重。无定员，无专授。"北朝魏齐及隋以后历代沿置。明、清时以朝臣兼任，为虚衔。

御史大夫是什么样的官职

　　御史大夫为秦代设置的官名，负责监察百官，代表皇帝接受百官奏事，管理国家重要图册、典籍，代朝廷起草诏命文书等。西汉沿置，御史大夫与丞相、太尉合称三公。凡军国大计，皇帝常和丞相、御史共同议决。丞相位缺，一般都是由御史大夫直接升任。皇帝下诏书，一般先下御史，再达丞相、诸侯王或守相，因而皇帝常常利用御史大夫督察和牵制丞相。成帝绥和元年，更名御史大夫为大司空，汉哀帝建平二年（公元前5年），复为御史大夫。元寿二年，又改名大司空。从此到东汉，遂延续不变。汉献帝时，在曹操的专权下，又恢复了丞相和御史大夫的官制。值得重视的是西汉晚期，从原来的丞相、御史大夫、大司马变为三公并立，是汉代官制中一大变革。到东汉初年，御史大夫的官属，由御史中丞总领，中丞替代御史大夫而成为执法和监察机构的首脑人物。魏晋南北朝偶尔也恢复御史大大的名称，或替代司空，或替代御史中丞。隋、唐以后所设御史大夫，除宋代为虚衔外，均为御史台长官，已经不再具有汉、魏三公的性质。明代改御史大夫为都御史，自此这一官职被废除。

内阁大学士是什么样的官职

内阁大学士是明、清两代掌管政务机构人员。明洪武十五年不设宰相，仿照宋制，置诸殿阁大学士（同宰相之职），收阅奏章，批阅文稿，辅助皇帝办理政务。中叶以后兼领六部尚书，成为皇帝的最高幕僚兼决策机关。清初以国史院、秘书院、弘文院、内三省为内阁，设大学士，参与军政机密，清末便徒有虚名。

大将军是什么样的官职

大将军是古代最高军事统帅之称，掌领兵作战。汉时，在大将军名号之上冠于大司马之号，其位更尊崇，权过三公。将军在秦时为军中高级武官之称。唐以后将军职位渐卑，成为武散官。宋、元、明的殿廷武士也称将军。清代的将军则是八旗军驻防各地的高级将领，此外将军亦作武官封赠之阶。

大夫是什么样的官职

大夫为古代的官名，在诸侯国中有卿、大夫、士三级官职。而大夫又有上、中、下三等。秦汉以后，有身居朝廷国职的御史大夫、谏议大夫，有常议论备顾问的大中大夫、光禄大夫等，都是官称。到唐、宋时，置有御史大夫、谏议大夫。明、清则废。但隋、唐以后，大夫都是高级官阶的称号，一般高级文职官阶都称大夫，专为封赠之用。宋以后，称医生为大夫，词义发生了变化。

何谓"孝廉"

孝廉是汉代选拔官吏的科目之一。孝，指孝悌；廉，指清廉。始于董仲舒贤良对策时的奏请，他主张由各郡国在所属吏民中荐举孝、廉各一人。后合称为"孝廉"。举荐每年进行，以封建德行作为评价人才的标准，为当时士大夫参与政治的主要途径。到了明清则俗称举人为孝廉。

何谓安抚使

安抚使，官名。隋仁寿四年，设安抚大使，由行军主帅兼任。唐时各州如有水旱灾害，即派巡察，安抚或存抚等使节巡视抚恤；常由节度使兼任，另有副使。宋代为掌管一方军事和民政之官，称安抚使，或称经略安抚使，常由知府、知州兼任。辽、金、元称安抚使，或称安抚司，只在远边地区设置。明、清时，安抚使是西南边远地区的武职土官。

何谓尚书省

尚书省为魏晋至宋时期中央最高政府的行政机构。南朝宋得名，前身为"尚书台"。由汉代皇帝的秘书机关尚书发展而来。秦及汉初，尚书是少府的属官，是在皇帝身边任事的小臣，与尚冠、尚衣、尚食、尚浴、尚席合称六尚，因其在殿中主管收发（或启发）文书并保管图籍，故称尚书。三国的时期，尚书台已成为全国政务的总汇。曹魏的时候，尚书台之外复有中书省，侍中也逐渐成为参与机密的要职，尚书台不再拥有独占机枢的地位。东晋以后，录尚书之权渐分，有时以三四人并录尚书事。宋孝武帝孝建中，为防大臣威权过盛，遂省去录尚书之职，以后南朝的尚书则置废不常。至于北朝，北魏道武帝拓跋珪仿魏晋立尚书台，置三十六曹。东魏、北齐承袭北魏这一制度，但是尚书之权较重。西魏时官制改革，宇文泰以大行台执政，大行台的组织略同于尚书省，有仆射、尚书、丞、郎等职。隋文帝称帝时，恢复了尚书省，并使之成为名副其实的全国最高行政机构。唐沿隋制，三省并置，是全国行政的总汇机构，唐代后期，尚书省已经有名无实。北宋初期，虽然形式上还保留着尚书省的系统，但权力既不归属，郎官又不治事，尚书省的制度名存实亡。辽、金的情况与宋制略同。元代以后，尚书省遂被废除。

何谓门下省

"门下省"为官署名称，魏晋至宋的中央最高政府机构之一。后来发展成为与尚书省、中书省鼎足而立的三省之一。初名侍中寺，是宫内侍从官的办事机构，其称为门下省，始自西晋，门，指皇宫内门，因其门户漆以黄色，故又称黄门。门下省原为皇帝的侍从机构，一般设有侍中二人，正二品。掌出纳帝命，相礼仪。南北朝时权力逐渐扩大，北朝时期政出门下，成为了中央政权机构的重心。隋唐时与中书省同掌机要，共议国政，在唐代前期是真宰相，宰相议政的政事堂，最初也设在门下省，以后才移到中书省。侍中具有封驳权，即对皇帝颁发诏书的审核权。门下省在宋代已成为一种虚名的形式，实际职权已移至其他机构，其长官成为寄禄虚衔。南宋初期，中书、门下合并为一。辽金亦置门下省。元代以后，不再设置门下省。

何谓中书省

中书省也是中国魏晋至宋代的中央最高政府机构之一，后来发展成为与尚书省、门下省鼎足而立的三省之一。魏晋时中书省是秉承君主旨意，掌管国家政务，发布政令的机构，其长官为中书令。中书省掌握着行政大权，它与掌管军事大权的枢密院合称"二府"。元代以中书省总领百官，与枢密院、御史台分掌政、军、监察三权。门下、尚书两省皆废，故中书省较前代显得尤为重要。地方行政一部分亦由中书省掌握。明代朱元璋废中书省，由皇帝直接统领六部，机要之任则归"内阁"，此后便无中书省这一机构。

六部的职能是什么

六部是古代中央主要行政机构。即吏部、户部、礼部、兵部、刑部及工部，属于中央政府行政机构内部六个核心的管理部门，唐代的时候六部的名称固定，统归于尚书省，宋代沿袭之。六部的职能大体如下：吏部主管全国文职官吏的挑选、考查、任免、升降、调动、封勋，大体相当于现代组织部的职能。户部掌全国疆土、田地、户籍、赋税、俸饷及一切财政事宜。礼部主管朝廷重要典礼（如祭天地、祭祖先等）、科举考试、接待外国来宾，类似于现代的教育部和外交部礼宾司。兵部职掌全国军卫、武官选授、简练之政令。刑部为主管全国司法、行政的机构，大体相当于现代的司法部。工部主管兴修水利、重要的土木建筑工程，大体相当于现代的水利部和建筑工程部。元代的时候六部统一归属于中书省。明代的时候废除中书省，六部则直接对皇帝负责，成为主管全国行政事务的最高机构。各部置尚书一人，总管本部的政务，下设左右侍郎各一人，为尚书之副。

总督的职能是什么

总督是管辖一省或数省军政的地方最高长官，这个职称始于明朝。但明代的总督，主要负责军务和粮饷，还不是固定的职务。但从此总督职权日益扩大，兼掌民政，实际上逐渐成为地方军政首长。清康熙以后，总督成了正式的封疆大臣，品级为一品，军政民刑都管。

都督的职能是什么

都督，古代官职。三国时有"都督诸州军事"。都督一职，在汉末设置时，主要指领兵打仗的将帅，一般不理民事。魏晋以后，有些都督往往兼任驻地的刺史，这样就总揽了军政大权，形成了"军管"。唐代各州都设都督，大都成为当辖区的军政总首长，往往会形成"割据"的独立王国。

提督的职能是什么

提督，古代官职，主要在清朝成为要职。有两种提督，一种是提督学政，各省一人，掌学校改令，负责岁、科考试，考察师生的优劣，又称为学政、学台。凡全省大事，他有权和督、抚一起参加讨论。另一种提督，即提督军务总兵官，负责一个省的军务。他是从一品，和总督同，比巡抚、藩台、臬台三大宪的品级还高。

六、词语典故常识

何谓吴下阿蒙

典出《三国志·吴书·吕蒙传》裴松之注引《江表传势》。三国时，吴国大将吕蒙因军务繁忙不肯读书，后来接受孙权的劝告才努力学习。鲁肃接替周瑜的职务后，经常与吕蒙商谈争论，总是落于下风。鲁肃拍着吕蒙的背说道："原先我以为老弟只有武略，如今看来，老弟学识卓见渊博，不再是当年的吴下阿蒙了。"吕蒙回答："士别三日，当刮目相看。"后泛指缺少学识才干的人，比喻人学识尚浅。

何谓周公吐哺

典出《史记·鲁周公世家》。周公唯恐失去天下贤人，"一沐三捉发，一饭三吐哺"。就是说洗一次头时，曾多次握着尚未梳理的头发，吃一顿饭时，亦数次吐出口中食物，迫不及待地去接待贤士。曹操《短歌行》诗云："周公吐哺，天下归心。"形容在位者礼贤下士。

何谓糟糠

典出《后汉书·宋弘传》。东汉宋弘为官清廉，不徇私情，深得光武帝的信赖。光武帝的姐姐湖阳公主寡居在家，对宋弘产生了爱慕之情，于是光武帝召宋弘进宫，与他交谈，并让湖阳公主在屏风后面倾听。光武帝笑着对宋弘说："人显贵了，就要另交朋友；发财了，就要改娶妻子。这是人之常情啊！"宋弘一听就明白了皇上的用意，正色道："古人说过，贫贱之交无相忘，糟糠之妻不下堂。"光武帝听后便不再提起此事。后人根据这个故事，把自己生死相依、同甘共苦的妻子称为"糟糠"。

何谓社鼠

典出《韩非子·外储说上》。春秋初期，齐桓公任用管仲为相，最终成为春秋五霸中的第一位霸主。一天，齐桓公询问管仲，治理国家最大的忧患是什么。管仲回答说是社庙里的老鼠，桓公对此大为不解。管仲解释说，社庙里的墙壁是用木材涂上泥土做成的，老鼠喜欢在里面打洞，人们要消灭老鼠是非常困难的。如果用火熏，害怕烧坏木料；用水灌，又担心毁坏泥墙，老鼠之所以没有消灭，究其原因就在于社庙的墙壁。国家也如此，国君亲信的那些小人，他们在外作威作福，搜刮民财，欺压百姓；在内又互相勾结，蒙蔽君王。如果不及早动手，发觉并处死这类人，就会酿成祸害，这种人就是贻误国家的社鼠啊！后来，人们以"城狐社鼠"比喻依仗权势作恶之人。

何谓南柯一梦

典出唐李公佐《南柯太守传》。淳于棼做梦到大槐安国，被国王招为驸马，又任命为南柯太守，30年内有了五男二女，享尽荣华富贵。不料邻国进犯，他出师不利，妻子也死去，自己也被打发回家。醒后根据梦中光景寻找，发现所梦大槐安国原来是门前大槐树树洞中的蚂蚁窝，槐树南枝下的另一个蚂蚁窝就是他做太守的地方。形容一场大梦，或比喻一场空欢喜。

何谓接舆歌凤

典出《论语·微子》。接舆佯狂避世，曾迎孔子之车而歌。孔子适楚，楚狂接舆游其门曰："凤兮凤兮，何德之衰？往者不可谏，来者犹可追！已而！已而！今之从政者殆而！"意思是楚国的狂人接舆唱着歌从孔子车前走过，他唱道："凤鸟啊凤鸟啊！你的德行为什么衰退了呢？过去的事情已经不能换回了，未来的事情还来得及呀。算了吧，算了吧！如今那些从政的人都危险啊？"孔子下车，想和他交谈。接舆赶快走开了，孔子无法和他交谈。

"我本楚狂人，凤歌笑孔丘"。典故恰如其分地勾勒了那些对当时社会不满，坚决不与统治者合作的一类人的形象。

何谓掩袖工谗

典出《韩非子·内储说下》。战国时期，楚怀王得到一位美人，非常宠爱。楚王的夫人郑袖格外嫉妒，但表面上并没有表露出来，反而对这位美人大献殷勤。有一天，郑袖对这位美人说："君王非常喜欢你的美貌，可是不喜欢你的鼻子，你要得到君王的长久宠爱，今后见君王时，最好把鼻子掩住。"这位美人听了就按她说的去办。楚王对此大为不解，就前去问郑袖其中的缘故。郑袖装出欲说不说的样子，在楚王的再三追问下，她才说这位美人是厌恶楚王有臭味。楚王听后，非常生气，于是下令把这位美人的鼻子割掉。从此之后，"掩袖"一词成为嫉妒的代名词。

何谓箪瓢陋巷

典出《论语·雍也》。春秋时期，孔子在他的学生中最喜欢颜回，他十分尊敬孔子。孔子指出缺点他马上就改正，孔子问他为什么不去谋个一官半职。颜回说只要学到老师的道德学问何必去做官。子曰："贤哉回也！一箪食，一瓢饮，在陋巷，人不堪其忧，回也不改其乐。贤哉回也！"孔子称赞颜回能坚守清贫的生活而自得其乐，是一个贤者。

后来用这个词比喻安贫乐道。

何谓盗泉

典出《尸子》卷下。春秋时代，有泉名为"盗泉"，孔子经过盗泉时，虽然口渴，但恶其名，坚持不喝这里的水。"（孔子）过于盗泉，渴矣而不饮，恶其名也。"这个典故用来比喻宁死也不接受不义之物，以保持清白节操。

何谓坐怀不乱

典出《荀子·大略》。春秋时，柳下惠夜宿城门外，遇一女子，柳下惠怕她着凉，便解开外衣把她裹在怀里，同坐了一夜，并没发生非礼行为。于是柳下惠就被誉为"坐怀不乱"的正人君子。形容男女相处，品行高洁。

何谓请君入瓮

曲出《新唐书·周兴传》。武则天称帝时，来俊臣和周兴是有名的酷吏，他们惯用各种酷刑逼人招供。当时有人告发周兴谋反，于是武则天派来俊臣审问。来俊臣请周兴吃酒，宴中问周兴："犯人不肯招供怎么办？"周兴说："拿个大瓮，周围用炭火烤，叫犯人站在瓮中，还怕他不招吗？"于是来俊臣叫人拿来大瓮，四面加火，周围用炭火烤，对周兴说："奉旨审问老兄。现在请您入此瓮。"周兴惶恐叩头服罪。后用来形容一个人自己设好的圈套自己钻，也可以说是以其人之道还治其人之身。

何谓退避三舍

典出《左转·僖公二十三年》。古时行军以三十里为一舍，春秋时的晋公子重耳曾逃亡到楚国，楚国国君收留了他，并给予十分优厚的待遇。晋公子重耳答应如果将来回国执政，遇到晋楚交战，一定会先退避三舍之地，作为报答。后来重耳当上晋国国君，在晋楚城濮之战中，果然先后退了三舍。比喻为避免冲突而对人让步。

何谓曲突徙薪

典出《汉书·霍光传》。相传古时有人看见一户人家烟囱很直，旁边堆着柴草，就向主人建议："把烟囱改成曲形，把柴堆移到别处，不然会发生火灾。"主人不听。不久，这户人家果然失火。邻居都来救火，终于把火扑灭了。主人杀牛备酒，感谢邻居，请在救火时被烧伤的人坐上席。有人提醒主人说："你先前如果依照建议做的话，现在也就不会花费这么多来摆酒了。"比喻人要有先见之明，才能防患于未然。

何谓半部《论语》

此典与宋代的开国宰相赵普有关，全句为"半部《论语》治天下"。赵普为小吏出身，识字不多，他每次遇到不能解决的问题，就回家闭门读书，第二天总能想出办法来。后来人们才知道他只看《论语》。据宋人罗大经的《鹤林玉露》记载，宋太宗时赵普再次为相，朝中有人不服，讥笑他平生所读只有一部《论语》而已。宋太宗闻言召见赵普询问。赵普回答："臣平生所知，诚不出此。昔以其半辅太祖定天下，今欲以其半辅陛下致太平。"古人认为只要熟悉和运用半部《论语》就可以治理好国家。

何谓结缨

典出《左传·哀公十五年》。"子路曰：'君子死，冠不免。'结缨而死。"意思是孔子的学生子路在卫国做官，在卫国内乱中，敌方用戈将子路系"冠"的带子割断了，子路因此停止战斗，捡起冠来，系上带子，结果被乘虚杀害。子路的观念与当时的士人一致，认为"君子死，冠不免"。结缨，指系好帽带。后用以比喻为维护自身尊严而不惜舍弃性命的行为。

何谓难兄难弟

典出《世说新语·德行》。原意形容两兄弟的品行都非常好，难分上下。东汉陈寔（实）有两个儿子，一个叫元方，一个叫季方，都德行高尚。某日，元方和季方的儿子为自己父亲的功德争论起来，都说自己的父亲功德高，相持不下，便一同来请祖父裁决。陈寔（实）说："元方难为兄，季方难为弟。"意思是他俩的功德都很高，难以分出上下。后来用这个成语指共同患难的人或彼此处于同样困境的人，也可反用，讽刺两个同样坏的人。

何谓马齿徒增

典出《谷梁传·僖公二年》。春秋时期，晋献公一心想吞并虢国，苦于没有路到达。大夫荀息建议用骏马和美玉作为交换条件，换取虞国借道。晋献公忍痛割爱拿出骏马和美玉。晋国轻而易举灭了虢国，荀息于是马上建议灭掉虞国，夺回了美玉和骏马，玉还是原来的玉，只是骏马多长了几颗牙齿而矣。"荀息牵马操璧而前曰：'璧则犹是也，而马齿加长矣。'"马的牙齿有多少，就可以知道它的年龄有多大。谦称自己虚度年华，年岁白白地增加了，学业或事业却没有什么成就。

何谓祸起萧墙

典出《论语·季氏》。"今由与求也，相夫子，远人不服而不能来也；帮分崩离析而不能守也；而谋动干戈于帮内，吾恐季孙之忧，不在颛臾，而在萧墙之内也。"意思是说鲁国大夫季孙准备讨伐鲁国境内的附庸国颛臾，当时孔子的弟子冉有在季氏手下做官，便来征求孔子的意见，孔子说，你们因为许多内政问题不能解决，于是只好用兵，在外面发动战争来转移内部的注意力。在我看来，你们很危险，季家最大的烦恼、痛苦、忧愁，不在颛臾这个边区的小国家，而是在萧墙之内，在季家自己兄弟之间。孔子说了这个话不久，后来季家兄弟果然发生了问题。后指祸乱发生在家里，比喻内部发生祸乱。

何谓散木

典出《庄子·人间世》。相传古时一棵很大的栎树，枝叶能遮阴上千头牛，树干有百尺围。看的人很多，但有一个姓石的木匠却不去看。他的徒弟问他为什么这样好的木材却不去看一看。他说，这是散木，做船船会沉，做棺材会很快腐烂，做用具会坏得快，做门户会吐脂，做屋柱会蛀，做什么都不行，我去看它又有什么用呢？比喻无用之材。

何谓断袖之癖

典出《汉书·佞幸传·董贤》。西汉的董贤虽为男性，但长得很俊俏，作为汉哀帝随身侍从，深得汉哀帝宠爱。两人形影不离，同床共枕。有一次哀帝醒来，衣袖被董贤压住，他怕惊醒董贤，于是用刀将袖子割断，可见其爱恋之深。后人将同性恋称为"断袖之癖"，便是源出于此。

何谓问鼎

典出《左传》。春秋时楚庄王曾率兵北伐至洛水，向周王朝炫耀武力，周定王不得不派王孙满前去犒劳楚军，而楚庄王竟骄横地向王孙满询问周朝传国之宝九鼎的大小轻重。这个问鼎的典故，显示了楚庄王觊觎周室之意。《晋书王敦传》因而也云："有问鼎之心者，帝畏而恶之。"后来用"问鼎"指图谋夺取政权，也指在某方面取胜。

何谓长乐老

典出《新五代史·冯道传》。五代时，冯道历仕后唐、后晋、后汉、后周和契丹五朝，均担任宰相要职。他颇为自得，为自己写传，自号"长乐老"，引以为荣。后世常借指凭靠阿谀取荣而长保禄位的人。

何谓五日京兆

典出《汉书·张敞传》。西汉时期，平通侯杨恽居功自傲被判死刑，与杨恽有关的官员几乎都被停职。他的朋友京兆尹张敞因为受汉宣帝的信任暂时没有停职，张敞的手下絮舜听说张敞即将停职，对人说："他不过是五日京兆罢了，还能过问什么事情？"张敞得知，将他逮捕下狱。比喻任职时间不会长或即将去职，也指凡事不作长久打算。

何谓身无长物

典出《世说新语》。王恭从会稽回京城，其叔父王忱去看望他。王忱看见王恭坐着一张六尺长的竹席子，便对他说："你从东边回来，自然会有这种东西，可以拿一张给我。"王恭没说什么。王忱走后，王恭就把所坐的那张竹席送给他，自己则坐在草席子上。后来王忱听说这件事，很吃惊，对王恭说："我原以为你有多余的，所以才向你要。"王恭回答说："您不了解我，我从来没有多余的东西。"

原意是王恭自称很穷，表明他的简朴。后指除自身外再没有多余的东西，形容贫穷。

何谓捉刀人

典出《世说新语·容止》。"魏武（曹操）将见匈奴使，自以形陋，不足雄远国，使崔季珪代，帝自捉刀立床头。既毕，令间谍问曰：'魏王何如?'匈奴使答曰：'魏王雅望非常，然床头捉刀人，此乃英雄也。'"捉刀人原指曹操。因上古以刀为笔，竹木简出现后，又用刀修改竹木简上的舛误，后称代他人作文为"捉刀人"。

何谓坠楼人

典出《晋书·石崇》。石崇宠爱丽姬绿珠，为她造金谷园。绿珠能吹笛，又善舞。石崇自制《明君歌》以教之。孙秀闻其名惊其艳，故遣使人求绿珠。石崇怒曰："吾所爱，不可得也!"孙秀恼羞成怒，在赵王司马伦前陷害石崇。其时崇正宴于楼上，有士兵来缉拿他。崇谓绿珠曰："我今为尔获罪。"绿珠泣曰："当效死于君前!"遂自投于楼下而死。"坠楼人"指晋石崇的宠姬绿珠。杜牧有诗云："日暮东风怨啼鸟，落花犹似坠楼人。"比喻女子品性高洁，为保节操不惧身死。

何谓羞与哙伍

典出《史记·淮阴侯列传》。樊哙，是汉高祖刘邦的同乡，出身贫穷，以屠狗为业，后因追随刘邦有功而封侯。这时，大将军韩信却被刘邦削去兵权，改封为"楚王"，接着又降为"淮阴侯"。有一次，韩信从樊哙门前走过，樊哙知道了，马上赶出去迎接，并且仍像以前对待大将军一样对待他，向他跪拜，说："大王光临臣家，真是荣幸极了！"韩信后来发牢骚说："我竟然和樊哙这样的人平起平坐，真是羞耻极了！"原意是指以跟樊哙这种人交往为羞，泛指以跟某人在一起为可耻。

何谓伴食宰相

典出《旧唐书·卢怀慎传》。唐代官员卢怀慎，与名相姚崇共同处理军机大事。他胆小怕事、懦弱无能，遇事都不敢自己做主，一切事务全推给姚崇处理。很多人都对卢怀慎的这种吃饭不做事的行为不满，私下送他"伴食宰相"的外号。后用来讽刺无所作为，不称职的官员。

何谓弄獐宰相

典出《旧唐书·李林甫传》。唐代宰相李林甫不学无术，他的亲戚姜度得了个儿子，他去信祝贺，写了句"闻有弄獐之庆"。美玉之"璋"成了獐头鼠目之"獐"，客人看了都掩口而笑。"弄璋""弄瓦"，在两千多年前的周代，已作为生男生女的代称。后世惯以"弄璋之喜""弄瓦之喜"庆贺亲友家喜获龙凤，成了旧时广为流传的一种祝辞，至今还偶见沿用。弄獐宰相一词多用来讥讽缺乏文化知识，又自以为是的为官者，也用来讽刺常用错别字，文化水平低的人。

何谓唾面自干

典出《新唐书·娄师德传》。娄师德的才能得到了武则天的赏识，招来很多人的嫉妒，所以在他弟弟外放做官的时候，他对他弟弟说："我现在得到陛下的赏识，已经有很多人在陛下面前诋毁我了，所以你这次在外做官一定要事事忍让。"他弟弟就说："就算别人把唾沫吐在我的脸上，我自己擦掉就是了。"娄师德说："这样还不行，你擦掉就是违背别人的意愿，你要能让别人消除怒气，就应该让唾沫在脸上自己干掉。"形容受了污辱，极度容忍，不加反抗的气量。

何谓执牛耳

典出《左传·哀公十七年》。当时各国诸侯订立盟约，必须举行"歃血为盟"的仪式。先将牛耳割下取血，并将牛耳放在珠盘上，由主盟者执盘，当时便称主盟者为"执牛耳"。主盟者率先将祭拜过天地神灵的牛血涂在口上，与盟者接着相继歃血，表示彼此之间有天地神灵为鉴，要坚守盟约，要言而有信。倘若有违约者，必将遭受神灵的惩罚，最终将像牛一样死亡。这种"歃血为盟"的仪式在古代是很隆重的。"执牛耳"原本是一种仪式，后来泛指在某方面居于领导地位之人。

何谓画虎不成反类犬

典出《后汉书·马援传》。东汉伏波将军马援的两个侄子喜欢结交游侠，马援写信告诫他们："你们应当学谦恭好学的龙伯高，而不要学豪侠好义的杜季良。因为豪侠学不到，反而成为轻薄，就像画虎不成反类犬一样。"比喻好高骛远，终无成就，反贻笑柄。亦喻仿效失真，反而弄得不伦不类。

何谓应声虫

典出唐刘束《隋唐嘉话》。相传古时有人得了应声虫病，他说什么，肚里的虫也说什么。有人叫他读《本草》，当他读到中药"雷丸"时，虫就不做声了。后来他就吃"雷丸"，果然病就好了。比喻自己胸无主张，随声附和他人。

何谓上下其手

典出《左传·襄公二十六年》。春秋楚襄王二十六年。楚国出兵侵略郑国。当时楚强郑弱，郑国遭败，郑王颉被楚将穿封戌俘虏。战事结束后，楚王弟公子围与之争功，说郑王颉是由他俘获的，于是穿封戌和公子围发生争执，彼此都不肯让步，于是请伯州犁作公证人，判定这是谁的功劳。

伯州犁有意偏袒公子围，于是主张要知道这是谁的功劳，最好是问问被俘的郑王。于是命人带了郑王颉来，伯州犁便向他说明原委，接着手伸二指，用上手指代表楚王弟公子围，用下手指代表楚将穿封戌，然后问他是被谁俘获的。郑王颉因被穿封戌俘虏，很是恨他，便指着上手指，表示是被公子围所俘虏。于是，伯州犁便判定这是公子围的功劳。比喻随意玩弄手法，串通作弊。

何谓丧家之犬

典出《史记·孔子世家》。春秋时期，孔子带领他的学生到各诸侯国讲学，因孔子是保守派，与当时诸侯争霸不合拍，常常受到冷遇。一次孔子与弟子走散，孔子待在东门旁发呆，子贡去找孔子，有人对子贡说："东门外有个人，他的额头像尧，脖子像皋陶，肩膀像子产，腰以下比禹短三寸，落魄得像一条无家可归的狗，那是你的老师吗？"比喻无处投奔，到处乱窜的人。

何谓食言而肥

典出《左传·哀公二十五年》。春秋时，孟武伯掌有实权，但经常说话言而无信，鲁哀公对此很有意见。有一次，哀公宴请吃饭，孟武伯问哀公的宠臣郭重："你怎么长得这样肥?"哀公乘机讽刺说："他是食言多了，能不肥吗?"现指不守信用，只图自己占便宜的行为。

何谓逐客令

典出《史记·李斯列传》。战国末期韩国水利专家郑国入秦修建水渠，乃是韩王借修渠企图在经济上拖垮秦国的"疲秦计"，后被秦王察觉，秦王于是下了逐客之令，限期将秦国内所有外来宾客驱逐出境。当时客卿李斯也在被逐之列，李斯上《谏逐客书》，力阻逐客，指出逐客的危险结果，最后秦王嬴政接受而撤销。"逐客令"本为驱逐客卿的命令，后来，指主人对来客不欢迎时，用明说或暗示的方式，催客人离去。

何谓杜撰

典出宋王桥《野客丛书》。相传古时候，有个叫杜默的人，喜欢做诗。但是，他写的诗，内容空乏，不着边际，毫无真情实感。而且，他的诗不讲韵律，有人说他写的东西，诗不像诗，文不像文，实在是不伦不类。他却常常在诗的后面署上自己的大名"杜默撰"三字，所以经常被人耻笑。比喻主观臆造。后人把不合乎常规的事情都称为"杜撰"，再后来，"杜撰"又被引申为不真实地、没有根据地胡编乱造的意思。

何谓牛衣对泣

典出《汉书·王章传》。王章，字仲卿，少时为诸生，求学于长安，与妻共居。一日，王章得病，因贫无被，睡于麻编之牛衣中，自料必死，与妻诀别而泣。其妻斥之曰："仲卿！京师朝中贵人无一超乎君？今贫病交迫，不自发奋图强，反而啜泣，无志气也！"原指睡在牛衣中，相对涕泣，后喻夫妻共度贫困的生活。

何谓青蝇吊客

典出《三国志·虞翻传》。三国时，吴国虞翻为人刚直，志气高雅，孙权时为骑都尉官，数次犯颜力谏，为权放之交州。翻被弃南方，不禁感慨：自己死后无人治丧，唯有苍蝇作吊客，若有一人为知己，死而无憾矣。原意指死后只有青蝇来做吊客。后用来比喻人生无一知己，毕生落落寡合，孤独无友。

何谓董狐笔

典出《左传·宣公二年》。春秋时期，晋灵公昏庸无道，听信谗言，陷害大臣赵盾，赵盾被迫逃亡。后来赵穿杀死了晋灵公，赵盾登上相位。当时的太史董狐写道："秋七月，赵盾弑其君。"赵盾质问董狐道："谁都知道，先君不是我杀的，你们这些史官怎么让我承担罪名呢？"董狐回答道："你身居相位，曾经逃亡而没有走出国境，回来后又不惩办凶手。这不是你的责任，又是谁的责任呢？"现在用来比喻据法直书而不加隐讳的行为。

七、民俗节日常识

春节由来及文化习俗有哪些

春节又称元日、元旦、元辰、元朔、岁旦、岁首、岁朝、新正、首祚等，为夏历新年的第一天。由于历法不同，各代岁首之日不尽一致：夏代为正月初一，商代为十二月初一，周代为十一月初一，秦代为十月初一，汉武帝时又恢复到正月初一，并延续至今。

据史籍记载，春节在唐虞时叫"载"，夏代叫"岁"，商代叫"祀"，周代才叫"年"。"年"的本义指谷物生长周期，谷子一年一熟，所以春节一年一次，含有庆丰的寓意。又传，春节起源于原始社会末期的"腊祭"，当时每逢腊尽春来，先民便杀猪宰羊，祭祀神鬼与祖灵，祈求新的一年风调雨顺，免去灾祸。他们用朱砂涂脸，身披鸟羽，唱跳吃喝，热闹非凡。至于互相拜年宴请，则起自汉初，对此《通典》有所记载。

据民间习俗，从腊月二十四起直至新年正月十五闹元宵止都称春节。现在，春节的庆祝活动一般从大年三十开始，包括贴春联、守岁、放鞭炮等民俗活动。

春节拜年是一种极普遍的礼仪习俗。新年伊始，人们走亲访友，登门拜年互致节日祝贺，联络感情。春节期间，人们还经常走上街头，参加舞狮子、耍龙灯、踩高跷、逛花会等娱乐活动。

元旦是怎么来的

元旦，是中国重要的传统节日，是农历正月初一。元是"初""始"的意思，旦指"日子"，元旦合称即是"初始的日子"，也就是新年的第一天。《书舜典》中叫"元日"，汉代崔瑗《三子钗铭》中叫"元正"；晋代庾阐《扬都赋》中称作"元辰"；北齐时的一篇《元会大享歌皇夏辞》中呼为"元春"；唐德宗李适《元日退朝观军仗归营》诗中谓之"元朔"。元旦，是"一元复始"之意，我国古代称元旦为"旦日"，并且历代的元旦日期都不相同。相传，古代定农历正月为元，初一为旦；秦朝以十月初一为元旦，汉武帝时以农历正月初一为元旦，一直相沿至清末。

辛亥革命后，中国改用世界通用公历。从此，农历正月初一称春节，公历 1 月 1 日称为"新年"。中华人民共和国成立以后，将公历 1 月 1 日正式定为元旦。

元宵节是怎么来的

元宵节是农历正月十五，它是中国的传统节日，是一年中第一个月圆之夜，这一天叫上元节，这天晚上称元宵。据说，元宵节早在 2000 多年前的西汉就存在了。元宵赏灯始于东汉明帝时期，明帝提倡佛教，听说佛教有正月十五日僧人观佛舍利，点灯敬佛的做法，就命令这一天夜晚在皇宫和寺庙里点灯敬佛，令士族庶民都挂灯。以后这种佛教礼仪节日逐渐形成民间盛大的节日。该节日经历了由宫廷到民间、由中原地区到全国各地的发展过程。现在元宵节有很多节俗活动，如舞龙狮、游灯会、吃元宵等。

清明节的来历和习俗有哪些

清明节是中国农历二十四节气中的第五个，又叫"寒食节"、踏青节，在阳历 4 月 5 日左右。

相传春秋的时候，晋公子重耳流亡到魏国，被困得饥饿难耐。他手下的一位忠贤之士介子推看在眼里，便偷偷割下自己大腿上的一块肉，烤熟了给重耳吃，这才救了一急。后来重耳回国登了王位，做了晋文公，分封功臣时却把介子推漏掉了。介子推并不怨恨，背上老母隐居到山西绵山。重耳醒悟后立即派人前去寻找，却寻不得，便下令放火烧山，他想孝顺的介子推一定会背老母出山的。没想到，母子俩骨气刚强，宁愿被烧死也没有出来。重耳十分后悔、哀痛，遂命在这一日不准生火，只能吃冷食。这就是"寒食节"的来历。

清明节主要的活动就是扫墓和踏青。人们纷纷前去亡故亲友、祖先墓前修缮、供奉、怀念、祈祷。现在，人们往往前去公墓、烈士墓、先烈纪念碑进行祭扫活动，哀悼、缅怀先烈，接受爱国主义传统教育。

清明时节，正值万物逢春，人们常常会三五成群结伴春游踏青，舒活筋骨，传统习俗除了荡秋千、放风筝，还要插柳戴花，传说这样可以避邪驱凶、红颜不老，还可预知天气、消灾解祸。

端午节的来历及习俗有哪些

农历的五月初五，是我国民间传统的节日，俗称端午节，又叫端阳节或五月节。端是"开端""初"的意思，初五称为端五。

在古代，人们认为五月是恶月，因为天气转暖了，"五毒醒，不安宁"。"五毒"指蝎子、蜈蚣、毒蛇、蛤蟆、壁虎。潮湿的气候容易滋生疾病，所以人们在端午节要把菖蒲、艾草或大蒜头等挂在门上，据说可以起到净化空气、驱祛病毒的作用。人们身上会带上香包，内装雄黄、艾草等药材，大人要饮雄黄酒，小孩子则将酒抹在前额、耳、鼻等处，还要在手、脚、脖颈等处挂上五色丝线用来避邪。

端午节吃粽子，相传是为了纪念战国时爱国诗人屈原。相传五月五日是屈原投汨罗江的日子，楚国百姓找不到屈原的遗体，便向江里投粽子，希望水中的蛟龙、鱼鳖等饱食粽子，以免伤害屈原遗体。这一风俗沿袭后世，便形成了民间在端午节包粽子、吃粽子的传统习惯。

端午节有一项不可缺少的活动——赛龙舟。传说越王勾践被吴王打败后卧薪尝胆数载才回到祖国，于五月初五操练好水兵，一举消灭了吴国。后人为纪念他的胜利，便在每年这一天挑选年轻力壮的青年举行龙舟竞赛。

端午节寄托了中华民族对龙的喜爱和对有民族气节的人的敬仰，以及战胜自然灾害的信心。

中秋节的起源和习俗有哪些

农历八月十五是我国的传统节日——中秋节。中秋节与春节、清明节、端午节被称为中国的四大传统节日。"中秋"一词，最早见于《周礼》。据史籍记载，古代帝王祭月的节期为八月十五，时日恰逢三秋之半，故名"中秋节"；又因为这个节日在八月，故又称"秋节""八月节""八月会""中秋节"；又有祈求团圆的信仰和相关习俗活动，故亦称"团圆节""女儿节"。因中秋节的主要活动都是围绕"月"进行的，所以又俗称"月节""月夕""追月节""玩月节""拜月节"；在唐朝，中秋节还被称为"端正月"。中秋节的盛行始于宋朝，至明清时，已与元旦齐名，成为我国的主要节日之一。

关于中秋节的起源，大致有三种：起源于古代对月的崇拜，月下歌舞觅偶的习俗，古代秋报拜土地神的遗俗。

关于中秋节，流传下来很多习俗，比如：文人赏月、民间拜月、月光马儿、兔儿爷、中秋宴俗、玩花灯、舞火龙等。

重阳节是怎么来的

在《易经》中，小"九"为阳数，农历九月九日有两个阳数，故名"重阳"，乃大吉大利。这一天又叫"登高节""老人节"。

这天的重要活动是登高、插茱萸、赏菊花。相传东汉时期，有个名士叫恒景，被人告知九月九日恒家有难，他得到避难的办法，便如法行事，赶回家中。重阳这天，他携全家登上高山，臂上戴着内装茱萸的香袋，饮菊花酒，果然避免了一场瘟疫。后来，人们纷纷仿效，时间一长，就成了一种民间风俗。

秋季饮菊花酒、佩茱萸是有一定科学道理的。由于农历九月时秋雨缠绵，天气阴潮，暑气未尽，故人易生病，衣物易发霉。菊花有清热祛风、平肝明目的功效，茱萸可以驱虫御毒，这两种东西对人们的身体健康和生活大有裨益。

重阳节登高其实也有实际的生活原因，秋天正值山上药材、野果成熟之际，农民此时已秋收完毕，正好有时间登高采收，在"九九"之日前往采收主要是图个吉利。

如今国家还把重阳节定为"老人节"，向老年人表达敬意之情。

腊八节是怎么来的

农历十二月初八，是我国汉族传统的腊八节，又称腊日祭、腊八祭、王侯腊或佛成道日。

它是古代欢庆丰收、感谢祖先和神灵（包括户神、宅神、灶神、井神）的仪式，除祭祖敬神的活动外，人们还要逐疫。这项活动来源于古代史前时代的医疗方法之一即驱鬼治疾（古代驱鬼避疫的仪式）。作为巫术活动的腊月击鼓驱疫之俗，今在湖南新化等地区仍有留存。后演化成纪念释迦牟尼成道的宗教节日。《说文》载："冬至后三戌日腊祭百神。"可见，后第三个戌日曾是腊日。后由于佛教介入，腊日改在十二月初八，自此相沿成俗。

古代称腊日为"嘉平"，为"清祀"，为"大蜡"；因在十二月举行，故称该月为腊月，称腊祭这一天为腊日。先秦的腊日在冬至后的第三个戌日，南北朝开始才固定在腊月初八。

岁终之月称"腊"的含义有三：一曰"腊者，接也"，寓有新旧交替的意思（《礼仪志》记载）；二曰"腊者同猎"，指田猎获取禽兽好祭祖祭神，"腊"从"肉"旁，就是用肉"冬祭"；三曰"腊者，逐疫迎春"。

传统上，在腊八这天，有祭祀和喝腊八粥的习俗。

经 卷

——儒学典籍

《周易》是一本什么样的书

《周易》也称《易》《易经》，列儒家经典之首。《周易》是占卜之书，其外层神秘，而内蕴的哲理至深至弘。内容广泛记录了西周社会各方面，具有史料价值、思想价值和文学价值。以前的人们对自然与人生变幻规律的认识模式，从没有超越阴阳八卦的思维框架。相传龙马驮"河图"出现在黄河，上古圣人伏羲始作八卦；《史记》又称"盖义王拘，而演《周易》"（一说伏羲重卦，有说神农），并作爻辞（或谓周公）；后至春秋，又有孔圣作"十翼"之说，世称"人更三圣，世历三古"（《汉书·艺文志》）。《周易》包括《经》和《传》两部分。《经》文由六十四卦卦象及相应的卦名、卦辞、爻名、爻辞等组成。《传》一共七种十篇，有《彖》上下篇、《象》上下篇、《系辞》上下篇、《文言》、《说卦》、《杂卦》和《序卦》，古人把这十篇"传"合称"十翼"。

《彖》与《象》中的大传（解说卦辞部分），主要是宣扬儒家政治、伦理、修养等观点的。《象》中的小传（解说爻辞部分），强调爻位说，是为尊奉君位而作的。《系辞》与《文言》是前人解经遗说的辑录。《系辞》上下篇，是《周易》思想的主要代表作。它阐述宇宙事物间的矛盾与发展，如提出"一阴一阳之谓道""穷则变，变则通，通则久"等观点，具有朴素的辩证因素，但也有一些唯心史观的论述。《系辞》的文字结构不甚谨严，常有文义相重复的地方。《文言》是《易传》中专门用以解说《乾》《坤》两卦的。解《乾》卦的卦辞与爻辞部分通称《乾文言》，解《坤》卦的卦辞与爻辞部分通称《坤文言》，内容只是借解说封爻辞来提出一些观点，供统治者借鉴。后出的《说卦》收录了汉初经师的"封象""卦德"说，《序卦》和《杂卦》是对卦义的两派解说。以上这些，都是早期对《周易》的解说。

《春秋》是一部怎样的史书

　　《春秋》是我国历史上第一部编年体史书，是孔子根据鲁国史书《鲁春秋》修订的，记载了从鲁隐公元年（公元前722年）到鲁哀公十四年（公元前481年）的历史。它是中国现存最早的一部编年体史书。《春秋》一书的史料价值很高，记载的内容基本是可信的，但却不是很完备。

　　《春秋》纪年依据鲁国，记述范围却遍及当时整个中国。内容包括政治、军事、经济、文化、天文气象、物质生产、社会生活等诸方面，是当时有准确时间、地点、人物的原始记录。如它记载的三十七次日食，就有三十次同现代天文学推算完全符合，证明《春秋》确是当时信史，绝非后人所能杜撰。

　　现存《春秋》分别载于《左传》《公羊传》《谷梁传》三传，经文大同小异。《春秋》经文极为简略，每年记事最多不过二十来条，最少的只有两条；最长的条文不过四十余字，最短的仅一二字。显然这只是若干历史事件的目录标题。这是由于当时的历史尚以史官口述为主，文字记载仅属起提示作用的备忘录。《春秋》虽然简短，却记载了准确的时间、地点、人物，从而赋予史官的口头讲述以信史价值，这已是史学发展上的巨大进步。然而由于《春秋》叙事过简，亦被后人讥为"断烂朝报"。《左传》以大量翔实丰富的史实，弥补了《春秋》的不足。但在政治方面，《春秋》又具有不可与《左传》等同的意义。

汉以后，《春秋》被尊为孔子编撰的圣经，在政治上、学术上处于至高无上的尊位。历代不少儒生对它曲解依托，尽情发挥，使它在经学和史学领域，以至政治生活方面都产生过重大影响。

《尚书》是一部什么样的作品

"尚"即"上"，《尚书》意即上古之书原名《书》，相传由孔子编定，也是我国现存最早的一部历史文献。战国以来，儒家尊称《书经》，两汉始用今名。根据《汉书·艺文志》的记载，《尚书》是孔子整理的，共一百篇，其内容上起传说中的帝尧，下至春秋时期的秦穆公，按时间顺序可分为《虞书》《夏书》《商书》《周书》四个部分。

《尚书》所录，为虞、夏、商、周各代典、谟、训、诰、誓、命等文献。其中虞、夏及商代部分文献是据传闻而写成，不尽可靠。"典"是重要史实或专题史实的记载；"谟"是记君臣谋略的；"训"是臣开导君主的话；"诰"是勉励的文告；"誓"是君主训诫士众的誓词；"命"是君主的命令。还有以人名标题的，如《盘庚》《微子》；有以事为标题的，如《高宗肜日》《西伯戡黎》；有以内容为标题的，如《洪范》《无逸》。这些都属于记言散文。也有叙事较多的，如《顾命》《尧典》。其中的《禹贡》，托言夏禹治水的记录，实为古地理志，与全书体例不一，当为后人的著述。自汉以来，《尚书》一直被视为中国封建社会的政治哲学经典，既是帝王的教科书，又是贵族子弟及士大夫必遵的"大经大法"，在历史上很有影响。

就文学而言，《尚书》是中国古代散文已经形成的标志。据《左传》等书记载，在《尚书》之前，有《三坟》《五典》《八索》《九丘》，但这些书都没有传下来，《汉书·艺文志》已不见著录。叙先秦散文当从《尚书》始。书中文章，结构渐趋完整，有一定的层次，已注意在命意谋篇上下工夫。后来春秋战国时期散文的勃兴，是对它的继承和发展。

历代注释和研究《尚书》的著作很多，有唐孔颖达的《尚书正义》，宋蔡沈的《书集传》，清孙星衍的《尚书今古文注疏》等。

《礼记》主要阐述了什么内容

《礼记》是战国到秦汉年间儒家学者解释说明经书《仪礼》文章的选集，是一部儒家思想的资料汇编，内容庞杂，大体上可分成以下几个方面：有专记某项礼节的，体裁跟《仪礼》相近，如《奔丧》《投壶》。有专说明《仪礼》的，如《冠义》《丧服四制》等，它们跟《仪礼》关系最密切相关。有杂记丧服丧事的，如《檀弓》《曾子问》等。有记述各种礼制的，如《王制》《深衣》等。有侧重记日常生活礼节和守则的，如《曲礼》等篇就是。有记孔子言论的，如《坊记》《表记》《儒行》等，这些篇大都是托名孔子的儒家言论。有结构比较完整的儒家论文，如《大学》《中庸》等。此外还有授时颁政的《月令》，意在为王子示范的《文王世子》。

《礼记》是部儒学杂编，里面包含儒家的思想史料相当丰富。研究早期儒家思想，需要读《论语》，研究战国秦汉时期的儒家思想，就不能不读《礼记》了。从《礼记》这部书里，可以看到儒家对人生的一系列的见解和态度。《王制》《礼运》谈到了儒家对国家、社会制度的设想。如《礼运》展示的理想是："大道之行也，天下为公，选贤与能，讲信修睦。故人不独亲其亲，不独子其子，使老有所终，壮有所用，幼有所长，矜寡孤独废疾者皆有所养，男有分，女有归。货恶其弃于地也，不必藏于己，力恶其不出于身也，不必为己……是谓大同。"这类光辉的语言，并不因为年长日久而失去亮度，它极为精炼地反映了我们祖先对美满而公正社会的强烈向往。总之，《礼记》是了解和研究儒家思想的重要史料。

《礼记》对现代人的重要启示是什么

《礼记》有不少篇章讲修身做人的。如专讲教育理论的《学记》中有这样一句至理名言"独学而无友，则孤陋而寡闻"。意思是说，如果学习中缺乏学友之间的交流切磋，就必然会导致知识狭隘，见识短浅。古今中外许多善于读书治学并且成大器者，大多十分重视结交学友，并在讨论与交流中获益匪浅，道理就在于此。又如专讲音乐理论的《乐记》中说"移风易俗，莫善于乐"，说明了音乐和现实生活的关系。总之，其中精粹的言论，至今仍然有研读的价值。

《曲礼》《少仪》《内则》等篇记录了许多生活上的细小仪节，从中我们可以了解古代家庭成员间彼此相处的关系。今天看来，这些细节极为烦琐、迂腐、呆板、缺乏生气，不过有些地方，还是可以借鉴的。但是通过这些我们可以知道，中国自古就是个礼仪之邦，绝不是个空泛的赞语。而且其中许多很好的礼节也是适合现代人的生活的，在共建和谐社会的大背景下具有重要意义。

《孝经》主要阐述了什么内容

《孝经》是中国古代儒家的伦理学著作。据记载，它的作者"七十子之徒之遗言"，成书于秦汉之际。全书以孝为中心，比较集中地阐发了儒家的伦理思想。它肯定"孝"是上天所定的规范，"夫孝，天之经也，地之义也，人之行也"。书中指出，孝是诸德之本，"人之行，莫大于孝"，国君可以用孝治理国家，臣民能够用孝立身理家，保持爵禄。《孝经》在中国伦理思想中，首次将孝亲与忠君联系起来，认为"忠"是"孝"的发展和扩大，并把"孝"的社会作用绝对化、神秘化，认为"孝悌之至"就能够"通于神明，光于四海，无所不通"。

《孝经》对实行"孝"的要求和方法也作了系统而烦琐的规定。它主张把"孝"贯串于人的一切行为之中，"身体发肤，受之父母，不敢毁伤"，是孝之始；"立身行道，扬名于后世，以显父母"，是孝之终。它把维护宗法等级关系与为封建专制君主服务联系起来，主张"孝"要"始于事亲，中于事君，终于立身"，并按照父亲的生老病死等生命过程，提出"孝"的具体要求："居则致其敬，养则致其乐，病则致其忧，丧则致其哀，祭则致其严。"该书还根据不同人的等级差别规定了行"孝"的不同内容：天子之"孝"要求"爱敬尽于其事亲，而德教加于百姓，刑于四海"；诸侯之"孝"要求"在上不骄，高而不危，制节谨度，满而不溢"；卿大夫之"孝"则一切按先王之道而行，"非法不言，非道不行，口无择言，身无择行"；士阶层的"孝"是忠顺事上，保禄位，守祭祀；庶人之"孝"应"用天之道，分地之利，谨身节用，以养父母"。

《孝经》在当时起到了很大的作用，它把封建道德规范与封建法律联系起来，认为"五刑之属三千，而罪莫大于不孝"；提出要借用国家法律的权威，维护封建的宗法等级关系和道德秩序。《孝经》在唐代被尊为经书，南宋以后被列为"十三经"之一。在长期的封建社会中它被看做是"孔子述作，垂范将来"的经典，对传播和维护封建纲常都起了很大作用。

《大学》主要阐述了什么内容

《大学》讨论的是儒学的根本问题，对儒家的政治伦理学说做了贯通性的叙述。《大学》把儒家的成己、成人之学联系起来，并指出了达到成己成人的可行步骤与最终目的，其重点在于阐发"内圣外王"的儒家政治思想。

《大学》全文分经、传两部分。经，原本只是《礼记》中的一篇，宋代大儒程颢认为是"孔子遗书，初学入德之门"。通俗地讲，就是一个人初入社会立身处世的必修入门课。其中，三纲领"明明德、亲民、止于至善"阐明了《大学》思想的根本所在；而八条目"格物、致知、诚意、正心、修身、齐家、治国、平天下"，则是三纲领的具体体现，同时也包含了儒家学派的方法论，极具实用价值。

格物就是明辨是非，穷究事理。致知就是获取知识，充实自己。诚意，意念诚实，不搞虚假。正心指端正心意，不生邪念。修身指进德修业，提高素质。齐家指以身示范，整顿家庭。以"三纲领""八条目"等概括《大学》的内容，主要是朱熹为了突出其"格物致知"的理学思想，但这并不足以作为《大学》思想的原貌。《大学》的主要内容在于阐发儒家内圣外王的政治思想。

《大学》思想精华及其现代价值是什么

从前面的介绍可以看出，《大学》之道，从年龄上讲，是成人之学，即成年人的学问；从社会上讲，是大人之学，即圣人君子的学问。《大学》的目的在于"明明德"、在"新民"、在"止于至善"。要达到这个目的，它的方法和途径就是"格物、致知、诚意、正心、修身、齐家、治国、平天下"。这"八条要目"中，前五目主要涉及个体、个人，后三目则关涉众人和天下。而"八目"的核心则是"修身"。格物、致知、诚意、正心、是修身的步骤、要求与方法，而"修身"又是齐家、治国、平天下的基础。

当然，中国古代所讲的"修身"，主要是按照儒家的要求，修养自己的德性，其具体内容主要有仁、义、礼、智、信等，这其中许多东西值得我们借鉴，比如讲仁义，讲礼节，讲诚信，就应该是做人的永恒道理。

《大学》应该怎么读

《大学》是一部经典著作，那么我们应该怎样来学习它呢？乍看上去《大学》的主要内容是在阐发儒家内圣外王的深刻政治思想，但是仔细品味又会发现其实它是一部与我们的生活密切相关的书，书中涉及了我们生活中遇到的许多问题，对我们的生活具有重要的指导意义。

如在听讼、格物致知章中，《大学》从审理诉讼说起，阐发了凡事要从根本上解决问题的思想。把"格物致知"的重要性阐述得淋漓尽致。要解决问题，首先要知道问题出在哪里，知道导致问题的根源，然后"对症下药"，这样才能彻底地把问题解决。而要做到这些，就一定要把握事物的本质，对事物的存在和发展过程有一个彻底的认识。这就是"格物致知"。

在正心章中，指出了正心与修身之间有着密不可分、千丝万缕的关系。心不正，则修身就无从谈起。因此修身的关键问题就在于如何才能保持内心的中正。关于这一问题，正心章从五个方面给出了指导答案，并且每一条都能切中要害，一语中的。

在齐家章中，主张只有完善自我，才有整个家庭的和睦。俗话说：家家有本难念的经。这不是危言耸听、夸大其词。事实却是如此，家，并不好治理。《大学》说"齐家必先修身"，所以，齐家之前，首先要做到自我完善，不断提升自己。只有自己的修养和道德情操达到一定水平了，才可肩负起一家之重担，才能使整个家庭达到和睦幸福。

《中庸》主要阐述了什么内容

《中庸》是儒家的重要经典，为孔子的孙子子思所著。它的主要内容并非现代人所普遍理解的中立、平庸，其主旨在于修养人性。它既包括学习的方式：博学之，审问之，慎思之，明辨之，笃行之。也包括儒家做人的规范如"五达道"

（君臣也，父子也，夫妇也，兄弟也，朋友之交也）和"三达德"（智、仁、勇）等。中庸所追求的修养的最高境界是至诚或称至德。

其中最重要的内容就是中庸之道。中庸之道的主题思想是教育人们自觉地进行自我修养、自我监督、自我教育、自我完善，把自己培养成为具有理想人格，达到至善、至仁、至诚、至道、至德、至圣、合外内之道的理想人物，共创"致中和天地位焉万物育焉"的"太平和合"境界。"喜怒哀乐之未发谓之中，发而皆中节谓之和。"揭示了自我教育、自我监督的目标。"中也者，天下之大本也；和也者，天下之达道也。"指出了自我教育目标的重大意义。"致中和，天地位焉，万物育焉。"是歌颂达到自我教育的理想目标后的无量功德，也就是具备全仁、至善、至诚、至道、至德、至圣品德后的效应。中和是自我价值的实现，致中和是社会价值的体现。

当然，先贤们不可能像我们今天这样明确地指出中庸之道的主题思想就是自我修养、自我教育、自我约束、自我监督、自我完善，以求把自己培养成为具有理想人格，达到至善、至诚、至仁、至道、至德、至圣、合外内之道的理想人物，共创"致中和天地位焉万物育焉"的"太平和合"境界。这只是后人对其思想的一种理解和挖掘。中庸思想的哲理内涵及其主要特征如下：

以孔子为代表的儒家中庸思想，具有丰富的哲理内涵。中庸思想与老子道家的用弱，和法家的用强不同，它的总的指导思想是"用中"。具体来讲，主要有以下几层意思。①"过犹不及"的适度原则。孔子的"中庸"首先包含着"无过无不及"的适度原则。"过"就是过火，"不及"就是火候不到。"过"和"不及"都是不对的。"过犹不及"表现的是一个"度"的原则。②"执两用中"的整体理念，即从全局来把握事物的本质。中庸的整体性原则，就是要求我们在分析事物的方方面面的时候，要从整体上全盘考虑，然后选取恰当的方式方法。中庸之道的适度原则讲要恰如其分，不要越过一定的"度"，即不走极端；既要有整体视野，又要讲求节制。③"依时而中"的权变方式。孔子的"中"是一种动态的概念，而不是一成不变的僵死的原则。孔子还提出了"损益"的观点。"损益"也是孔子因时变化的具体内容，他说："殷因于夏礼，所损益可知也。周因于殷礼，所损益可知也。"（《论语·为政》）损即删节，益即补充。权变和损益的思想使"中"避免了绝对僵化模式。④"中和之美"的追求目标

"和而不同"，就是求同存异，恰到好处。"中和"，是《中庸》哲学观念的核心，也是儒家最高的道德境界和思想方法。"中"，就是适合、恰好、正合适的意思。中国古代的哲学家讲"天人合一""天人以和"。崇尚实际的中国文化坚持以人为本位。"人"，不但是天与地之间的"中间"环节，而且是天地人关系的核心，是中国人的美学理想和人生理想的重心。

综上所述，从系统论的角度来看，中庸的哲理内涵，以传统的"尚中"观念为其逻辑起点，主要倡导"无过无不及"的适度原则，同时特别强调"执两用中"的整体性理念，而"依时而中"的权变方式则体现出了它的本质特征，它所追求的理想和目标则是"中和之美"。

《论语》是一本怎样的书

《论语》是中国古代儒家的一部重要经典，是孔子弟子及后学记述孔子言行的语录体著作。《论语》是研究孔子思想体系和孔儒思想内涵的可靠资料，虽然千百年来，研究者对于《论语》各篇各章的真伪经过研究之后，意见各异，但是，大家认为，从《论语》所反映的孔子思想、主张和活动的真实性来看，则是可靠的。古往今来，研究孔子，研究孔儒，《论语》都是最基本、最原始的材料。总体上看，孔子的文化思想是充满智慧的，是向前看的，但是，他的政治主张却是迂阔的，不现实的。这部书大约最后编定于战国初期。因其成于众手，具体作者已难考定，但它是一部最集中地记载孔子思想的著作。从传统的学术观点看，《论语》是一本中国文化经典，是以伦理学为主要内容的哲学著作。同时，《论语》充满丰富的中国文化智慧，从哲学、伦理学、教育学、文献学、卫生学等各自学科的观点看，它都堪称各学科的经典著作。但如果从政治学的角度考量《论语》，它从若干方面阐述了政治学的基本理论和人类在古代社会极具智慧的政治理念，因此，它又是名副其实的中国古代政治学经典。东方的古代政治学经典《论语》恰好与西方亚里士多德的《政治学》相辉映，成为人类文化史上的双璧。

《论语》阐述学习方面的核心思想有哪些

《论语》中关于学习的思想在古今中外的教育史上具有重要的地位，很值得今人借鉴。这些思想概括起来主要有以下几点：

（1）要有良好的学习态度。孔子认为，追求学问首先在于爱学、乐学，这是关键。孔子曰："知之者不如好之者，好之者不如乐之者。"（《雍也》）即真正爱好它的人，为它而快乐的人才能真正学好它。其次，要"默而识之，学而不厌"。（《述而》）即学习要有踏踏实实的精神，默默地记住学到的知识，努力学习而不满足。再次，专心致志，知难而进。读书的人要立志于追求道义、真理，要专心致志，不要为世俗所累。并且，追求学问是一个艰难的过程，要敢于挑战。最后，要虚心求教，不耻下问。孔子曰："三人行，必有我师焉。择其善者而从之，其不善者而改之。"（《述而》）体现了孔子严谨的治学态度。

（2）要有正确的学习方法。孔子在和弟子的交谈中多处提及学习方法问题，最著名的莫过于"学而时习之，不亦说乎。"（《学而》）"温故而知新，可以为师矣。"（《为政》）与此同时，孔子还特别强调学思结合，勇于实践。他说："学而不思则罔，思而不学则殆。"（《为政》）只读书而不思考就会感到迷惑，只是空想而不读书就会精神疲殆。要求人们把学习积累和钻研思考相结合，不能偏废。

（3）要有四项学习内容。孔子主张学习要博、要广，不能偏颇、单一。他提出要用四种东西作为自己的学习纲要，这就是"文，行，忠，信"（《述而》）。即文化知识，品德修养，忠诚笃厚，坚守信约。这四项内容对于自己的人生具有重要意义。

（4）要有明确的学习目的。孔子认为，学习必须有明确的目的，但重点在于"学以致用"。读书的目的，不在于死记书本，而在于应用，在于实践，在于"举一反三"地灵活运用知识。

《论语》阐述的"仁德"思想是什么

《论语》作为一部涉及人类生活诸多方面的儒家经典著作，许多篇章谈到做人的问题，这对生活中的人们极具教育意义。

其一，做人要正直磊落。孔子认为："人之生也直，罔之生也幸而免。"（《雍也》）在孔子看来，一个人要正直，只有正直才能生存。然而我们的生活中不正直的人也能生存，但那只是靠侥幸而避免了灾祸。按事物发展的逻辑推理，这种靠侥幸避免灾祸的人迟早要摔跟斗。

其二，做人要重视"仁德"。这是孔子在做人问题上强调最多的问题之一。在孔子看来，仁德是做人的根本，是处于第一位的。这充分说明仁德的价值和力量。

那么怎样才能算仁呢？颜渊问仁，子曰："克己复礼为仁。一曰克己复礼，天下归仁焉。"（《颜渊》）也就是说，只有克制自己，让言行符合礼就是仁德了。一旦做到言行符合礼，天下的人就会赞许你为仁人了。可见"仁"不是先天就有的，而是后天"修身""克己"的结果。当然孔子还提出仁德的外在标准，这就是"刚、毅、木、讷近仁。"（《子路》）即刚强、果断、质朴、语言谦虚的人接近于仁德。同时他还提出实践仁德的五项标准，即"恭、宽、信、敏、惠"（《阳货》）。也就是恭谨、宽厚、信实、勤敏、慈惠。他说，对人恭谨就不会招致侮辱，待人宽厚就会得到大家拥护，交往信实别人就会信任，做事勤敏就会取得成功，给人慈惠就能够很好使唤民众。孔子说能实行这五种美德者，就可算是仁了。

其三，做人要重视修养的全面发展。曾子曰："吾日三省吾身：为人谋而不忠乎？与朋友交而不信乎？传不习乎？"（《学而》）即我每天都要再三反省自己：

帮助别人办事是否尽心竭力了呢？与朋友交往是否讲信用了？老师传授的学业是否温习了呢？强调从自身出发修养品德的重要性。

《孟子》是一本什么样的书

《孟子》是儒家学派的重要典籍，是由战国中期著名的思想家、政治家和教育家孟子与其学生万章、公孙丑一起完成的。《孟子》共七篇：《梁惠王》上下；《公孙丑》上下；《滕文公》上下；《离娄》；《万章》上下；《告子》上下；《尽心》上下。其中梁惠王篇、滕文公篇、万章篇、尽心篇等都记载有丰富的社会经济史资料。《孟子》一书，共计三万余字，在这有限的篇幅中，却表现出了孟子儒家思想的精华。

《孟子》发展了孔子"仁"的思想，提出了"仁政"学说与"法先王"的主张，确立了"天人相通"的理论，发展了儒家的教育思想，弘扬了"贵义贱利"的价值观，是中国文化思想上的一部重要著作，对中国古代尤其是宋代以后的思想文化产生了巨大的影响。同时，《孟子》一书语言精辟，文字流畅，如珠走玉盘，气势恢宏，雄辩机巧，极富文采，在中国文学史上也堪称佳作。

《孟子》一书集中反映了哪些核心思想

《孟子》一书所集中反映的核心思想主要有如下几方面：

（1）性善论。孟子的主要哲学思想是他的人类性善论。"性善论"是孟子谈人生和谈政治的理论根据，在他的思想体系中是一个中心环节。

"恻隐之心，人皆有之；羞恶之心，人皆有之；恭敬之心，人皆有之；是非之心，人皆有之。恻隐之心，仁也；羞恶之心，义也；恭敬之心，是非之心，智也。仁、义、礼、智，非由外铄我也，我固有之也。"（《告子》上）

他认为仁、义、礼、智是人们与生俱来的东西，不是从客观存在着的外部世界所取得的。"性善论"是一套唯心主义的说法，不过，孟子以"性善论"作为人们修养品德和行王道仁政的理论根据，还是具有一定积极意义的。

（2）道德论。"仁义"是孟子的道德论的核心思想。孟子所说的"仁义"是有阶级性的，是建筑在封建等级社会的基础之上的。但是，他反对统治者对庶民的剥削，反对国与国、家与家的战争。

"仁"是一个古老的政治思想范畴。"仁"是孔子最高的道德理想。孟子也最重仁。孟子对于孔子仁的思想的发展，特别表现在孟子以性善论为基础，提出由此而生"仁、义、礼、智"四德，其中心点是"仁"。还进一步论述"仁、义、礼、智"四者的关系。在关于"仁"的伦理思想的基础上，孟子提出了"仁政"的学说。

（3）政治及经济观。孟子以"仁"作为施政的出发点，要求统治者"施仁政于民"（《梁惠王》上），并在经济方面提出了具体的仁政措施。孟子以"仁政"为根本的出发点，提出了一套以"井田"为模式的理想经济方案，提倡"省刑罚、薄税敛""不违农时"等主张。要求封建国家在征收赋税的同时，必须注意生产，发展生产，使人民富裕起来，这样财政收入才有充足的来源。这种思想是应该肯定的。作为新兴地主阶级的思想家，孟子还提出重农而不抑商的理论，改进了传统的"重农抑商"的思想，这种经济观念在当时是进步的。孟子的"井田制"理想，对后世确立限制土地兼并、缓和阶级矛盾的治国理论有着重要的影响及指导意义。

《诗经》是一部什么样的书

《诗经》是我国第一部诗歌总集，是中国韵文的源头，是中国诗史的光辉起点。共收入自西周初年至春秋中叶大约五百多年的诗歌三百零五篇。《诗经》共分风、雅、颂三大部分。它们都得名于音乐。"风"的意义就是声调。古人所谓《秦风》《魏风》《郑风》，就如现在我们说陕西调、山西调、河南调等。"雅"是正的意思。周代人把正声叫做雅乐，犹如清代人把昆腔叫做雅部，带有一种尊崇的意味。大雅、小雅可能是根据年代先后而分的。"颂"是用于宗庙祭祀的乐歌。《诗经》中的诗在古代都是能演唱的歌词。"风"包括周南、召南、邶风、鄘风、卫风、王风、郑风、齐风、魏风、唐风、秦风、陈风、桧风、曹风、豳风，称为十五国风，大部分是黄河流域的民歌，小部分是贵族加工的作品，共160篇。"雅"包括小雅和大雅，共105篇。"雅"基本上是贵族的作品，只有小雅的一部分来自民间。"颂"包括周颂、鲁颂和商颂，共40篇。颂是宫廷用于祭祀的歌词。一般来说，来自民间的歌谣，生动活泼，而宫廷贵族的诗作，相形见绌，诗味不多。

《诗经》内容丰富，对周代社会生活的各个方面，如劳动与爱情、战争与徭役、压迫与反抗、风俗与婚姻、祭祖与宴会，甚至天象、地貌、动物、植物等各个方面都有所反映。

《诗经》在艺术上取得了哪些成就

《诗经》作为最早的诗歌作品在艺术上的巨大成就，主要表现在以下几方面：

（1）《诗经》的句式，以四言为主，其间杂有两言至八言不等。二节拍的四言句带有很强的节奏感，构成了《诗经》整齐韵律的基本单位。同时，还常用重章叠句和双声叠韵，使诗歌可以围绕同一旋律反复吟唱，而且在意义表达和修辞上，也有很好的效果。

（2）赋比兴的运用，是《诗经》艺术特征的重要标志，也开创了我国诗歌创作的基本手法。

（3）《诗经》表现出的关注现实的热情，强烈的政治和道德意识，真诚积极的人生态度，被后人概括为"风雅"精神，直接影响了后世诗人的创作。

（4）《诗经》是我国有史以来第一部诗歌总集，为五经之首、儒家"六艺"之一。在清朝灭亡前两千多年间，一直被当作教科书，是科举时代必读之物。即使在今天，其中一些篇章仍被引入教科书中。

（5）在世界文学史上，《诗经》也属最早的诗歌总集之一，与古希腊的《伊利亚特》《奥德赛》，古印度的《摩诃婆罗多》《罗摩衍那》等史诗争奇斗艳，且以大量描写现实生活并富有人情味的优美抒情诗为特色，称得上是远古世界独一无二的瑰宝。

《尔雅》是一部什么样的书

《尔雅》是我国古代为消除语言文字时空限制，统一古代和当代各地语言文字，使语言文字趋于规范化，能正确、规范地训释古书词语意义的一本工具书。它是孔子及后学所著，是我国古代重要经典"十三经"之一，也是我国古代以训释词语为主的词语文字重要文献。

作为书面语言，其规范的准则应该是当时社会能普遍接受的书面语言，《尔雅》成书时代的规范书面语言是"雅言"，就是"五经""六艺"中的通语。为此，《论语·述而》中说："子所雅言，诗、书执礼，皆雅言也。"孔安国作注说："雅言，正言也。"郑玄进一步解释说："读先王典法，必正其音，然后义全，故不可有所讳，礼不诵，故言执。"由此可以看出，以"雅言"来"正言"的《尔雅》，正是以经典中的规范书面语，作为规范社会语言文字的标准来编写的。

从《尔雅》全书的内容来看，有的是解释经传文字的，有的是解释先秦子书的，其中还间杂有称说战国秦汉间地理名称的。从这些方面来看，《尔雅》一书绝非一人、一时之作，它大约是在春秋至秦汉之间编纂汇集，后经汉魏时期增益而成的一部语言文字工具书。

它在训释古代词语时，大致按词义系统和事物分类而编纂，但在训释某些词义时，出现了把某些同义词或类义词收在一起而产生的不必要的重复现象；有的内容又出现了前后矛盾，或者体例不一的现象；在引用古书时也有出自不同时代、不同学者之手的瑕疵。从这些方面可见，《尔雅》一书的作者确非一人，而是由几个时代的许多文人学士编纂增益，后又经东汉以后至东晋初郭璞注《尔雅》，才把它完成。

尽管《尔雅》是一部自秦以来最为重要的古代语言论著，但它的价值不仅在于它正确、规范地训释古书词语，更在于它客观而真实地保存了古代社会制度、天文、历法等资料，在于它为后人编纂辞书提供了极好的借鉴。

《说文解字》是一部什么样的书

《说文解字》是我国第一部文字学专著，它是东汉经学家、文字学家许慎所著。着重解说文字原始形体结构，对后世影响甚大。

《说文解字》简称《说文》，原 15 篇。今本每篇分上、下，共 30 卷。本书旨在分析文字形体结构，探索原始意义，是我国第一部字典。首创部首归字法。部首 540 部，收字 9535 字（其中重文 1161 字），注文 133440 字。每部字头大体以类相从，如木部，先列树名，次列树的各部分，再列木制品。字头用小篆，与小篆不合的古文、籀文的异体为重文。下为字义，再下以形、义分析。字形分析采用"六书"（象形、指事、会意、形声、转注、假借）说。一般不注音，个别字头注"读若某"。东汉古文经学家重视语言研究，态度严谨，其学术被称为"汉学"。本书的编撰历时 22 年，是汉代文字学、词汇学亦即"汉学"的重要成果，对后世影响十分巨大，在其基础上产生了"许学"和"说文学"，研究之作层出不穷。

《春秋繁露》主要阐述了什么内容

《春秋繁露》主要宣扬"天人合一""天人感应"的神学目的论。认为天是有意志的，是宇宙万物的主宰，是至高无上的神。把自然现象和社会现象进行神秘化的比附，认为天按照自己的形体制造了人，人是天的副本，人类的一切都是天的复制品，这就是"天人合一"的思想。天通过阴阳、五行之气的变化而体现其意志，主宰社会与自然。草木随着季节变化而生长凋零，都是天的仁德、刑杀的表现；社会中的尊卑贵贱制度，都是天神"阳贵而阴贱"意志的体现。君、父、夫为阳，臣、子、妇为阴，所以君臣、父子、夫妇的关系就是主从关系。"天子"是代替天在人间实行统治的，君主之权是天所授予的，并按天的意志来统治人民，这就是神化君权、"君权神授"思想。《春秋繁露》还用五行相生相胜的关系来附会社会人事，如将木生火、火生土、土生金、金生水、水生木比做父子，木居左、金居右、火居前，水居后，土居中央，比为父子之序，等等。这就把古代朴素唯物主义的概念——阴阳和五行变成了体现天的意志和目的，进而成为神化封建制度的工具。

另外，此书还大力宣扬"天人感应"说。认为"天"不但为人世安排了正常秩序，还密切注视人间的活动，监督正常秩序的实现。如果人间违背了封建道德即天的意志，君主有了过失而不省悟，天便会降下灾异警告，这就是所谓"谴告"说。反之，如果君主治理天下太平，天就会出列符瑞。书中认为封建统治者与天是相通、相感应的，如果能按照天的意志行事，维持正常的统治秩序，就可长治久安。

《春秋繁露》的思想体系对封建社会有哪些影响

《春秋繁露》全面论证了"天不变道亦不变"的形而上学思想。所谓"道"，是根据天意建立起来的统治制度和方法。书中用形而上学的观点加以分析判断，认为这个道是永恒的、绝对的。它所反映的董仲舒的认识论，是建立在神学唯心主义哲学体系上的，是为天人感应的神学目的论服务的。人类、宇宙万物及其变化都是天意的安排，所以，人的认识也就是对天意的认识，只要认真考察自然现象，或通过内心自省，就不难体会到天意。董仲舒认为"名"反映的不是一物，而是天意，它是由圣人发现的，并赋予事物以存在，"事各顺于名，名各顺于天"（《深察名号》），即天的意志决定人的认识，人的认识决定万物，完全颠倒了名与实、主观与客观的关系，是一条唯心主义的认识路线。

《春秋繁露》大力宣扬"三纲""五常"的封建道德观，为封建等级制度和伦常关系的合法性制造舆论。三纲五常的伦理观是汉王朝封建大一统政治的需要，也是中央集权专制的反映，它在当时维护国家统一和封建制度方面，起过积极的作用。但随着整个地主阶级日益向保守、反动转化，它便成了反对革命，麻痹和奴役劳动人民的精神枷锁。由于它高度集中地反映了整个地主阶级的根本利益，所以成了延续几千年的封建社会的道德伦理规范，在我国影响深远，危害极大。

总之，《春秋繁露》以哲学上的神学蒙昧主义，政治上封建专制主义为基础，提出了一套较为完备的思想体系，尽管以后各个王朝的哲学形态有所改变，但这一思想一直在我国封建社会中占统治地位。书中将自然现象与社会问题进行分类比附，得出自己需要的结论，具有很大的欺骗性。

史 卷

——各种体裁的历史著作集锦

《山海经》是一部什么样的作品

《山海经》是一部富于神话传说的古籍。旧时相传为夏禹所作，后来学者多持不同看法。据查证，本书大约出于周秦间人的记载，成书非一时，作者亦非一人，到西汉刘向校书之时才合编在一起。全书共 18 篇，约 31000 字。由《五藏山经》（5 篇）、《海经》（分海内经和海外经共 9 篇）、《大荒经》（4 篇）三部分组成，其中以《五藏山经》最有价值，它以周都洛阳为中心，共记载 400 多座山。

它是一部富于神话传说的上古地理书，主要记述的是古代地理、物产、神话、巫术、宗教等，包括古史、医药、民俗、民族等方面的内容。其中《大荒经》和《海外经》中关于夔龙、应龙、烛龙、相柳的记载，并非荒诞的神话，而是对于原始历法中龙星纪时制度的真实写照，夔龙、应龙、烛龙、相柳分别是春天、夏天、秋天和冬天的龙星，四者在《大荒经》和《海外经》图式中分居东、南、西、北四方，正好对应于龙星在春、夏、秋、冬四个季节的方位。这一记载，为证明《山海经》与上古文学之间的关系以及《山海经》其书的史料价值提供了有力的线索，同时也为理解龙崇拜及其神话与龙星纪时制度之间的关系提供了有力的证据。

《国语》是一部什么样的史书

《国语》为国别体史书，相传为春秋时左丘明所撰，现一般认为是先秦史家编纂各国史料而成。全书共 21 卷，分《周语》《鲁语》《齐语》《晋语》《郑语》《楚语》《吴语》《越语》八个部分，《晋语》最多。全书起自周穆王，终于鲁悼公，以记述西周末年至春秋时期各国贵族言论为主，因其内容可与《左传》相参证，所以有《春秋外传》之称。

《国语》的思想比较复杂。它重在纪实，所以表现出来的思想也随所记之人、所记之言不同而各异。如《鲁语》记孔子语则含有儒家思想；《齐语》记管仲语则谈霸术；《越语》写范蠡功成身退，带有道家色彩。《国语》与《左传》《史记》不同，作者不加"君子曰"或"太史公曰"一类评语。所以作者的主张并不明显，比较客观。

就文学价值说，《国语》虽不及《左传》，但比《尚书》《春秋》等历史散文有所发展和提高，主要表现为：作者比较善于选择历史人物的一些精彩言论来反映和说明某些社会问题。如《周语》"召公谏弭谤"一节，通过召公之口，阐明了"防民之口，甚于防川"的著名论题；在叙事方面，亦时有缜密、生动之笔。如《晋语》记优施唆使骊姬谗害申生，《吴语》和《越语》记载吴越两国斗争始末，多为《左传》所不载，文章波澜起伏，为历代传诵之名篇。

《战国策》是一部什么样的史书

《战国策》是一部国别体史书。它是汇编而成的历史之作，作者不明。其中所包含的资料，主要出于战国时代，包括策士的著作和史臣的记载，当在秦统一以后。原来的书名不确定，西汉刘向考订整理后，定名为《战国策》。总共33篇，按国别记述，计有东周一、西周一、秦五、齐六、楚四、赵四、魏四、韩

三、燕三、宋、卫合为一、中山一。记事年代大致上接《春秋》，下迄秦统一。以策士的游说活动为中心，反映出这一时期各国政治、外交的情状。全书没有系统完整的体例，都是相互独立的单篇。

《战国策》既体现了时代思想观念的变化，也体现出战国游士、侠士这一类处于统治集团与庶民之间的特殊而较为自由的社会人物的思想特征，不完全是为了维护统治秩序说话。由于《战国策》突破了旧的思想观念的束缚，又不完全拘泥于历史的真实（当然从历史学的眼光看这是缺陷），所以就显得比以前的历史著作更加活泼而富有生气。

《史记》是一部什么样的史书

《史记》是我国第一部纪传体通史巨著，为汉代司马迁所著，记载了上起黄帝，下至汉武帝，总括三千余年的史事。它纵贯了三皇五帝至秦皇汉武的历史全程，包罗万象，而又融会贯通，脉络清晰，叙事完整，作者写这部书的目的是要"究天人之际，通古今之变，成一家之言"。《史记》是一部百科全书，把政治、经济、文化、法律、军事、伦理、道德、宗教、文学、艺术、天文、医学等都包容在历史学的研究范围之内。作为纪传体史书，《史记》又不同以前史书所采用过的编年体或国别体，而是以人物为中心来反映历史内容。这是史学体例上影响极为深远的创举。此后，从班固的《汉书》到民国初期《清史稿》，近两千年来所修正史，基本上都沿袭《史记》体例。总之，具有很高的史学价值。

《史记》的文学价值也很高。它成功地描写了众多人物。它笔下的人物，几乎包括了各阶级、各阶层、各集团、各行业，大都写得栩栩如生。主要是通过人物的重要活动、事迹，予以表现。《项羽本纪》就是其中突出的代表。郑板桥说："《史记》百三十篇中以《项羽本纪》为最，而《项羽本纪》中又以巨鹿之战、鸿门之宴、垓下之围为最。"作者正是抓住这三件事、人物活动的三个场所，以同情的笔触，淋漓尽致地刻画了这个叱咤风云、不可一世，在八年之间骤起骤灭的悲剧性人物，突出了他的主要性格特征。同时，《史记》注意选择一些生活小事，精细描述，以使人物形象更为丰满。《史记》中塑造了一大批既有史实性又有艺术性、既有个性又有典型性的人物形象，其数量之多，形象之美，可与《三国演义》《水浒传》《红楼梦》媲美，这是十分难得的。《史记》在运用语言方面也有着突出的成就，司马迁是我国古代语言大师之一，他的语言感情充沛，精炼准确，通俗传神。

《史记》以其卓越的成就，在史学和文学史上占有崇高的地位，对后世的影响是极为深远的。在文学上，司马迁把我国的历史散文创作推上了一个新的高峰，唐宋古文家无不标举《史记》为典范，明清古文家无不熟读《史记》。"史家之绝唱，无韵之《离骚》"是鲁迅先生对《史记》的巨大史学价值与文学价值的高度评价和精辟概括。

《汉书》是一部什么样的史书

《汉书》是著名的历史散文集，也是我国第一部纪传体断代史。记叙了上起汉高祖元年（公元前206年），下至王莽地皇四年（公元23年）共229年的历史，即西汉史。体制上承袭《史记》，只改"书"为"志"，取消"世家"并入"列传"，有十二帝纪、八表、十志、七十列传，共一百篇。在"表"与"志"中，作者有不少创造，尤其是《古今人表》《艺文志》和《地理志》，不仅开拓了更广泛的史学领域，还有极高的学术价值。它是东汉著名的史学家、文学家，班固所著。班固（32～92年），字孟坚，扶风安陵（今陕西咸阳东北）人。他年9岁，能作文。长大后，擅长辞赋，博览群书。

班固修书基本上是站在统治阶级的立场

上，在评价历史人物的标准上缺乏司马迁那种进步的观点，提倡崇儒尊王，维护封建正统，贬低人民的反抗斗争，对司马迁歌颂的游侠和鞭挞的酷吏如张汤、杜周，持有不同的态度。但由于作者比较重视客观史实，在一些传记中揭露了统治阶级的丑行，揭示了人民的苦难，对司马迁的不幸寄予极大的同情，对坚持民族气节的苏武予以热情的歌颂，因而思想上有一定的积极意义。

但是《汉书》也存在不足之处。在思想上，班固批评司马迁"是非颇谬于圣人"，而他本人是"《五经》之法言，同圣人之是非"。这和班固所接受的儒家封建正统思想是分不开的，这种"唯圣人之道"的历史观具有一定的局限性和落后性。在叙述历史人物及事件上，《史记》和《汉书》相比，在刻画人物形象方面更胜一筹。此外，《汉书》的少数篇章还略带有一些封建迷信思想的糟粕。但瑕不掩瑜，总体来讲，《汉书》有很多值得世人肯定和称赞的地方。它与另一部史学巨著《史记》被并称为"史汉"。《汉书》作为我国第一部纪传体断代史，在中国历史学领域有着举足轻重的地位。

《后汉书》是一部什么样的史书

在范晔写《后汉书》之前，后汉史书已经有了很多种，从东汉的明帝到灵帝，经过班固、刘珍、伏无忌和蔡邕等几代人的努力，写就纪传体的《东观汉记》，主要记载光武帝到灵帝之间的东汉历史。后来，吴谢承、晋薛莹、司马彪和刘义庆等人都有著作面世。有了前人的成就，范晔便参考各家内容，融会贯通，写成《后汉书》。范晔原来想学习《汉书》，写成十志，因为被害而未如愿。由于范晔的著作叙事简明扼要，内容全面，所以其成就超过了前人，受到后世的重视。《后汉书》纪、传的编次和《汉书》有不少区别，纪的最后一篇是《皇后纪》，相当于《汉书外戚传》。皇后从传入纪，就是来自范晔的《后汉书》。此外，在《汉书》以外还创立了七篇类传，有《党锢传》《宦者传》《文苑传》《独行传》《方术传》《逸民传》《烈女传》，这些都是根据东汉现实与风俗所写，有的类传成为后来人们学习的楷模。在《汉书》中有《百官公卿表》，内容是西汉的职官制度，司马彪将"表"成为"志"，创立了《百官志》，记述东汉的职官制度，对后人也有重要影响。

《三国志》是怎样的一部历史巨著

《三国志》是一部记述魏蜀吴三国兴亡的历史巨著。为西晋史学家、文学家陈寿所著。全书共 65 卷，包括《魏书》30 卷，《蜀书》15 卷，《吴书》20 卷，主要记述了魏、蜀、吴三国鼎立时期的历史。

《三国志》尊魏为正统。这是因为陈寿是晋臣，晋是承魏而有天下的。在《魏书》中为曹操写了本纪，而《蜀书》和《吴书》则只有传，没有纪。记刘备则为《先主传》，记孙权则称《吴主传》。这是编史书为政治服务的一个例子，也是《三国志》的一个特点。

《三国志》虽然名义上以魏为正统，实际上却是魏、蜀、吴三国各自成书，如实地记录了三国鼎立的局势，表明了它们各自为政，互不统属，地位是相同的。就记事的方法来说，《先主传》和《吴主传》，也都是年经事纬，与本纪完全相同，只是不称纪而已。陈寿这样处理，是符合当时实际情况的，足见他的卓识和创见。

《三国志》善于叙事，文笔简洁，剪裁得当，当时就受到赞许。与陈寿同时的夏侯湛写作《魏书》，看到《三国志》，认为没有另写新史的必要，就毁弃了自己的著作。后人更是推崇备至，认为在记载三国历史的史书中，独有陈寿的《三国志》可以同《史记》《汉书》相媲美。因此，其他各家的三国史相继泯灭无闻，只有《三国志》一直流传到现在。南朝人刘勰在《文心雕龙史传》篇中讲："魏代三雄，记传互出，《阳秋》《魏略》之属，《江表》《吴录》之类。"

《晋书》有何特点

《晋书》一百三十卷，包括帝纪十卷，志二十卷，列传七十卷，载记三十卷，记载了从司马懿开始到元熙二年为止，包括西晋和东晋的历史，并用"载记"的形式兼述了十六国割据政权的兴亡。《晋书》主要有以下两个特点：

第一个特点是作者众多。《晋书》作者共二十一人，而且都留下了姓名，这在历代皇朝修史工作中是不多见的。《晋书》编者共二十一人。其中监修三人为房玄龄、褚遂良、许敬宗；天文、律历、五行等三志的作者为李淳风；拟订修史体例为敬播；其他十六人为令狐德棻、来济、陆元仕、刘子翼、卢承基、李义府、薛元超、上官仪、崔行功、辛丘驭、刘胤之、杨仁卿、李延寿、张文恭、李安期和李怀俨。有这样一支作者队伍，是《晋书》之所以能够超过以往各家晋史的一个重要原因。

第二个特点是体例创新。上面讲到，《晋书》有"载记"三十卷。载记是记述匈奴、鲜卑、羯、氐、羌等少数民族统治者建立的政权即"十六国"史事的形式，这是《晋书》在纪传体史书体例上的一个创造。早先，曾经写过载记，但并不是用来记少数民族政权的史事，也没有把它作为一部史书的组成部分。《晋书载记》作为全书的一个组成部分，不仅丰富了纪传体史书的体例，而且对于表现多民族国家历史发展的一个重要阶段——东晋、十六国时期的历史面貌有深远的意义。

《资治通鉴》是怎样的一部史书

《资治通鉴》是一部系统完备的历史资料书，它是一部编年体通史，全书共294卷，共计三百余万字，记载了上起战国时期周威烈王二十三年（公元前403年），下迄后周士宗显德六年（959年）五代灭亡，前后长达1362年的历史。作者是北宋大臣司马光。

在这部浩瀚宏博的编年体通史中，记述了1300多年的中华史话。像中国历史上以少胜多、以弱胜强的经典战役赤壁之战、淝水之战，就被记述得精彩纷呈。在记述赤壁之战时，司马光并没有正面去描写战争的具体情况，而是从人物着手，把鲁肃与孙权合谋定计、吴蜀构筑同盟及诸葛亮智激孙权等故事分别道来，从独特的视角诠解了这场决定魏、蜀、吴三足鼎立局面的关键战役。既有战争的完整过程，又有人物的深刻雕镂，给人留下了鲜明的印象。而文中的一些语言，也成了后人惯用的成语掌故，像草木皆兵、风声鹤唳等均已为众人耳熟能详。

《资治通鉴》的卓越成就及影响主要表现在以下几个方面：

第一，在编年体史书领域，《资治通鉴》创立了我国第一部叙事翔实完备的编年体通史，推动了编年史的发展。在这部史书的编撰过程中，司马光制定了一套行之有效的编纂方法，即集体编写、分工协作、环环相扣、主编把关的方法，这种编撰方法科学地组织和利用人力，既提高了编写的效率，同时又保证了书稿的质量。

第二，思想价值方面，《资治通鉴》所反映的许多思想观点，都对当时及后世的社会产生了深远的影响。司马光编撰《资治通鉴》的指导思想是"删削冗长，举撮机要，专取关国家盛衰、系生民休戚，善可为法，恶可为戒"，这就决定了这部史书在记述的内容上必然会侧重于政治和军事方面的史事。

第三，历史认识论上，《资治通鉴》反映出了司马光所具有的客观、公正的辩证思想。司马光虽然谨守君臣之礼，但并没有因此而隐讳封建君王在政治上的过失。换言之，司马光不但对明君歌功颂德，而且也本着求实的精神披露封建统治阶级内部存在的黑暗和腐朽，将昏君"习于宴安，乐于怠惰，人之忠邪，混而不分，事之得失，置而不察"的昏庸无能形象暴露无遗。司马光也能保持不偏不倚的政治立场，从客观事实出发，将他们的史事一分为二。再依据他们对国家所

做的贡献或祸害，分清功过，裁定善恶。譬如对汉武帝的评价，司马光在肯定汉武帝功绩的基础上，也指摘了他"穷奢极欲，繁刑重敛，内移宫室，外事四夷"的过失和不足。

第四，在文学成就方面，司马光可谓是一代语言文学大师，从《资治通鉴》的历史文学作品中，我们可以领略到他驾驭文字和语言的非凡能力。他的语言既详细周全，又不失简洁明了；他的文笔既精湛优美，又不流于高深古奥；他的风格既博采众长，又独树一帜。

《通典》是一部什么样的书

《通典》是我国第一部典章制度专史。作者是杜佑。杜佑（735～812年），字君卿，唐京兆万年（今陕西西安）人，20岁左右步入仕途，40岁以后任岭南、淮南等地的长官，近70岁时任宰相。杜佑出生于具有悠久历史和显赫地位的名门大族。所著《通典》是我国第一部，也是成就最高的一部典章制度专史。

《通典》分为《食货典》《选举典》《职官典》《礼典》《乐典》《兵刑典》《世郡典》《边防典》8类，全书共200卷。它的结构具有极强的内在逻辑联系。所记上起远古时期，下至唐代天宝末年，唐肃宗、代宗以后的史实多以夹注的形式补入。基本包罗了封建社会政治、经济制度等主要方面。它的《食货典》12卷，叙述历代的土地、财政制度。对历代土地形态的变迁、租税的轻重、户口的盛衰、货币的变革、盐铁的管理、杂税的兴起等情况都作了详尽的考察。《职官典》22卷，叙述历代官制的沿革变化。把从中央到地方，从文官到武官，从员额到官阶的情况，都叙述得清清楚楚。《兵刑典》23卷，叙述兵略、兵法和历代的刑法制度。它把唐以前所有战争的胜负经验，兵法上的原理原则，统一归纳起来，各标以适当的题目，成了一部有系统的军事理论著作。《边防典》16卷，叙述历代的边防与四境各族政权的情况，交代了丰富的民族地区历史发展变化情况，为民族史和国防史研究提供了很大方便。《通典》中《礼典》有100卷，占了全书卷数的一半。它详记了古代礼制情况，材料相当丰富。在封建政权建设中，礼是关键环节之一，杜佑对此表现出极大的兴趣，这与他的身份地位和他对封建制度的理解，有着直接的关系。《通典》为人们研究、了解典章制度，提供了系统的知识和材料。

从总体看，全书编排得整齐有序，条理井然，眉目清楚，便于读者阅读、查考。《通典》在历史编纂学史上占有重要地位，它是典章制度专史的开创之作。

《通志》是一部什么样的书

《通志》是一部纪传体通史史书。作者是南宋史学家郑樵。据《宋史·郑樵传》记载，郑樵好著书，自比不下汉的刘向、扬雄。每搜奇书访古，遇藏书家必借留，读尽其家之书而去。他一生著作甚丰，有《氏族志》《动物态》《图书志》等80余种。但其代表作，乃是一部包罗各代历史的《通志》。

典章制度的书，一般称为"政书"。它专讲我国古代典章制度的沿革和演变，保存历代的文化、政治、经济、军事诸方面的资料，使用价值很大。我国古代最早涉及典章制度的，当推典谟训诰一类的文字记载，以及"三礼"专著。到汉代，司马迁作《史记》，以八书——礼书、乐书、律书、历书、天官书、封禅书、河渠书、平准书的形式记述

了汉武帝以前历代典章制度的原委；东汉班固写《汉书》则改《史记》中的"书"为"志"。此后，各代凡涉及典章制度的，修史者均依前例散记于有关史书的各"志"中。这自然不可能是很有系统的。到唐代，刘知几的儿子刘秩作《政典》，遂有典章制度的专著，但它叙述十分简陋，不被人重视。后来杜佑在"志"的基础上更详细地论述了历代典章制度，有《通典》问世，由于它编排得体，条理分明，记叙完备，在史学界产生了巨大的影响，成为发凡起例者。

《通志》是郑樵毕生心血的结晶，他说是"五十载总为一书"。它共有 200 卷，记上古至隋唐的制度（二十略记上古至唐，纪传记三皇至隋）。全书分为：帝纪 18 卷，皇后列传 2 卷，年谱 4 卷，二十略 51 卷，列传 125 卷。它实际上是继承《史记》的传统体裁，不过在改"表"为"谱"、易"志"为"略"，以及全书纲目体例的统一、史事的考订改编、二十略的创作等方面，都有自己的独到见识，也有所创新，所以，《通志》有很高的史学参考价值。

《越绝书》是一部什么样的作品

《越绝书》又名《越绝记》，是记载我国早期历史、地理的重要典籍，又称《越绝》《越录》《越记》等。书名之"绝"，旧有"断灭"等说，今人考证，当为上古越语"记录"的译音，是越国史记的专名。

《越绝书》所记载的内容，以春秋末年至战国初期的历史事实为主干，上溯夏禹，下迄两汉，旁及诸侯列国，对这一历史时期吴越地区的政治、经济、军事、天文、地理、历法、语言等多有所涉及。其中有些记述，不见于现存其他典籍文献，而为此书所独详；有些记述，则可与其他典籍文献互为发明，彼此印证，因而一向为学者所重视。在现代社会科学的研究过程中，曾有不少人，从不同角度、在不同程度上利用《越绝书》，来考察中国古代史、中国文学史、中国民族史、汉语语言学史、中国历史地理中的一些具体问题，并取得了不少重要成果。这说明此书对于以上诸学科的研究，具有一定的参考价值。

《吴越春秋》是一部什么样的书

《吴越春秋》是一部展现吴越争霸历史轨迹的历史作品。作者是东汉学者赵晔，他少时为县吏，奉檄迎督邮，因耻于厮役，遂弃车马去。至犍为资中，诣杜抚受《韩诗》，穷究其术，二十年不还，家人为之发丧。后座业乃归，州召补从事，不就，又举有道。卒于家。

《吴越春秋》一书，极翔实而系统地展现了春秋末期吴越两国争霸的历史轨迹，记载了从太伯创吴到专诸刺王僚、要离刺庆忌、孙武伐楚、伍子胥掘墓鞭尸、申包胥一人复楚，直至勾践卧薪尝胆、西施惑吴、范蠡隐遁等一系列脍炙人口的精彩史实。

《吴越春秋》历叙吴越两国的史事，从记载史实这一点来说，它是一部史书，但又不同于严谨的史家之实录。从记载的内容与风格来说，它实是一部介于史家与小说家之间的作品。因此，它虽然一向被列入史部，但读起来却比一般史书更为生动，更富于情趣，因而更受读者的喜欢。

《洛阳伽蓝记》是一部什么样的书

作者是北魏永安年间一位秘书监，感于多年战乱之后洛阳之残破，撰《洛阳伽蓝记》。

《洛阳伽蓝记》主题是记叙北魏都城洛阳佛教的寺庙和园林，实际上，着重记述的是当时的政治、人物、风俗、地理以及传闻故事。全书共写了44个大寺、旁及47个小寺，用文字绘出了一张洛阳城的佛寺、宫殿、官署及名胜地图，堪称一部城邑志。

这本书以洛阳寺院为纲目，广泛地涉及了当时社会政治、风俗习惯、人情风貌、地理沿革以及社会传闻等，具有很高的史料价值。它不仅是一部北魏洛阳的佛教志，更是一部优秀的文学作品，为历代诸家著述所引用。作者在《洛阳伽蓝记》中曾两次记录了菩提达摩的行迹，一是永宁寺，二是修梵寺。

永宁寺为北魏孝明帝时灵太后胡氏于熙平元年（516 年）所建，是洛阳规模最大的一所寺院。《洛阳伽蓝记》中所记菩提达摩所到的第二所寺院是洛阳青阳门内御道北的修梵寺。寺内雕墙峻宇，此屋连甍，亦是名寺。修梵寺内有金刚，鸠鸽不入，鸟雀不栖。菩提达摩赞叹说："得其真相也。"

值得特别提出的是：《洛阳伽蓝记》还详细地记载了北魏神龟元年（518 年）西行取经的宋云、惠生所写的《宋云、惠生西行记》的史实。宋云、惠生是受北魏王朝指派，以"使者"的身份去印度取经求法，经历 10 多个国家，所到之处均受到隆重的接待和欢迎。回国时，带回大乘佛经 170 部，摹写了犍陀罗佛图之仪状大小，详记了天竺佛迹佛塔之方位所在，对于当时佛教在中原内地的发展、佛典翻译以及犍陀罗佛教造像、雕刻、绘画艺术的传播起到了十分重要的作用。宋云、惠生还各自撰写了一本记载西行见闻的书籍。宋云写《魏国以西十一国事》一卷，惠生写《惠生行传》也是一卷。这两部行记在唐、宋时期还流传于世，迄后皆失散不见。所幸这两本书的内容均被作者进行综合记录和整理，以《宋云、惠生使西域》为题，编入《洛阳伽蓝记》中，成为后世研究中西交通史、佛教史的极其宝贵的参考史料。

《贞观政要》是一部什么样的史书

《贞观政要》为唐代吴兢所著。吴兢（670～749 年），是唐汴州浚仪（今河南开封）人，年轻时就立志从事史学事业，武则天时，经友人推荐，开始担任史官。所编《贞观政要》共 10 卷，40 篇。

《贞观政要》是一部 8 万余言的政论性史书。这部书以记言为主，所记基本上是贞观年间唐太宗李世民与臣下魏征、王硅、房玄龄、杜如晦等人关于施政问题的对话以及一些大臣的谏议和劝谏奏疏。此外也记载了一些政治、经济上的重大措施。

《贞观政要》虽记载史实，但不按时间顺序组织全书，而是从总结唐太宗治国施政经验，告诫当今皇上的意图出发，将君臣问答、奏疏、方略等材料，按照为君之道、任贤纳谏、君臣鉴戒、教诫太子、道德伦理、正身修德、崇尚儒术、固本宽刑、征伐安边、善始慎终等一系列专题归类排列，使这部著作既有史实，又有很强的政论色彩；既是唐太宗贞观之治的历史记录，又蕴含着丰富的治国安民的政治观点和成功的施政经验。这部书是对中国史学史上古老记言体裁加以改造更新而创作出来的，是一部独具特色、对人富有启发意义的历史著作。

《南齐书》是一部怎样的史书

《南齐书》，记述萧齐王朝自齐高帝建元元年（479 年）至齐和帝中兴二年（502 年），共 23 年史事，是现存关于南齐最早的纪传体断代史。它记载南朝齐政权 23 年的历史，起于齐高帝萧道成立国（479 年），终于齐和帝被废（502 年）。原名《齐书》，到了宋代为了区别于《北齐书》，改称为《南齐书》，撰著者为梁萧子显。全书 60 卷，现存 59 卷，含本纪 8 卷，志 11 卷，列传 40 卷，佚失的 1 卷大约是含有作书义例和目录的序录。某些传中也有缺文。

《南齐书》很多内容是在追叙萧道成在刘宋末年的政治活动，此外，主要记萧齐皇朝（479～502年）二十三年间的史事。因为作者是贵族子弟出身，他是齐高帝的孙子，所以，在叙述过程中带有一定的感情色彩。他既是萧齐皇朝的宗室，又是萧梁皇朝的宠臣，所以他撰《南齐书》时一方面要为萧道成避讳，一方面又要替萧衍掩饰。例如，他写宋、齐之际的历史，就不能直接写他们之间的篡夺之事，只能闪烁其词，微露痕迹；他写齐、梁之际的历史，则用很多篇幅揭露齐主恶迹，以衬托萧衍代齐的合理。这是他作为齐之子孙、梁之臣子的"苦心"，也反映出他在史学上的局限性。另外，《南齐书》同《宋书》一样，都宣扬神秘的思想、佛法的深远，又都过分讲究华丽的辞藻，这是它们的缺点，也是那个时代留下的印记。

《梁书》是怎样的一部史书

《梁书》包含本纪6卷、列传50卷，《梁书》无表、无志。它主要记述了南朝萧齐末年的政治和萧梁皇朝（502～557年）五十余年的史事。其中有26卷的后论署为"陈吏部尚书姚察曰"，说明这些卷是出于姚察之手，这几乎占了《梁书》的半数。姚思廉撰《梁书》，除了继承他父亲的遗稿以外，还参考、吸取了梁、陈、隋历朝史家编撰梁史的成果。它有很多优点值得后人借鉴：

第一点，是它叙梁朝史事在内容上比较全面。它全面记述梁朝五十多年历史，这对后世研究梁代史事是很重要的。侯景之乱是梁朝历史上一件大事，书中用一万八千字详细记载了事件的经过。《范缜传》则收入了这位思想家的杰作《神灭论》，突出地反映了姚氏父子的识见。《梁书》对当时的门阀制度、崇尚修道等社会特点，也有突出的记载。它的不少传记里还反映了当时阶级斗争的情况。书中一些学者的传记，更有特殊的价值，为修道的陶弘景立传，可以了解他对于医学及科学的贡献；为文学批评家钟嵘和刘勰立传，介绍了《诗品》和《文心雕龙》这两部在文学史上产生重大影响的著作。

第二点，是文字简练。清代史学家赵翼称赞《梁书》对历史的表述"行墨最简"，文字"爽劲"。"尚简"，是中国史学在文字表述上的优良传统，刘知几的《史通》特别强调了这方面的经验。梁书在这方面做得也很出色。

第三点，是它的史论除一般评论人物的功过、长短之外，往往还顾及对于社会风气和时代特点的概括。在这方面，姚察的见解比姚思廉更凝重、更具有历史的纵深感。在叙述五后论时，是通过齐、梁二朝在对待"前代宗枝"上的不同态度的比较，来说明这是一个关系到全局的问题的。类似于这样的史论，是二十五史中的佳品。

《陈书》是怎样的一部史书

《陈书》是陈朝的纪传体断代史著作，唐姚思廉所著，记载自陈武帝陈霸先即位至陈后主陈叔宝亡国前后 33 年间的史实。《陈书》共 36 卷，其中本纪 6 卷，列传 30 卷，无表无志。成书于贞观十年（636 年）。封建政权只存在了 33 年，在政治、经济、文化方面没有特别的，或许与此有关。《陈书》内容比不上《梁书》那样充实，本纪和列传都过于简略。

《陈书》具有以下两个特点：虽然《陈书》在内容上和文字上都赶不上《梁书》，这一方面反映了姚氏父子在史学功力上的差距；另一方面也多少反映出陈朝时期各方面状况的江河日下。北宋人说：陈朝的特点就是苟且偷安，它没有什么"风化之美""制治之法"可以为后世效仿的。这话说得大致是不错的。但是，《陈书》所记载的历史内容，有些还是有意义的。唐朝的魏徵、宋朝的曾巩、清朝的赵翼都认为：《陈书》在记述陈朝"其始之所以兴""其终之所以亡"方面，尤其是在揭示陈武帝的"度量恢廓，知人善任"和陈后主的"躭荒为长夜之饮，嬖宠同艳妻之孽"方面，还是有它的历史价值的。另外，《陈书·皇后传》记后主张贵妃干预朝政，"内外宗族，多被引用"，这对于后人了解陈朝末年的政治腐败，提供了生动的材料。总之，《陈书》在总体上虽不如《梁书》，但它在编次上却有超过后者的地方，显得更加严谨、合理。以上这些，都是值得肯定的。

《魏书》取得的突出成就表现在哪几个方面

首先，《魏书》是我国封建社会历代"正史"中第一部专记少数民族政权史事的著作。这是它的重要性之所在。以前有一种说法，认为中国古代的史书都是记载汉族的历史的。其实，这个看法不是很妥帖。自《史记》《汉书》开始，历代"正史"中都有少数民族历史记载的专篇。十六国时，出现了许多记述各个割据政权史事的专书，可惜大部分都失传了。《魏书》记述了我国北方拓跋部从4世纪末叶至6世纪中叶的历史，内容涉及它的发展兴盛、统一北方、实现封建化和门阀化的过程，以及北魏、东魏与南朝宋、齐、梁三朝关系的历史。《魏书·序纪》还追叙拓跋氏的远祖至二十余代的史事，虽未可尽信，但却大致阐述了拓跋氏的历史渊源。因此，研读《魏书》，对于认识我国历史是由多民族共同缔造的这一客观事实，必定会有很大的收获。

其次，《魏书》的作者在反映时代特点方面具有自觉性。除了它的列传具有比《宋书》更突出的家传色彩以外，值得注意的是它的志。《魏书》的志，新增《官氏志》《释老志》两篇。魏收在《前上十志启》中说，这两篇志所记述的内容是"魏代之急""当今之重"。《官氏志》首记官制，后叙姓族，是反映北魏统治封建化、门阀化的重要文献。《释老志》记佛、道二教，以记佛教为主。它叙述了佛教在中国传播的过程，详细记载了它在北魏的兴衰史。重姓族，崇佛教，这正是当时的社会风尚和历史特点。

这些成就，也可以看作是《魏书》的主要特点。

《北齐书》主要讲述了什么内容

《北齐书》一书集中揭露了以高洋为代表的北齐统治者的淫逸残暴，总结了北齐灭亡的教训。如文宣帝高洋是开国之君，建国之初，还留心政务，注意兴利除弊以安定天下。过了六七年之后，他原形毕露，肆行淫暴。他征集妇女在宫中与从官淫乱，观之以取乐，又昼夜酗酒，酒后则以杀人为戏。为了满足奢欲，他不惜劳扰民众，使百役繁兴，民不聊生。对于臣下他肆行杀戮，结果把自己弄成了孤家寡人，把天下搅得不得安宁。高洋以后的政治状况也是"政塞道丧""主暗时艰"，结果等待高齐政权的就只能是败亡的命运了。《北齐书》详记了当时阶级斗争的情况，很值得后世借鉴。

另外，书中还涉及科学技术方面，记载了信都芳和其母怀文的事迹。从《北齐书》的记载中我们了解到，信都芳是个发明家，他明习算学，为发明之事常常废寝忘食。通过《北齐书》，我们知道灌钢技术的发明在我国约有 1500 年的历史，比欧洲的炼钢法要早上一千多年。此外，在学术思想方面，书中记载了佛、道二教在当时的流传情况，也反映了当时人们对此的一些看法。《樊逊传》记载樊逊评论二教："淮南成道，犬吠云中，子乔得仙，剑飞天上，皆是凭虚之说。又末叶以来，大存佛教，写经西土，画像南宫。昆池地黑，以为劫烧之灰，春秋夜明，谓是降神之日。"这些材料都是很宝贵的。

《周书》有何主要特点

《周书》虽然只是记述西魏，北周皇朝史事的史书，但它着意于反映当时的历史全貌这一显著特点，该书的作者具有很开阔的历史视野。它有两个主要特点：

第一，体例特殊。本纪中有"传"，传中有"本纪"的特殊记录方式。在《周书》中有两个重要人物在体例上不好处理，一个是文帝宇文泰，一个是后梁创建者中宗萧詧。宇文泰在西魏时虽然没有废帝自立，但已把持西魏朝政实权，可以说是没穿"龙袍"的皇帝，且战功政绩卓著，使西魏和东魏足以相峙始终，为北周立国打下了坚定基础。因而，孝闵帝追尊之为文王、庙号太祖，明帝又追尊为文皇帝，所以宇文泰实为北周的开国皇帝。但未登位，无年号。《周书》的编修者就统一以西魏年号来反映和记录宇文泰的活动情况。

第二，史料丰富。全书只有 50 卷，但是信息包容量很大。主要体现在以下几个方面：首先他叙述了南朝的史事。北周是北朝的，在当时那种狭隘的地域思

想之下，一般都只是把自己一方写得很详尽、很好，很少提到对方，即使提到也是写它不好的一面。但令狐德棻比较公道，他讲了东魏、西魏、北齐，还有南朝梁、陈二朝的很多历史事实，进行连带介绍。

另外，它还保存了很多重要的文献。比如在列传里保留了"八柱国、十二大将军"的制度，可以知道周代的授勋情况；《苏绰传》里有六条诏书和《大诰》全篇，可以见到周代创制的事情；《宇文护传》记载其母子往来的书信，今天读来，母子之情如在眼前；庾信的文学巨作《哀江南赋》更是赖《周书庾信传》得以保存。因此，《周书》在保存珍贵文献上是有功的。

《隋书》是一部什么样的史书

《隋书》是现存最早的隋史专著，也是二十五史中修史水平较高的史籍之一。这是因为《隋书》的作者都是饱学之士，具有很高的修史水平。全书共85卷，其中帝纪5卷，列传50卷，志30卷。本书由多人共同编撰，分为两阶段成书，从草创到全部修完共历时35年。

首先，《隋书》是一部有明确指导思想的史书。全书贯串了以史为鉴的思想，这主要受当时主要编者魏徵的影响，魏徵在给唐太宗上书时曾经说过，"殷鉴不远，在夏后之世。臣愿当今之动静。以隋为鉴，则存亡治乱可得而知。"唯其想到以史为鉴，所以对隋是如何灭亡的，对隋君臣上下骄奢淫逸的腐朽生活，可谓有淋漓尽致的描写和入木三分的揭露。其次《隋书》还是一部隐晦较少的史书。比如，尽管虞世南在唐朝已成为唐太宗十分信任的大臣，但纪传中写到他哥哥虞世基的罪恶时，丝毫不加掩饰。另外，《隋书》另一个内容是保存了南北朝以来大量的典章制度，为后人研究隋朝以及前几朝的政治、经济、文化制度，保留了丰富的资料。南北朝时期，留下来的典章制度方面的史料极少，而《隋书》的史志部分，多达 30 卷，包括礼仪、音乐、律历、天文、五行、食货、刑法、百官、地理、经籍 10 志。这 10 志不仅叙述了隋朝的典章制度，而且概括了梁、陈、北齐、北周的政治、经济情况，有的甚至追溯到汉魏，对后世的研究有重要影响。

《南史》是一部怎样的史书

《南史》，记载了上起刘裕元年（420 年），下至陈叔宝三年（589 年）包括宋、齐、梁、陈四国 170 年的历史。为唐朝李延寿所撰，中国历代官修"二十四史"之一。纪传体，共 80 卷，含本纪 10 卷，列传 70 卷。《南史》与《北史》为姊妹篇，是由李大师及其子李延寿两代人编撰完成的。

它有以下特点：《南史》没有采取编年体，而是把南朝各史的纪传汇合起来，删繁就简，以便阅读。列传中不同朝代的父子祖孙，以家族为单位合为一卷，对于了解门阀制度盛行的南北朝社会，有一定的方便。对各朝正史以删节为主，但有应删而未删的，如宋、齐、梁、陈四朝受禅前后的九锡文和告天之词等官样文章；有过求简练以致混乱不确切的，如把都督某某几州诸军事、某州刺史的官衔，一律省成某某州刺史加都督；也有由于对原书史文未能很好领会而把重要字句删去的。《南史》中也有沈约《宋书》、萧子显《南齐书》等书中所未载的材料。虽然细微琐事较多，而且杂以神怪迷信，但也不乏有意义的史料。《宋书》未立文学传，《南史》以因袭为主，因而文学传不包括宋而从南齐开始。这说明李延寿撰写《南史》《北史》的体制是汇集正史的纪传，因而拘泥于原书，没有达到李大师横则沟通南北，纵则贯串几代，综合成为新著的意图。

《南史》文字简明，事增文省，在史学上占有重要地位。其不足处在于作者突出门阀士族地位，过多采用家传形式。例如将不同朝代的一族一姓人物不分年代，集中于一篇中叙述，实际成为大族族谱。以王、谢等大家为主，《列传》多附传，附传的人物多属家族成员，例如《南史传》附传人物达 12 人，《北史传》附传多至 20 人，前后相去百余年，乃至于有大量的神怪迷信，王鸣盛批此甚谬妄。

《北史》是一部怎样的史书

《北史》100 卷，其中本纪 12 卷，列传 88 卷。《北史》主要在魏、齐、周、隋四书基础上删订改编而成，但也参考了当时所见各种杂史，增补了不少材料。

《北史》上起北魏登国元年（386 年），下迄隋义宁二年（618 年），记北朝北魏、西魏、东魏、北周、北齐及隋六代 233 年史事。应当指出的是，最初的九年即开皇元年至开皇九年（581～589 年）的历史，可以作为北朝历史看待；至于开皇九年隋灭陈统一全国以后的历史，本是统一的封建王朝的历史，把这一段历史看成北朝史而写入《北史》是不恰当的。当然，也许是作者考虑到编纂上的困难，不得不作这样的安排，但我们今天来看待和叙述北朝史，则不应沿袭《北史》的这个做法。

总的来看，《北史》虽有内容偶呈芜杂之弊，但毕竟体例完整、材料充实、文字简练，在后代颇受重视，魏、齐、周三代史书唐以后皆残缺不完，后人又多取《北史》加以补足。作为研究北朝历史的资料，《北史》与魏、齐、周、隋四朝史书有互相补充的作用，不可偏废。

《旧唐书》是一部怎样的史书

　　五代后晋时官修的《旧唐书》，是现存最早系统记录唐代历史的一部史籍。唐代（618～907年）是中国封建社会的一个重要时期，因此《旧唐书》在研究我国历史时也具有不可忽视的地位。它原名《唐书》，宋代欧阳修、宋祁等编写的《新唐书》问世后，才改称《旧唐书》。《旧唐书》共200卷，包括本纪20卷，志30卷，列传150卷。

　　《旧唐书》在如实保存史料方面，有着它巨大的功劳。为什么这样说呢？首先是在《旧唐书》里，保存了唐朝的第一手史料。唐朝近300年历史中，屡经战乱，原始史料经过几次大的浩劫，尤其是唐末的混战，致使"向时遗籍，尺简无存"。幸而有肃宗时韦述编纂的国史，到后晋时，便成为修撰唐史的主要依据，肃宗以后，史料留存更少。特别是唐武宗以后的宣、懿、僖、昭、哀五代，连"实录"也都没有存下，只因有张昭远和贾纬等人在"丧乱之际"，杂采各家传闻和小说编出的《唐年补录》和《唐末三朝闻见录》诸书，使史实略有所补。编撰《旧唐书》时离唐亡仅三十多年，许多史料直接从唐人得来。《旧唐书》使这些难得的史料保存了下来。这是它的一大好处。正由于《旧唐书》有上述长处，司马光等在修《资治通鉴》时，隋唐部分便大量采用了其中的材料。另一方面，唐朝是我国一个强盛的朝代，多民族统一，国家有所发展。书中记录了大量我国少数民族的史料，以及他们和中原的唐王朝相互交往的亲密关系。比如，文成公主和松赞干布婚姻的纪实，金城公主入藏的史迹等都在《旧唐书》里有较多的记载。在唐朝和邻国日本、朝鲜、印度的关系史方面，《旧唐书》记载也较为详细。其分量比起别的同类正史要多得多，史实也较可靠。《旧唐书》在研究我国土地制度、赋税制度等方面，也是一部十分重要的史书。关于唐朝的均田制、租庸调制和两税法，都有比较翔实的记载，给后人的研究提供了便利的条件。此外，在《旧唐书》的志里，保存了内容相当丰富的我国科技史的资料，这些都是非常珍贵的。

《新唐书》是一部怎样的史书

《新唐书》记载中国唐代历史的纪传体史书。225 卷，包括本纪 10 卷，志 50 卷，表 15 卷，列传 150 卷。北宋宋祁、欧阳修等撰，宋仁宗嘉祐五年（1060 年）全书完成，由曾公亮进呈。《新唐书》所增列传多取材于本人的章奏或后人的追述，碑志石刻和各种杂史、笔记、小说也都被采辑编入。

修撰《新唐书》的指导思想，在《进新修唐书表》中说得非常清楚：唐有天下，近三百年，其君臣行事之始终，所以治乱兴衰之迹，与其典章制度之英，宜其粲然著在简册。而纪次无法，详略失中，文采不明，事实零落，盖又百有五十年，然后得以发挥幽沫。补缉阙亡，黜正伪缪，克备一家之史，以为万世之传。商、周以来，为国长久，唯汉与唐，而不幸接乎五代。衰世之士，气力卑弱，言浅意陋，不足以起其文，而使明君贤臣、俊功伟烈，与夫昏虐贼乱、祸根罪首，皆不得暴其善恶以动人耳目，诚不可以垂劝诫、示久远，甚可叹也！

《新唐书》总结了唐代的典章制度，为宋王朝参考这些制度提供了条件，《新唐书》对志特别重视，新增了《旧唐书》所没有的《仪卫志》《选举志》和《兵志》。其中《兵志》是《新唐书》的首创。《选举志》与《兵志》系统地整理了唐朝科举制度和兵制的演变资料。《食货志》增加为5卷，不仅比《旧唐书》分量大而且比较有系统、有条理地保存了大量社会经济史资料。《地理志》着重叙述地理沿革，记载设置、分布、兴废等情况，补充了不少《旧唐书·地理志》所没有的资料。《天文志》和《历志》在篇幅上超过《旧唐书》3倍以上，记载了唐代流行的7种历法，特别是保存了历法史上占有重要地位的《大衍历》的《历议》，反映了唐代历法理论的水平和发展高度。文采和编纂上也比《旧唐书》好一些。

《旧五代史》主要讲述了什么内容

《旧五代史》，原名《五代史》，也称《梁唐晋汉》，后人为区别于欧阳修的《新五代史》，便习称《旧五代史》。原书已佚，现行本是清乾隆四十年（1775年）时的辑本。

在我国历史上，唐朝和宋朝之间曾有过封建社会中最后一次的大规模分裂割据时期。从公元907年朱温代唐称帝到公元960年北宋王朝建立的53年间，中原地区相继出现后梁、后唐、后晋、后汉、后周等五代王朝，中原以外存在过吴、南唐、吴越、楚、闽、南汉、前蜀、后蜀、南平、北汉等十个小国，周边地区还有契丹、吐蕃、渤海、党项、南诏、于阗、东丹等少数民族建立的政权，习惯上称之为"五代十国"。《旧五代史》记载的就是这段历史。

《旧五代史》共150卷，本纪61卷，志12卷，传77卷。按五代断代为书，梁书、唐书、晋书、汉书、周书各十余卷至五十卷不等。各代的《书》是断代史，《志》则是五代典章制度的通史，《杂传》则记述包括十国在内的各割据政权的情况。这种编写体例使全书以中原王朝的兴亡为主线，以十国的兴亡和周边民族的起伏为副线，叙述条理清晰，较好地展现了这段历史的面貌。对于南方和北汉十国以及周围少数民族政权如契丹、吐蕃等，则以《世袭列传》《僭伪列传》《外国列传》来概括。因此这部书虽名为五代史，实为当时整个五代十国时期各民族的一部断代史。

《新五代史》是怎样的一部史书

《新五代史》，宋欧阳修撰，原名《五代史记》，后世为区别于薛居正等官修的五代史，称为《新五代史》。全书有本纪 12 卷、列传 45 卷、考 3 卷、世家及年谱 11 卷、四夷附录 3 卷，共 74 卷。记载了自后梁开平元年（907 年）至后周显德七年（960 年）共 54 年的历史。它是唐代设馆修史以后唯一的私修正史。

五代是一个封建分裂割据的时代，中原有后梁、后唐、后晋、后汉、后周五个小王朝的相继更替；中原以外的地区分裂为吴、南唐、前蜀、后蜀、吴越、楚、闽、南汉、南平、北汉等十国。各个王朝统治的时间都比较短促，用欧阳修的话来说，"于此之时，天下大乱，中国之祸，篡弑相寻"，作者对于这种分裂割据现象采取了否定的态度。另外，他采取了和编写新唐书不同的做法。在新唐书中，他重视典章制度，不厌其详地加以记载，而在新五代史中，由于他认为五代时期"天理几乎其灭"，是一个"乱极矣"的时代，根本没有什么礼乐制度可谈，因而他说："五代礼乐文章，吾无取焉，其后世有必欲知之者，不可以遗也。"因此，他除写了司天考、职方考以外，其他的典章制度一概没有写。

在编撰体例方面，新五代史改变了旧五代史的编排方法。旧五代史分梁书、唐书等书，一朝一史，各成体系；新五代史则打破了朝代的界限，把五朝的本纪、列传综合在一起，依时间的先后进行编排。旧五代史不分类编排列传，新五代史则把列传分为各朝家人传、死节传、死事传、一行传、杂臣传，等等。

就历史资料方面而言，新五代史和旧五代史是可以互为补充的。《新五代史》仿《春秋》笔法，用不同的字句表现微言大义，个人好恶往往影响了史实的记述，终于招致了后人的批评。但是，欧阳修是宋代著名的文学大家，古文运动的领导人和集大成者，所以《新五代史》文笔简洁，叙事生动，当时人就认为它的笔力与《史记》不相上下。《新五代史》的文笔之出色，的确在史书中是罕见的。

《宋史》是一部什么样的史书

《宋史》于元末三年（1343年）由丞相脱脱和阿鲁图先后主持修撰，《宋史》与《辽史》《金史》同时修撰。全书共计496卷，约500万字，是二十五史中篇幅最庞大的一部史书。

《宋史》的特点是史料丰富，叙事详尽。两宋时期，经济繁荣，文化学术活跃，雕版印刷盛行，编写的史书，便于刊布流传。科举制的发展，形成庞大的文官群，他们的俸禄优厚，有很好的条件著述。加之统治者重视修撰本朝史，更促成宋代史学的发达。修撰本朝史的工作，在北宋前期由崇文院承担，王安石变法改革官制后，主要由秘书省负责。官修的当代史有记载皇帝言行的，记载宰相、执政议事及与皇帝问对的，根据起居注、时政记等按月日编的日历，详细记载典章制度的会要，还有编年体的"实录"和纪传体的"国史"。元末修撰的这部宋史，是元人利用旧有宋朝国史编撰而成，基本上保存了国史的原貌。

宋史对于宋代的政治、经济、军事、文化、民族关系、典章制度以及活动在这一历史时期的许多人物都做了较为详尽的记载，是研究两宋三百多年历史的基本史料。例如，从食货志中，不仅可以看到两宋社会经济发展的概况和我国各民族、各地区之间经济联系的加强，还可以看到劳动人民创造的超越往代的巨大物质财富和他们所遭受的残酷剥削。天文志、律历志、五行志等，保存了许多天文气象资料、科学数据以及关于地震等自然灾害的丰富史料，具有很高的研究价值。

《宋书》是一部怎样的史书

《宋书》是一部记述南朝刘宋王朝自刘裕建基至刘准首尾 60 年的史实。为梁代的沈约所著，含本纪 10 卷、志 30 卷、列传 60 卷，共 100 卷。今本个别列传有残缺，少数列传是后人用唐高峻《小史》《南史》所补。志原排在列传之后，后人移于本纪、列传之间，并把律历志中律与历两部分分割开。《宋书》收录当时的诏令奏议、书札、文章等各种文献较多，保存了原始史料，有利于后代的研究。该书篇幅大，一个重要原因是很注意为豪门士族立传。

全书以资料繁富而著称于史林，为研究刘宋一代历史的基本史料。各志工程巨大，内容详备，篇幅几占全书之半。志前有《志序》，详述前代修志情况，并上溯各志所记制度源流，可为考补前史缺志之助。《州郡志》记南方地区自三国以来的地理沿革及东晋以来侨州郡县情况，有补于史事考证。《律历志》全载景初、元嘉、大明三历文字，为律历法学的珍贵资料。《乐志》记叙汉魏及两晋乐府情况，乐府诗章分类开录，并保存有汉魏以来大量乐府诗篇及乐舞文辞，其中"古辞"多为汉代遗篇，是研究乐府及诗史的重要文献。纪传叙事详密，列目入载 230 余人。纪传中收录的大量诏令、奏疏、书札及文章，虽冗长，但有多方面的史料价值。

《辽史》是一部什么样的史书

《辽史》记载了上自辽太祖耶律阿保机，下至辽天祚帝耶律延禧的辽朝历史（907~1125 年）。《辽史》为元代脱脱等人所撰之史书，中国历代官修正史"二十四史"之一。从元至正三年（1343 年）四月开始修撰，翌年三月成书。

辽是 10~12 世纪在我国北部、东北部以至西北部辽阔地区建立的强大王朝。辽也曾用国号契丹。契丹的名字，最早见于《魏书》，它的含义据《金史》上说是"辽以镔铁为号，取其坚也"。现代史学界虽有不同看法，但多数仍持此说。

契丹族的祖先属东胡的一支，后又为鲜卑一部分。原居辽河上游一带，在悠长的岁月里，纵横于千里草原上，"草居野次，靡有所定"，"生生之资，仰给畜牧"。从东晋到隋唐之际，契丹有八个；到唐朝末年，契丹开始强大起来；10 世纪初，契丹称帝，建立契丹国，都城设在上京（今内蒙古巴林左旗南）。到辽朝第二代皇帝耶律德光时，改国号为辽，以后有时称辽，有时称契丹。辽朝与北宋、西夏并立，比北宋的疆域还要大。

辽在较短的时间内从部落氏族社会过渡形成奴隶制社会，并在向封建社会跃进的同时统治了中国北部，密切了各族人民之间的联系，为我国北部社会发展和民族融合做出了贡献。辽朝受汉族文化影响很大。早在辽太祖时，就设有"监修国史"的官职。从辽圣宗时起，仿照五代和宋朝，编修了"实录"。辽末天祚帝时，又让监修国史的耶律俨修太祖诸帝"实录"。辽朝时，也沿用唐及五代各国的制度，设立有国史馆，修纂起居注、日历、实录、国史等，但这些原始材料大部分已经散佚。元后期修《辽史》依据的主要是辽、金、宋人的著作中的第二手资料。《辽史》是研究辽代历史的重要资料。

《金史》是一部什么样的史书

《金史》撰成于元代，全书135卷，其中本纪19卷，志39卷，表4卷，列传73卷，是反映女真族所建金朝兴衰始末的重要史籍。

《金史》是元修史书之一，最早议修于元世祖中统二年（1261年），以后在至元元年、十六年，以及仁宗朝、文宗朝都分别议论过修史的事，都因义例难定未付诸实行，直到至正三年（1343年），才决定"各与正统"，《辽》《金》《宋》三史分别撰修。翌年十一月，《金史》告成，前后用了不到一年的时间。元朝脱脱等主持编修的《金史》，是宋、辽、金三史中编撰得最好的一部，记载了上起金太祖收国元年（1115年）阿骨打称帝，下至天兴三年（1234年）蒙古灭金，共一百二十年的历史。

在编写体例上，《金史》也有创新。书中的本纪第一卷，不是从金太祖阿骨打开始，而是以《世纪》为开始，追述阿骨打以前十代的事迹，便于读者对女真先世在氏族部落时的社会情况有个大致的了解。本纪的最后一卷，又增加了《世纪补》，用以记述熙宗的父亲景宣帝、金世宗的父亲睿宗、金章宗的父亲显宗。这三人原来都是大臣，只是由于他们的儿子做了皇帝，不便列入诸臣传，所以又立《世记补》。后人对《金史》的评价很高，认为它不仅超过了《宋史》《辽史》，也比《元史》高出一筹。《金史》编得好，是由于原有的底本比较好，及金朝注重史书的编纂工作。

学者们一般认为，《金史》在史书中虽谈不上是上乘之作，不能与《史记》《汉书》《三国志》等媲美，但是，在元末所修三史中却是最好的一部。

《元史》是一部怎样的史书

《元史》是系统记载元朝兴亡过程的一部纪传体断代史，成书于明朝初年。由宋濂（1310～1381年）、王濂（1321～1373年）主编。全书210卷，包括本纪47卷、志58卷、表8卷、列传97卷，记述了从蒙古族兴起到元朝建立和灭亡的历史。

《元史》主要由本纪、志书和列传构成。本纪，以记载忽必烈事迹的《世祖本纪》最为详尽，达十四卷之多，约占本纪篇幅的三分之一；接下来是《顺帝本纪》，有十卷之多。这主要是由于元世祖和元顺帝在位时间都长达三十多年，原始史料丰富，所以对他们的记述就比较详细。这体现了《元史》编纂中的实事求是的精神，材料多就多编，材料少就少编。志书是对元朝的典章制度比较详细的记述，保存了大批珍贵的史料。其中以《天文》《历志》《地理》《河渠》四志的史料最为珍贵。《天文志》吸取了元代杰出科学家郭守敬的研究成果。《历志》是根据元代历算家的《授时历议》和郭守敬的《授时历经》编撰的。《地理志》是根据《大元一统志》编撰的，《河渠志》是根据《海运纪原》《河防通议》等书编撰的。而今，《大元一统志》等书已经散佚，《元史》中保存了这些书的内容，史料价值就更为珍贵。《元史》的列传有类传十四种，大多沿袭以往的史书，只有《释老》一传是《元史》的创新。《释老》是记载宗教方面的列传，从中可以了解宗教在元朝所居的地位和发展情况。类传中《儒学》《列女》《孝友》《忠义》四种所记的人物占了大多数，也从一方面说明了宋以来封建思想统治在逐步加强。《元史》列传还有个特点是所叙述的事，都有详细的年、月、日记载，这就更增加了参考价值。

《元史》的体例整齐，文字浅显，叙事明白易懂，还保留了当时的不少方言土语，这同朱元璋提倡浅显通俗的文字是分不开的。宋濂修《元史》时，遵照朱元璋的意图，强调"文词勿致于艰深，事迹务令于明白"，因此《元史》称得上是一部较好的正史。

《明史》是一部怎样的史书

《明史》是一部明代史，记载了自洪武元年（1368年）至崇祯十七年（1644年）二百多年的历史。是二十四史最后一部，共332卷，其卷数在二十四史中仅次于《宋史》，但其修撰时间之久，用力之勤却大大超过了以前诸史。修成之后，得到后代史家的好评，认为它超越了宋、辽、金、元诸史。清史学家赵翼在《廿二史札记》卷31中说："近代诸史自欧阳公《五代史》外，《辽史》简略，《宋史》繁芜，《元史》草率，唯《金史》行文雅洁，叙事简括，稍为可观，然未有如《明史》之完善者。"

在二十四史中，《明史》以编撰得体、材料翔实、叙事稳妥、行文简洁为史家所称道，是一部水平较高的史书。这反映出编者对史料的考订、史料的运用、对史事的贯通、对语言的驾驭能力都达到较高的水平。虽然它的篇幅在二十四史中仅次于《宋史》，但读者并不感到冗长而生厌。

《清史稿》是一部怎样的历史作品

《清史稿》是研究清代历史的重要资料书。作者是清末民初官僚赵尔巽。他是同治进士，入选翰林院，任监察御史时，以直言极谏著称，以后调任地方官，从知府、道台、按察使、布政使升任湖南巡抚。1914年袁世凯设立清史馆，任命赵尔巽撰成《清史稿》。

《清史稿》共536卷，为中华二十五史最后一史，是赵尔巽在大量史实的基础上，倾心研究和编撰的一部历史性著作，对于研究清代历史具有重要的参考价值。

《清史稿》有本纪25卷，记载了12个皇帝。在各本纪中，以乾隆的本纪分量最重，为书 6 卷，占本纪部分的四分之一。应该指出的是，当时编修清史的多为旧文人，不少还是顽固的清朝遗老，所以即使在辛亥革命之后，写书时仍对清朝皇帝大力歌功颂德。《清史稿》有志 135 卷，分为 16 目。它的志与《明史》15 志相较有不同的地方，如把《五行志》改为《灾异志》，把《历志》改为《时宪志》，还将《仪卫志》并入《舆服志》，新增加了《交通志》和《邦交志》。《地理志》分量最多，有 28 卷。《艺文志》四卷，分经史子集四部，完全按照《四库全书总目提要》的名称次第进行编排。新增加的《交通志》记载了当时的铁路、轮船、电报、邮政等四个方面的内容，反映了近代交通情况。《邦交志》是以前史书所没有的，主要记载了近代中国与世界各国的外交关系。

《清史稿》建立在大量史实的基础上，是经过了一番研究和整理的历史性著作，体系比较完整，条目比较详备，比较系统详细地提供了清代史事素材，因此，不失为一部研究清史的极其重要的文献。

《太平御览》是一部什么样的作品

《太平御览》共 1000 卷，本名《太平编类》，后改称今名。为李昉等于太平兴国二年（977 年）奉宋太宗之命编撰的，历时七年。全书分 55 类，4558 小类，以征引广博见称。所引书并不都来自原书，以北齐的《修文殿御览》，唐《艺文类聚》《文思博要》等为基础编成，因而不免有混乱错舛之处，但卷帙庞大，引用佚书很多，是辑佚家的宝库。1960 年中华书局影印了《四部丛刊三编》本的《太平御览》，以日本所藏庆元五年（1149 年）蜀刊残本及另一宋残本，加上日本安政三年（1855 年）活字本补配而成，为目前较好的版本。

《册府元龟》是一部什么样的作品

《册府元龟》由北宋大臣王钦若主修，共 1000 卷，目录 10 卷。书成于大中祥符六年（1013 年）。"册府"是收藏典籍的地方。"元龟"即大龟，古代用于占卜的宝物。古时卜史不分，此处喻指史书。由此可以看出本书是侧重收集史料的类书，断限为上古至五代。全书分 31 部，下分 1104 门。各部有总序，各门有小序以概括本部内容，体例一致，去取谨严。取书以正史为主，间及经、子，不录小说、杂书。原有《音义》10 卷，孙奭（shì）撰注，已佚。本书所引多是宋以前古本，尤其保存了很多唐五代历朝实录，因而对于研究唐五代历史有很大价值。

《册府元龟》与《文苑英华》《太平御览》《太平广记》并称为宋朝四部大书。

子 卷

——诸子百家及释道宗教著作

《老子》是一部什么样的作品

《老子》亦称《道德经》，或称《五千言》，是道家学派最具权威性的经典著作。作者老子（姓李，名聃），关于《老子》这部书的产生时间，一般认为是在战国时期，其中虽有一些老聃本人的思想，但它更多地表现了战国时期的特征。此书分上下两篇，共5000多字。后人称上篇为《道经》，下篇为《德经》，合称《道德经》。

《老子》作为一本道家的哲理书，却具有一定的文学性，对后世文学的影响不小。它主要阐述自然无为的思想，其中包含了不少对立转化的朴素辩证观点。在形式上，此书是语录体韵文，语言精炼，多排比对偶之句。如"祸兮，福之所倚；福兮，祸之所伏"（58章）；"民之饥，以其上食税之多，是以饥；民之难治，以其上之有为，是以难治；民之轻死，以其上求生之厚，是以轻死"，修辞凝练，音节铿锵，理虽玄远，文实多姿。其修辞比况，多为后世文士所取法。

老子把宇宙万物的本体看做"道"或"朴"，有时称"无"。"道"是创造一切的母力，超绝时空的绝对存在，永远不可感知的精神实体，而它所唯一取法的，正是纯抽象的"自然"。这个"玄之又玄"的"道"，永远依照"自然"的法则，在那里循环运转，"周行而不殆"。只有通过塞兑闭门，"静观玄览"，即以玄观玄，才可能有所领会。所谓"不出户，知天下"，"其出弥远，其知弥少"。由此出发，《老子》提出"反者道之动"的命题，意识到一切事物都寓于正反面的对立中，它们相互依存，又"自然"地相互转化。在思维辩证方法上，蕴藏着无比精湛的智慧。《老子》虽然只有短短的五千言，但它玄奥精深、义理博大，堪称哲理第一书。

《庄子》表现了什么样的思想内容

道家学派的重要典籍——《庄子》。

《庄子》一书反映了庄子的相对主义和神秘主义哲学思想与人生观。其内容丰富，博大精深，涉及哲学、人生、政治、社会、艺术等诸多方面。其思想内容主要有以下几个方面：

（1）全生保身，逍遥无为。全生保身是道家学说的中心问题，庄子对此作了系统的论述。他认为，人既不能表现得有用，又不能表现得完全无用，要"处乎材与不材之间"。更重要的是，要追求精神自由——逍遥无为。逍遥无为，是全生保身的最好形式或最高境界。

（2）与道为一。道是道家学说，也是庄子哲学中最重要、最基本的概念，庄子认为：道是世界的本原，是大地万物的本根，道没有具体的规定性，亦无差别对立。要实现精神上的绝对自由即"得道"，有两条基本途径：一是相对主义的认识的方法，即"齐物"的方法；一是直觉主义的体验的方法，即"体道"的方法。"齐物"就是发现并取消事物或概念之间的差别和对立，这种方法使人在精神上从贵贱、寿夭、生死的束缚中解脱出来，进入无差别对待的自由世界。"体道"就是按照一定的修炼程序，不用语言和概念，以达到与道为一的直觉体验。这种方法可以摆脱哀乐情绪的干扰，舍弃日常世界，以求得精神的解脱与超越。

（3）无为而治。庄子明确否定现实的社会政治制度以及文化生活，他向往远古的至德之世，在政治上主张不干涉主义和无政府主义，实行无为而治。庄子反对当时社会上实行的仁义礼乐等社会道德与政治制度，认为这些都是罪恶与祸害的根源。他用"彼窃钩者诛，窃国者为诸侯"来说明"仁义"已经成了统治者窃取国家权力的手段。庄子认为，随着社会政治制度和文化的发展，人类社会的不平等及争斗也会随之产生和激化，社会政治制度和文化的发展也并不意味着人类社会是按照必然上升的进程前进。他认为自然的本性是最完善的，如果人为地加以改变，便会损害事物的本性，造成不幸和痛苦。统治者应任随社会的自然发展，不要加以人为的治理；无为而治的政治主张可以说是最早的一种无政府主义思想。

庄子的散文哲学思想博大精深，是我国古代典籍中的瑰宝。因此，庄子不但是我国哲学史上一位著名的思想家，也是文学史上一位不朽的散文家。无论在哲学思想方面，还是文学语言方面，他都给了我国历代的思想家和文学家以深刻的、巨大的影响，在我国思想史、文学史上都占有极其重要的地位。

《墨子》是一部怎样的作品

《墨子》是阐述墨家学说的一部作品，是墨家学派的传世经典。它是由墨家学派的创始者墨翟所作。

墨家学说在《墨子》一书中得到了集中体现。该书由墨子的弟子根据墨子的言论整理而成。《汉书艺文志》载《墨子》一书有71篇，但现存只有53篇。根据内容大致可分为五个部分。第一部分是《亲士》《修身》《所染》《法仪》《七患》《辞过》《三辩》7篇，成书较晚，记载有"吴起之裂"事，属于战国晚期。第二部分是《尚贤》《尚同》《兼爱》《非攻》《节用》《节葬》《天志》《明鬼》《非乐》《非命》，表述了墨家的十大主张。每一篇都分上、中、下三篇，有的已缺佚。韩非说"墨离为三"，俞樾认为，墨分为一派，"相传不同，后人合以成书，故一篇而有三。"第三部分包括《经》上、下，《经说》上、下，《大取》《小取》共6篇，一般合称《墨辩》，是后期墨家的作品，有较多的自然科学知识和关于认识论、逻辑学的内容。没有前期墨家的迷信思想。第四部分有《耕柱》《贵义》《公孟》《鲁问》《公输》等5篇，是记载墨子言行的较早的作品，也是研究墨子的重要资料。第五部分有《备城门》《备高临》《备梯》《备水》《备突》《备穴》《备蛾傅》《迎敌祠》《旗帜》《号令》《杂守》等11篇，讲防御战术和守城工具。可能是汉初人所著。

墨子所处的时代，群雄蜂起，百家争鸣，广大民众饱受战乱之苦，极渴望安定太平的生活环境，而墨子正是站在了平民的立场上为维护民众与弱小国家的生存，提出了"兼爱、非攻"的主张。韩非认为儒墨俱为"显学"，孟子讲："杨朱、墨翟之言盈天下。"在战国时代的几百年中都有很大的影响。

《荀子》是一部怎样的作品

《荀子》是战国末期的儒家典籍。该书是记录荀子思想的主要著作，全书一共32篇。一般认为其中最后5篇，即《宥坐》《子道》《法行》《哀公》《尧问》不是他本人的著作，而是他和弟子们整理或记录他人言行的文字，但其观点与荀子的一贯主张是一致的。在前27篇中，也有几篇，如《议兵》《大略》等可能是他的学生整理而成的。

《荀子》一书内容十分丰富，博大精深，是先秦学术思想成果总结性的著作，展示了他在哲学、逻辑学、伦理、政治、经济、军事、教育、科学、文学、艺术等各方面的研究成果。同时，《荀子》一书又是先秦诸子散文创作的佼佼者。《论语》《孟子》基本是语录体、记事体的联结，《庄子》已有文章的雏形，但仍未脱语录体的痕迹。到了《荀子》这里则已形成论文了。荀子的文章，浑厚严谨，说理透彻，且多用比喻、对比、排比、引用名言等手法，观点鲜明，论据充分，在先秦诸子散文中独具特色。《荀子》与《孟子》《庄子》《韩非子》四部著作被誉为先秦诸子散文的四大支柱。

《韩非子》是一部什么样的作品

《韩非子》原名《韩子》，为了避免和唐代的大文豪韩愈及其作品混淆，后人将《韩子》改为《韩非子》。

韩非提倡法治，韩非思想的一个重要表现是：主张以"法治"代替"礼治"。韩非关于"法""术""势"的思想观点，是在战国时期法家的"主法""主术""主势"三派思想的基础上，经过总结、改进得到的，并形成了区别于其他流派的自身特有的体系。韩非认为，治理国家并不一定需要非常智慧的君主，如果依照法、术、势，即便是学识与能力居中的国君同样可以治理好国家。此外，韩非还阐述了"法""术""势"三者的相互关系及作用。它们是统一的整体，是一个系统而紧密的思想体系，三者缺一不可。"法"是根本，"势"是基本前提，"术"是执"法"的必要手段。合理巧妙地运用"术"，可以起到加强人为之势的作用。韩非"法"、"术"、"势"三位一体的理论，在《韩非子》中有详尽的阐述，这部著述也因此成为先秦时期法家理论的巅峰之作。

韩非的这些主张，反映了新兴封建地主阶级的利益和要求，为结束诸侯割据、建立统一的中央集权的封建国家提供了理论依据。秦始皇统一中国后采取的许多政治措施，就是韩非理论的应用和发展。

《列子》的主要内容是什么

《列子》又名《冲虚经》，是道家的重要典籍。其学本于黄帝、老子，主张清静无为。

《列子》一书按章节分为《天瑞》《黄帝》《周穆王》《仲尼》《汤问》《力命》《杨朱》《说符》等8篇，每一篇均由多个寓言故事组成，寓道于事。

《列子》里面的先秦寓言故事和神话传说中不乏有教益的作品。如《列子学射》（《列子·说符》）、《纪昌学射》（《列子汤问》）和《薛谭学讴》（《列子汤问》）三个故事分别告诉我们：在学习上，不但要知其然，还要知其所以然；真正的本领是从勤学苦练中得来的；知识技能是没有尽头的，不能只学到一点就满足了。又如《承蜩犹掇》(《列子黄帝》)告诉我们：曲背老人捕蝉的如神技艺源于他的勤学苦练；还有情节更离奇的《妻不识夫》(《列子汤问》)说明一个人是可以移心易性的。

列子之学，以黄帝、老子为宗。相传他曾向关尹子问道，拜壶丘子为师，后来又先后师事老商氏和支伯高子，得到他们的真传。《吕氏春秋》说："子列子贵虚。"他认为"至人之用心苦镜，不将不迎，应而不藏，故能胜物而不伤"。列子穷而面有饥色，但拒绝郑国暴虐的执政者子阳馈赠的粮食。其弟子严恢问之曰："所有闻道者为富乎？"列子曰："桀纣唯轻道而重利是亡！"他认为应摆脱人世间贵贱、名利的羁绊，顺应大道，淡泊名利，清静修道。

《吕氏春秋》的主要内容是什么

《吕氏春秋》是我国第一部有严密体系的书籍，是后世的类书鼻祖。儒家思想在《吕氏春秋》中占很大比重，十二纪中"夏纪"的儒家意识最为集中。《劝学》《尊师》《诬徒》以儒家师道观论"忠孝""理义""尊师"，列举许多圣人尊师的事例，说明师生相互关系等问题。道家思想则贯穿全书始终。特别是"春纪"里的文章，几乎都以道家意旨为主。《本生》《重己》《贵生》等篇，论"全性之道""全德之人""贯生之术""养生之道"，以及"重生""知本""无为"等，都带有道家思想的特点。书中用不同的故事协同论证不同流派的学说，以佐儒家、道家、法家观点的最为丰富。

《吕氏春秋》还记录了一些上古的历史传说和神话，使人们可以窥见上古先民生活的鸿爪泥迹，具有珍贵的史料价值。

《吕氏春秋》在思想史上、文学史上的地位和影响都颇为卓著。西汉司马迁写《史记》就曾取法它的结构，也分"纪"。东汉高秀认为它远远超出诸子著作，明代的方孝孺指出它有许多值得人们借鉴的地方，清代的章学诚说"吕氏将为一代之典要"（《文史通义言公上》）。清代学者汪中认为它是后世的类书之祖。它的文学成就也颇为人们所称道。

《晏子春秋》的主要内容是什么

《晏子春秋》是记述春秋末期齐国著名政治家晏婴言行的一部著作。全书通过一个个生动活泼的故事，塑造了主人公晏婴和众多陪衬者的形象。

《晏子春秋》所表现出来的最可贵的思想是重民与爱民。从重民和爱民出发，晏子主张节俭，反对向人民横征暴敛，反对大兴土木，以减轻人民的负担。晏子主张减轻刑罚，反对滥杀无辜。晏子这样做，就是出于对人民的爱护。另外，从中我们还可以看到对人才的重视和对谗佞的憎恶。

并且，晏子的节俭观念也得到了充分的体现。晏子认为，节俭是一个贤人的基本品质，所以，他对那些富贵骄奢、铺张浪费的人或行为从心底里抱有一种反感。他曾对齐景公的穷奢极欲进行了多次的批评。他自己也以节俭来要求约束自己。

《晏子春秋》还十分突出地表现了晏子对礼的重视。他把礼看做是治国的根本，统治百姓的工具，可见礼在晏子心目中的地位。在这一点上，晏子与后来的孔子是很有相似之处的。正因为如此，晏子对无礼或不合礼的行为进行了不遗余力的批评。《晏子春秋》不仅鲜明地表现了晏子的光辉思想，而且也记载了许多表现晏子优良品质和高尚道德情操的故事。

《商君书》的主要内容是什么

书中侧重记载了法家革新变法、重农重战、重刑少赏、排斥儒术等言论，主要反映了法家的政治思想。

首先是革新变法的思想，这是法家思想的精髓。《更法》篇详细记述了商鞅与甘龙、杜挚在秦孝公面前争论变法的问题。

针对秦孝公怕变更法度、改革礼制受天下人非议的想法，商鞅说："行动迟疑就不会有名，做事犹豫就不会成功。法度是爱护人民的，礼制是利于国事的。所以圣人治国，只要能使国家强盛，就不必沿用旧的法度；只要有利于人民，就不必遵守旧的礼制。"

其次是重农重战的思想，这是法家思想的重要内容。《商君书》中有关重农重战的论述最多。如《农战》说："国之所以兴者，农战也。"《靳令》说："农有余粮，使民以粟出官爵，官爵必以其力，是农不怠。"朝廷让人民拿剩余的粮食捐取官爵，农民就会卖力耕作。《算地》说："故圣人之为国也，入令民以属农，出令民以计战。胜敌而草不荒，富强之功，可坐而致也。"国家富强的功效就在农战两项。

再次是重刑少赏的思想。加重刑罚，轻微奖赏（有时也说厚赏），是法家的重要思想。

最后是重本抑末，反对儒术。这也是法家思想的重要组成部分。

《鬼谷子》的主要内容是什么

《鬼谷子》一书，是我国战国时代纵横家的鼻祖鬼谷先生的一部关于谈判游说问题的论著。书中也涉及大量谋略问题，与军事问题触类旁通，因此也被称为兵书。书中立论高深幽玄，文字奇古神秘，代表了战国游说之士的理论、策略和手段，是中华民族智慧的结晶，历来享有"智慧禁果，旷世奇书"之称。它的神奇之处在于它能使作为弱者的一无所有的纵横家们，运用智谋和口才进行游说，进而控制作为强者的，拥有一国政治、经济、军事大权乃至生杀特权的诸侯国君主。

《鬼谷子》是一部研究社会政治斗争谋略权术的智慧之书，是一本智谋宝典。全书既论修身养性，也论人世成事，还论趋吉保身，乃成功立业者求取功名、谋求富贵的不传秘籍，因此长期以来一直被誉为无字天书。书中既有纵横捭阖，以阴阳之道驾驭事理、控制人心的谋事制人之道；也有"阴谋阳事"、审时度势、虑谋行事的建功立业之法；还有"达则兼济天下，否则逍遥一生"的修身养性之术。《鬼谷子》一书乃纵横天下之大智慧，读通读透之后则可以修身齐家治国平天下矣。

《公孙龙子》的主要内容是什么

《公孙龙子》是战国（公元前475～前221年）后期名家代表人物公孙龙的著作。

在《公孙龙子》一书中，公孙龙主要研究了概念的内涵和外延，以及事物的共性和个性所具有的内在矛盾，他的特点就是夸大这种矛盾，并否认两者的统一，所以最后得出违背常理的结论。即白马不是普通所说的马，颜色中的白色和质地的坚硬，他也人为地分裂开来论述。另外，在《指物论》中他还着重论述了指与物的关系。"指"即事物的概念或名称，"物"是具体的事物，它们的关系也就是物质与意识的关系；《通变论》则论述了对运动变化的看法；《名实论》讨论名与实的关系。上述的五篇组成了一个完整的学说体系。

《尹文子》的主要内容是什么

尹文是战国时期的齐国人，所作《尹文子》一书是其流传下来的唯一著作。《尹文子》，旧列名家，今本仅一卷，分《大道》上下两篇，语录与故事混杂，各段自成起讫。上篇论述形名理论，下篇论述治国之道，可以看做是形名理论的实际运用。它的主要思想特征是以名家为主，综合道法，亦不排斥儒墨。自道以至名，由名而至法，上承老子，下启荀子、韩非。《尹文子》的形名论思想，为研究中国逻辑思想史者所重视，其对语言的指称性与内涵等关系的思考，颇值得玩味。文章善于运用寓言说理，虽然不如"白马非马"有名，但是却很有趣味，其中讲一个人，给儿子取名"盗"和"殴"，结果挨了一顿打。抛开让人犹如雾里看花般的"道"、"名"、"形"，看看情节的滑稽之处，也是一得。

主要版本有明《子汇》本、《诸子集成本》。新注本有历时熙的《尹文子简注》。

《六韬》的主要内容是什么

《六韬》相传是周朝的姜尚所著，但后人普遍怀疑。作者已不可考，现在一般认为此书成于战国时代。全书以太公与文王、武王对话的方式编成，所以又称《太公兵法》。

《六韬》是一部集先秦军事思想之大成的著作，内容十分广泛，涉及战争观、军队建设、战略战术等有关军事的许多方面，其中又以战略和战术的论述最为精彩，它的权谋思想也很突出。该书对后代的军事思想有很大的影响，被誉为是兵家权谋的始祖。司马迁《史记·齐太公世家》称："后世之言兵及周之阴权，皆宗太公为本谋。"北宋神宗元丰年间，《六韬》被列为《武经七书》之一，为武学必读之书，可见后人对其评价之高。

《孙子兵法》的主要内容是什么

《孙子兵法》，又称《孙子》《孙武兵法》，是春秋末军事家孙武所作。据说他流寓于吴，以谒兵法，见吴王阖闾，受任为将。后与伍子胥谋伐楚，五战五胜，攻下郢都（今湖北江陵北），北威齐晋，南服越人，显名诸侯。所著"十三篇"是我国最早的兵法。它大体总结了春秋时代重要军事斗争经验，经过较长时

间的流传和不断地润色加工，到战国中叶才整理成书。这部军事哲学著作历来被誉为"兵学圣典"，置于《武经七书》之首。

《孙子兵法》既是一部军事经典著作，又是一部光辉的哲学著作，是我国灿烂的古代文化中一份珍贵的遗产，体现了孙武完整的军事思想体系。这十三篇兵法，讲的全部都是如何克敌制胜的战略战术，全书构成了一个严密的体系。孙子在书中揭示的一系列具有普遍意义的军事规律，不仅受军事学家所推崇，在经济领域、领导艺术、人生追求甚至家庭关系等方面，也有着千丝万缕的联系。

初读《孙子兵法》，只觉得晦涩；再读一遍，学会思考了，好像是有那么回事，多读几遍之后便觉得书中的智慧实在是太多了。《孙子兵法》的魅力在于它是中华五千年文明的结晶，它蕴涵了普遍的、朴素的、辩证的真理。《孙子兵法》之所以能成为不朽的著作，在于它揭示出了许多战争中的普遍规律，具有丰富的朴素唯物主义和原始辩证法思想。

《孙膑兵法》是一部什么样的书

《孙膑兵法》是中国古代的著名兵书，也是《孙子兵法》后"孙子学派"的又一力作。《孙膑兵法》古称《齐孙子》，作者为孙膑，传说他是孙武的后代，在战国时期生于齐国阿、鄄之间（今山东阳谷、鄄城一带），曾和庞涓一起学习兵法。庞涓辅佐魏惠王，做了将军，暗中派人请孙膑到了魏国，但庞涓又嫉妒孙膑的才能在自己之上，后来陷害孙膑，给他用了膑刑，即去掉膝盖骨的残忍肉刑，所以后来人叫他孙膑。

在友人的帮助下，孙膑最后逃离魏国，到了齐国，被齐威王重用，做了齐国将军田忌的军师，设奇计大败魏军，并射死庞涓。这便是历史上著名的"马陵之战"。后来，田忌被邹忌排挤，流亡到楚国，孙膑也随他而去，所以汉人王符说"孙膑修能于楚"。在战国的兵家中，孙膑是以"贵势"即讲求机变而著称的，他和吴起都是当时著名的军事家。

最早明确记载孙膑有兵法的是《史记》，《汉书·艺文志》把它与《吴孙子兵法》并列，著录《齐孙子》八十九篇、图四卷。据考证，《孙膑兵法》的散失大概在唐代。因为《魏武帝注孙子》提到了"孙膑曰：兵恐不投之于死地也"，唐朝赵蕤《长短经》卷九也提到过"孙膑曰：兵恐不可救"，杜佑所著《通典》卷一四九有"孙膑曰：用骑有十利"一段，但从《隋书经籍志》以后就不见记载了。

1972年2月，山东临沂银雀山一号汉墓出土了竹简本的《孙膑兵法》，这使失传已久的古书得以重见天日。竹简本《孙膑兵法》经过认真整理，分为上、下两编，上编可以确定属于《齐孙子》的十五篇，包括《禽庞涓》《见威王》《威王问》和《陈忌问垒》等；下编是还不能确定属于《齐孙子》的论兵之作。竹简本篇数大大少于《艺文志》著录本，也不是完善的版本。

《司马法》是一部什么样的书

《司马法》是我国古代一部著名的兵书，大约成书于战国初期。相传是司马穰苴所写，但到了战国时已经散失。

据《史记·司马穰苴列传》记载："齐威王（公元前356～前320年）使大夫追论古者而附穰苴于其中，因号曰《司马穰苴兵法》。"

汉代对《司马法》评价很高。武帝时，"置尚武之官，以《司马兵法》选，位秩比博士"（见荀悦《申鉴时事篇》）。司马迁称道《司马法》"闳廓深远，虽三代征伐，未能竟其义，如其文也"（见《史记·司马穰苴列传》）。据《汉书·艺文志》记载，当时《司马法》共 155 卷。

东汉以后，马融、郑玄、曹操等人的著作中，都曾以《司马法》为重要文献资料而加以征引，据以考证西周和春秋时期的军制。晋唐之间，杜预、贾公彦、杜佑、杜牧等人，也多以《司马法》为立说的根据。可见《司马法》当时仍具有军事权威著作的声誉。宋元丰中（1078～1085 年）把《司马法》列为《武经七书》之一，颁行武学，定为将校必读之书，其重视程度，也不减晋唐。迄至清代，姚际恒、龚自珍等人，疑为伪书。但对他们所质疑的问题，详加考查，显然根据不足。

《司马法》流传至今已两千多年，亡佚很多，现仅残存五篇。但就在这残存的五篇中，也还记载着从殷周到春秋、战国时期的一些古代作战原则和方法，为我们研究那个时期的军事思想，提供了重要的资料。

残存的五篇是：《仁本》《天子之义》《定爵》《严位》《用众》。

《黄石公三略》的主要内容是什么

《黄石公三略》又称《三略》。它是我国古代第一部专论战略的兵书。该书的作者，过去很多人认为是黄石公。但后来学者考证认为此书的作者并不是黄石公，而可能是西汉末年一位精通兵法、熟悉张良事迹、拥护汉宗室的隐士。

作为一部兵书，它的内容主要侧重于阐发它独特的军事思想。主要体现在：①战略思想。《黄石公三略》的书名显示出它是一部专门论述韬略即战略的著作。在西汉以前，像《黄石公三略》这样从书名到内容紧紧围绕战略问题展开论述的兵法著作非常稀少。例如，大名鼎鼎的《孙子兵法》就不是纯粹论述战略问题的专著。因此，可以认为，《黄石公三略》是专论战略问题的开山之作。书中主要论述的是政治战略，也涉及军事战略。既有对前人的继承，也有新的发展。其政治战略的核心是收揽人心。②治军思想。在治军方面，《黄石公三略》主张崇礼重禄，礼贤下士，威恩并重，赏罚必信。这些思想对后人都有很大影响。

《淮南子》的主要内容是什么

《淮南子》的作者是刘安，他是西汉文士，汉高祖刘邦之孙，武帝刘彻的叔叔。好读书，善鼓琴，才思敏捷，尤工词赋。

《淮南子》一书既继承法家的进步历史观和法制学说，又批判了法家的严刑峻法和残暴统治，既有法家之长，又无法家之失，可谓取自法家，而又优于法家。

在政治观上，《淮南子》还吸取了《孟子》《荀子》、管仲学派和《吕氏春秋》的重民、亲民的民本思想，认为百姓是治理国家的根本，国家的治乱，决定于君民关系的和谐或对抗。它对暴君严刑苛法的残酷统治十分痛恨，对他们荼毒人民的行为予以无情谴责。

除了政治和法治思想上的成就，《淮南子》也是一座自然科学的宝库。它所体现的自然科学成就，代表了当时的最高科学技术水平，有的沿用两千余年，至今仍不失其光辉。除了在天文、物理、化学、农学、水利、气象方面，在经济地理、自然地理、人文地理和医学科学中的预防观、养生论、疾病和药物研究、病因论诸方面，以及对生物进化、自然选择、生物分类、生物资源的保护和利用等方面，它都有突出的成就，许多成果甚至远远超过同时代的西方，对两千年来我国科学技术的发展，起到了巨大的推动作用。

《淮南子》不愧是一部"融汇百家，博极古今"的划时代的文化巨著。

《法言》的主要内容是什么

《法言》是汉代哲学家扬雄的哲学著作。扬雄模仿《论语》写了《法言》一书，采用了问答的形式阐述哲学思想。其主旨是用孔孟之道、用礼义、用当时的科学成果解答一些问题，批评先秦诸子，批判谶纬、神仙迷信。重视智、肯定学的作用，基本倾向是唯物主义的。《修身》提出人性是"善恶混"的，《重黎》首次提到浑天说和盖天说的比较，并认为浑天说始于汉武帝时的落下闳，这些都是常被引述的重要思想资料。《法言》有《百子全书》本，还有晋代李轨《扬子言注》、宋代司马光《法言集注》、清代汪荣宝《法言义疏》等注本。

《论衡》的主要内容是什么

　　《论衡》是一部抨击迷信活动学说的作品。作者是东汉思想家王充。书中对各种迷信活动及其禁忌，尤其是对"人死为鬼"的谬论进行了深刻的批判。王充很风趣地说，从古到今，死者亿万，大大超过了现在活着的人，如果人死为鬼，那么，道路上岂不一步一鬼了吗？王充认为人是由阴阳之气构成的，"阴气主为骨肉，阳气主为精神"，"精神本以血气为主，血气常附形体"，二者不可分离。他指出："天下无独燃之火，世间安得有无体独知之精！"也就是说，精神不能离开人的形体而存在，世间根本不存在死人的灵魂。

　　王充在《论衡》一书中还否定了圣人"神而先知"，"圣贤所言皆无非"的观点。为了适应封建专制主义中央集权的统治需要，汉代的唯心主义神学极力推崇古代的圣人，说圣人是天生的，"能知天地鬼神"、"人事成败"和"古往今来"。王充虽然也承认孔子是圣人，并且也不反对孔子所提倡的封建伦理道德，但他批判了圣人"前知千岁，后知万岁"，有独见之明、不学自知的唯心主义先验论。他认为圣人只不过是比一般人聪明一些，而聪明又是来自于学习。

　　另外，《论衡》极具战斗性，涉及自然科学、哲学、伦理学、宗教和社会生活等诸多方面，阐明了以唯物主义为基本特征的世界观。《论衡》是王充从33岁开始，前后用了三十多年的时间，直到临死前才写成的，是他毕生心血的凝结，是中国传统文化中的宝贵财富。

《神灭论》的主要内容是什么

　　《神灭论》的作者是范缜，他是南朝齐梁间思想家，字子真，南乡舞阴（今河南泌阳北）人。出身寒微，秉性耿直。他发展了汉魏以来朴素唯物论观点，与当时盛行的佛学思想进行针锋相对的斗争。天监六年（507 年）发表了著名的《神灭论》。

中国古代南北朝时期，正值佛教盛行。佛教认为，人的富贵贫贱都是命中注定的，是前世积善行恶的因果报应，范缜却坚决否认这种说法。有一次，晋陵王萧子良问范缜："您不相信因果报应，可是人为什么会有富贵贫贱的不同呢？"范缜回答说："人生好比树上开的花，遇到风花瓣便会随风飘落，自然就会有的越过窗户落在席垫之上，有的则翻过篱墙落入粪秽之中。落在席垫上的人，就如殿下您，落入粪秽之中的人就是我呀。人的贵贱际遇虽然各不相同，但哪里有什么因果。"范缜的回答使晋陵王在众多宾客面前无言以对。

《神灭论》的基本思想主要体现在"形神相即""形质神用"。

书中以问答的形式，系统阐述神灭论观点。《神灭论》一出，轰动朝野，萧子良派王融去用利禄引诱，劝他放弃神灭论，他表示决不"卖论取官"。在梁朝，梁武帝组织 64 人发表 75 篇文章围攻范缜，他仍不屈服，又写了《答曹舍人》，予以驳斥。《神灭论》的主要观点是：形体和精神是结合在一起，不可分离的，形体是质料，精神是形体的功用，也像刀刃和锋利的关系那样，没有刀刃，锋利就不存在了，没有形体，精神也就消灭了。精神是人体的特殊功能，又是寄托于人的生理器官。所以人死以后，精神就不存在了。最后指出佛教流行，伤风败俗，危害政治；应该破除佛教，实行无为政治，可以全生、匡国、霸君。《梁书·范缜传》和严可均辑《全梁文》均收录《神灭论》。

《新书》的主要内容是什么

《新书》又称《贾子》，西汉贾谊撰，《汉书·艺文志》列为儒家，著录 58 篇，今本有 10 卷 58 篇，其中《问孝》《礼容语上》两篇有录无书，实际为 56 篇，主要阐述政治思想，有一些篇章也包含一定的哲学思想。《新书》认为道德造化以成万物，事物之间可以回旋转化，如制陶器的陶轮般旋转不息，对待认识对象，要"清虚而静"，历史的发展是有规律可循的。故此，开篇即总结了秦朝灭亡的历史教训，提出了一系列政治主张。他的政论散文体现了汉初知识分子，在汉帝国大一统创始期之积极进取、意气风发，力图建功伟业的豪情壮志，代表汉初政论散文的最高成就。鲁迅先生说，贾谊文章"为西汉鸿文，沾溉后人，其泽甚远"。

贾谊，二十余岁即被召为博士，迁太中大夫，后遭谗言，贬为长沙王太傅，渡湘水时，作《吊屈原赋》以自伤，后为梁怀王太傅，怀王坠马死，"谊自伤为傅无状，常哭泣"，不久逝世，仅三十三岁。

通行的版本有《四部丛刊》本、《诸子集成》本、卢文弨《抱经堂丛书》本等，上海人民出版社 1975 年出版《贾谊集》，最新注本有王洲明、徐超《贾谊集校注》，阎振益、钟夏《新书校注》等。

《颜氏家训》的主要内容是什么

颜之推的《颜氏家训》是一部杂著类的散文作品集，内容涉及极广，对于当时佛教的流行、玄风的炽烈、鲜卑语的传播、民俗文学的盛行等都做了较为翔实的记录。它对研究古代丰富的文化现象作出了巨大的贡献，是中国古代家训走向成熟、走向辉煌的里程碑。

首先，这本书有着重要的史学价值和学术价值。其中记录的许多历史人物的言行，可与南北朝诸史中的记载相参证或补证。其中的一些学术见解，对于《汉书》《经典释文》《文心雕龙》等著作的研究都有重要参考意义，《颜氏家训》有许多内容与上述文献相通或互补。另外，《书证》《音辞》两篇为考辨文字、词义和音韵，提供了宝贵的资料。

另外，在重道轻器的封建历史时期，此书对于算术、医学都给予了应有的重视。但是书中也有一些糟粕，如《兄弟》篇中说兄弟好比居室，妻子好比风雨，要防止妻子破坏兄弟的感情，就如同防止风雨侵蚀居室一样。《归心》中则大力宣传迷信的因果报应。

从文学角度上说，这本书多为质朴的散文，行文如同闲话家常，又不失委婉高雅。说理动之以情、晓之以理，恰到好处。

《传习录》的主要内容是什么

　　《传习录》是明朝理
学家王阳明的语录和论学
书信。分成上、中、下三
卷。上卷是同徐爱讲论
《大学》宗旨，阐述了他
"格物致知说"和"心与
理一""知行合一"的思
想。为门人徐爱、陆澄、
薛侃所辑。正德十三年
（1518 年）初刻于江西赣
州。中卷是与友人论学的
书信，这些书信反映了他
"致良知""知行合一"
"心物合一""天人合一"
"天地万物为一体"等思
想。由门人南大吉所辑，
后经钱德洪改编。嘉靖三
年（1524 年）由门人南
大吉将此卷与上卷合刻于
绍兴。下卷是与门人的谈
话，由门人陈九川等采
集，初名《遗言录》，后
钱德洪加上自己及王畿所
录，整理编辑成《传习续录》，其主要部分于嘉靖三十三年（1554 年）刊刻于宁
国。嘉靖三十七年（1558 年），胡宗宪将三卷合一刊刻，统称《传习录》。

《传习录》的"传习"出自《论语》的"传不习乎"。全书基本包括了王阳明主要的哲学思想。上卷是得到过他本人亲自审阅的。中卷的论学书信都是出自他的亲笔。下卷虽未经其本人审阅，但也比较具体地解说了他晚年的各种思想，并记述了他提出的"无善无恶是心之体，有善有恶是意之动，知善知恶是良知，为善去恶是格物"的"四句教"。

《文录》包括了《正录》《外集》《别录》三个部分。为文人钱德洪编订。《正录》都是讲学明道的文章，共五卷；《外集》收集王阳明的诗赋等，共九卷；《别录》收集王阳明的奏折和公文等，共十卷。嘉靖十四年（1535年）刻于苏州。此后，钱德洪又收集了一些，编入《文录续编》，刻于嘉靖四十五年（1566年）。

王阳明著作中最重要的是《传习录》和收在《文录续编》里的《大学问》。《大学问》是王阳明出巡广西之前，录下的全面阐述他学术思想的著作。

《六祖坛经》的主要内容是什么

六祖慧能（638~713年），俗姓卢，先世河北范阳（今涿州）人，出生于广东新州（今新兴县东）。小时家境贫寒，成年以后出家，辗转至黄梅东山弘忍禅师处求法。弘忍为选嗣法弟子，命寺僧作偈。上座神秀主张渐悟，其偈曰："身是菩提树，心是明镜台，时时勤拂拭，勿使惹尘埃。"慧能主张顿悟，其偈曰："菩提本无树，明镜亦非台，本来无一物，何处惹尘埃。"弘忍赞许，密授法衣。开南宗一派，弘扬"直指人心，见性成佛"的法门。禅宗于宋以后大行于天下，成为中国佛教的主流宗派。

该书约成书于7世纪末，是唐代佛教禅宗实际创始人六祖慧能的传教说法记录，由其弟子整理而成，以后几经增删，形成多种不同版本，如敦煌本、惠昕本、契嵩本、宗宝本等。该书是中国僧人著作唯一被称为"经"者，是禅宗的代表作品，对中国思想文化有较大的影响。

宗宝本《坛经》有十篇：行由第一、般若第二、疑问第三、定慧第四、坐禅第五、忏悔第六、机缘第七、顿渐第八、宣诏第九、付嘱第十。全书表述了慧能创造性的佛教思想，如"定慧体一""法无顿渐""无念为宗""作禅不著心、不著净""一切万法尽在自身中"等。其要旨有二：一曰"自性本空"，二曰"顿悟成佛"。慧能还认为佛性本有，不假外求，佛性本无差别，只缘迷悟不同，"前念迷即凡夫，后念悟即佛"，成佛不依赖禅定、念佛等宗教修行，只在于明心见性，一念之间即可成佛。他教人从无念入手，自净其心，舍离文字，直彻心源，于一切时中行住坐卧动作里修习禅的境界。慧能还认为"心生则种种法生"。他在广州法性寺里，众僧争议寺堂前的幡迎风飘动的真相是什么，有曰"风动"，有曰"幡动"，慧能则曰："不是风动，也不是幡动，是诸位的心动。"

近人丁福保著有《六祖坛经笺注》一书，对《坛经》作了较详细的注解。

《太平经》的主要内容是什么

《太平经》是东汉后期道教的一部重要经典。著作者传说不一，非一人一时之作。《后汉书·襄楷传》所谓《太平清领书》，唐李贤注说这就是《太平经》。这本书以甲、乙、丙、丁、戊、己、庚、辛、壬、癸为部，每部有十七卷。该书吸取传统的阴阳、五行学说，又夹杂黄老、神仙、方术、谶纬等，形成内容庞杂的宗教唯心主义思想体系。其主旨在于争取太平。为了追求太平，提倡任用贤才，减省刑罚，沟通民意，自食其力，反对残酷剥削，反映了农民的思想。汉末黄巾起义可能受《太平经》思想的影响。在元气一元论盛行的时代，这种道教经典也讲万物从元气中产生出来。现存有明正统《道藏》本。王明《太平经合校》是当今比较完整的本子。

《抱朴子》的主要内容是什么

葛洪（284～363年），东晋思想家、医药学家，字稚川，自号抱朴子，丹杨句容（今江苏句容）人。出身没落官僚家庭，曾参与镇压石冰起义。东晋初，任谘议参军。少好儒学，兼及神仙导养之术，晚年辞官谢客，于罗浮山精研炼丹，以冀长寿。著有《抱朴子》一书。

《抱朴子》分内、外篇，内篇言丹方药术，系神仙家言；外篇则详论世事得失。

《内篇》主要宣扬了以炼丹成仙，消除灾难为核心的道教思想。葛洪的这一思想承接了老庄和先秦道家的哲学，并给以宗教化的解释，从而建立起一套彻底宗教化的神秘道教神学。

《外篇》"言人间得失，世事臧否"是其主要目的。西晋王朝自司马炎建国以来，呈现过短暂的繁荣局面，"太康盛世"不久，便陷入了外忧内乱的动荡泥潭。"八王之乱"、"五胡乱华"使黎民百姓流离失所，承受着无尽的灾难。生活于其中的葛洪并未苟且偷生、得过且过，而是用他的笔在书中真实而大胆地展示了社会的真实面貌。或直接论及晋末社会状态，托古刺今，借题发挥。透过这些文字，西晋社会的动荡，政治的黑暗，风俗的败坏，官吏的腐朽，百姓的疾苦，一览无余，历历在目。其观察之深刻，笔锋之犀利，情感之激烈，在"虚美隐恶"的当时确是难能可贵的。

葛洪的政治主张在《抱朴子》一书中得到了体现，既不同于西汉的阳儒阴法，也不同于晋代的虚伪名教，又不同于先秦法家的治国之策，他主张儒道兼用，从治心入手达到行礼乐的目的。综观葛洪的思想，不难发现，葛洪的思想体系是儒道相互融洽、相辅相成的，在本质上具有一致性。

集 卷

——古代诗文词赋著作

《楚辞》是一部什么样的作品

"楚辞"是战国时期兴起于楚国的一种诗歌样式。它受《诗经》的某些影响，但同它有直接血缘关系的，是南方土生土长的歌谣。以前楚地歌谣仅一鳞半爪地存于历史记载中，只是到了战国中期，屈原等人的一系列作品出现在楚国文坛之后，"楚辞"才成为屈原等人作品的总集名。

《楚辞》的篇幅宏大，句式参差错落富于变化，感情奔放，辞章华美，是我国浪漫主义诗歌的源头。楚辞的出现，标志着我国的诗歌创作已由群众集体歌唱跨入了诗人独立创作的新时期，在诗史上有着划时代的伟大意义。到西汉成帝时，刘向把屈原、宋玉等人的作品和汉人仿效之作汇编成集，定名为《楚辞》。因此，我们说"楚辞"既是战国时期新兴的一种诗歌样式，同时又专指屈原等伟大诗人的作品集。

《列女传》是一部什么样的作品

西汉经学家、文学家刘向作《列女传》，其目的就在于以此作为妇女的教育用书。其内容主要是"母仪""贞顺""仁智"等，比如《母仪传》，主要以封建伦理道德为标准，选取那些言行仪表中合封建礼仪道德的母亲，以兴教化。《贤明传》主要选取贤明廉正、动作有节、通晓事理、遵纪守法的女性。如周宣王后姜氏，贤而有德，非礼不言，非礼不动。《仁智传》选取的是聪明仁智、能预识难易、避危趋安的女性。《贞顺传》选取的是谨遵妇礼、忠贞不贰的女性。如蔡人之妻既嫁于蔡而其夫有恶疾，其母欲改嫁之。该女认为夫之不幸即妾之不幸，嫁人之道，一旦结婚，则终身不改。今夫不幸染上恶疾，正应细心照料，以情相慰，怎么可以弃之而再嫁呢？遂不从。

《节义传》选取的是好善慕书、终不背义、为了节义而不避死亡的女性。

《辩通传》选取的是智慧聪颖、能言善辩、以讽喻而排忧解难的女性。

《孽嬖传》选取的是淫妒荧惑、背节弃义、指是为非、终致祸败的女性。如殷纣之妃妲己，淫乱无度，唆使纣王造酒池肉林，令男女裸体而相逐其间，又鼓动纣王剖比干之心，囚禁其子于狱，逼走微子，终使殷朝佐臣尽失，殷终为周所灭。《续传》也即第八卷，已非刘向所撰，而是后汉班昭所补，共收20人，也以"母仪""贞顺""仁智"等区分之。

《列女传》在中国古代妇女史中占有很重要的位置。

《博物志》是一部什么样的作品

《博物志》是一部很有影响的志怪小说集。它"闻见甚广，取材宏富"，是研究中国文学史的重要参考书之一。它对后世文言小说、戏曲作品等产生过很大的影响。

《博物志》中记有山川地理、飞禽走兽、人物传记、奇异的草木和虫鱼以及奇特怪诞的神仙故事，包括神话、古史、博物等内容。其中关于"八月槎"的神话，充满了美妙的神思遐想，说有人八月乘浮槎至天河见牛郎、织女，展示了天上的星宫景象。

博物类中"蜀南多山，猕猴盗妇人"的故事亦写得完整、生动、有趣，称猕猴以长绳引盗大道上漂亮的女子做妻子，产子还送女家食养，颇通人性。这是猿类故事的原型，后有唐传奇的《补江总白猿传》《剪灯新话》和《申阳洞记》等承此衍传下来。卷十中"千日酒"的故事很有韵味，刘玄石饮千日酒醉死，埋葬三年后始醒，因有"玄石饮酒，一醉千日"的佳话。《博物志》所记山川地理深受《山海经》的影响。如前三卷所记为山川物产，外国、异人、异俗、异产、异兽、异鸟、异虫、异鱼等，性质相当于《山海经》的缩写，内容部分采自古籍，又杂以新的传闻。

《玉篇》是一部什么样的作品

《玉篇》为我国文字训诂学的一部重要著作。作者顾野王，南朝梁陈时训诂学家、史学家。《玉篇》的体例、编排与《说文》基本相同。每字之下，先注反切，再引《说文》及他书训诂，释义务求完备，并有详细例证。不分析字形结构，注重篆、隶的演变。经书训诂到了梁朝，由于文字发展今古殊形，字的释义出现差互，这部书是字书的编撰，在当时有着重要的意义。本书是继《说文》《字林》之后的又一著名字典，在后世也有很大的影响。其成书比《切韵》早40年，原书久佚，仅日本藏有唐写残卷，罗振玉曾影印出版收入《古逸丛书》。1986年中华书局又影印出版，名为《原本玉篇残卷》。日本所藏日僧空海撰《万象名义》，据现代学者周祖谟考证，除注解稍简外，余均流传过程中，曾经梁萧恺、唐孙虽增改，宋陈彭年又重修时，改名《广大益会玉篇》。

《玉台新咏》是一部什么样的作品

"玉台"一名的取义，旧说以为喻女子之贞洁，但从徐氏序文中"周王璧台之上，汉帝金屋之中"看，语意本于《穆天子传》及《汉武故事》，"璧台"、"金屋"，意指"后庭"，即《玉台新咏》应为一部旨在提供给后庭歌咏而编选的新诗集。

《玉台新咏》是我国古代继《诗经》《楚辞》之后重要的诗词总集，所收作品年代，除第9卷中的《越人歌》相传是春秋战国之交之作外，其余都是汉代至梁代的诗歌，而以南朝诗歌为主。

《玉台新咏》的编选很有特色，它专收题咏闺情的诗歌。徐氏《玉台新咏序》云："撰录艳歌，凡为十卷。"选收标准非常明确，即偏重男女闺情。这种诗歌选录标准，属于徐陵的首创，梁启超对此给予较高的评价，认为它选诗比《文选》高明。梁氏曰："《文选》之于诗，去取殊不当人意。《新咏》为孝穆承梁简文意旨所编，目的在于专提倡一种诗风，即所谓言情绮靡之作是也。""吾于此二选，宁右孝穆而左昭明，右其善志流别而已。"

《玉台新咏》的特色，还表现在：第一，本书多从入乐的角度收录作品，因此很多作品在声律、对偶、用典等方面相当成熟，对唐诗发展有直接影响。比如当时尚为乐府新声的五言绝句，其入选数竟达一卷之多。第二，入选篇目，语取通俗易解者，深奥典重者不录。如所录汉时童谣歌、晋惠帝时童谣歌及古诗句等。又如，对当时最有影响的诗人，也只取其明白晓畅之作。第三，在世者的作品也在录选之例，诗选中六、七、八三卷各篇，均出当时文士之手，而且大多为东宫和湘东王府的学士，这和《文选》不录在世者之作，迥然有别。

《玉台新咏》的文献价值是不言而喻的。它对保存汉至梁的诗歌起到了重要作用。著名长篇叙事诗《古诗为焦仲卿妻作》首见于本书。曹植的《弃妇诗》、庾信的《七夕》，本集失载，也赖本书保存下来。女诗人班婕妤、鲍令晖、刘令娴，如果没有本书，她们的作品可能会全部失传。

《文心雕龙》是一部什么样的作品

《文心雕龙》是我国第一部文学理论专著，它研究的是如何创造富有艺术性的作品。书中讨论的对象是广义的文章，但偏重于文学。它将前人创作的文学作品予以分析，条列出文艺创作的各种原理。

《文心雕龙》系统总结了我国历代文学理论研究的成果，建立了较完整的理论体系。它以儒家思想为出发点确立了文学的基本原则：认为"道"是文学的本源，"圣人"是文人学习的楷模，"经书"是文章的典范。把作家创作个性的形成归结为"才""气""学""习"四个方面。《文心雕龙》还系统论述了文学的形式和内容、继承和革新的关系，又在探索研究文学创作构思的过程中，强调指出了艺术思维活动的具体形象性这一基本特征，并初步提出了艺术创作中的形象思维问题；对文学的艺术本质及其特征有较自觉的认识，开研究文学形象思维的先河。

刘勰的《文心雕龙》，是中国古代文学理论批评史上杰出的著作。它不仅是中国文学理论的骄傲，被国内的研究者引以为豪，而且也是全世界各国研究文学、美学理论可以参考的年代最早的一部宝贵的文献。

《诗品》是一部什么样的作品

钟嵘（469～518年），南朝齐梁间文学批评家，字仲伟，颍川长社（今河南长葛东北）人。齐梁间任安国令、西中郎、晋安王记室等职。所撰《诗品》，根据"干之以风力，润之以丹采"的标准，品评汉魏以来120多位诗人的作品，为五言古诗作了总结。书中颇多独到见解，如反对堆砌典故、推敲声律、单纯追求形式的倾向，对诗歌创作有积极影响。

《诗品》倡导"建安风力"，反对形式主义诗歌，抨击玄言诗"理过其辞，淡乎寡味""评点似《道德论》"；反对堆砌典故，主张诗由"直寻"，出于自然；反对"四声八病"之说，主张自然和谐的音律。它善于概括诗人独特的艺术风格，注意探索诗人风格的渊源流别，在一定程度上提供划分诗歌流派的线索，但过于强调历史继承关系，忽视现实对诗人的影响，不免有些牵强。

《诗品》的意义在于：是文学批评从经学、史学的附庸转变为独立的科学的标志，其自觉的文学批评意识表现于以明确的文学理论作为诗歌品评的指导；《诗品》所具备的宏大而严密的专著规模是钟嵘自觉的文学批评意识的又一表现。中国文学批评在其长期的历史发展过程中，形成了迥然不同于西方的独特语体。钟嵘的《诗品》正是一部具有鲜明民族特色的文学批评语体的代表作。

《古诗十九首》具有什么样的文学地位

　　《古诗十九首》，组诗名。最早见于《文选》，为南朝梁萧统从传世无名氏《古诗》中选录十九首编入，编者把这些作者已经无法考证的诗歌汇集起来，冠以此名，列在"杂诗"类之首，后世遂作为组诗看待。

　　关于《古诗十九首》的作者和时代有多种说法，《昭明文选杂诗古诗一十九首》题下注曾释之甚明："并云古诗，盖不知作者"。曾有说法认为其中有枚乘、傅毅、曹植、王粲等人的创作，例如其中八首《玉台新咏》题为汉枚乘作，后人多疑其不确。

　　《古诗十九首》习惯上以首句为标题，依次为：《行行重行行》《青青河畔草》《青青陵上柏》《今日良宴会》《西北有高楼》《涉江采芙蓉》《明月皎夜光》《冉冉孤生竹》《庭中有奇树》《迢迢牵牛星》《回车驾言迈》《东城高且长》《驱车上东门》《去者日以疏》《生年不满百》《凛凛岁云暮》《孟冬寒气至》《客从远方来》《明月何皎皎》。

　　《古诗十九首》是乐府古诗文人化的显著标志。汉末文人对个体生存价值的关注，使他们与自己生活的社会环境、自然环境，建立起更为广泛而深刻的情感联系。过去与外在事功相关联的，诸如帝王、诸侯的宗庙祭祀、文治武功、畋猎游乐乃至都城宫室等，曾一度霸踞文学题材领域，现在让位于与诗人的现实生活、精神生活息息相关的进退出处、友谊爱情乃至街衢田畴、物候节气，文学的题材、风格、技巧，因之发生巨大的变化。

《古诗十九首》在五言诗的发展上有重要地位，在中国诗史上也有相当重要的意义，它的题材内容和表现手法为后人师法，几至形成模式。它的艺术风格，也影响到后世诗歌的创作与批评。刘勰的《文心雕龙》称它为"五言之冠冕"是并不为过的。明称"（十九首）谈理不如《三百篇》，而微词婉旨，碎足并驾，是千古五言之祖"。陆时庸则云"（十九首）谓之风余，谓之诗母"。

《说苑》有怎样的文学价值

《说苑》，西汉刘向撰。刘向是西汉时经学家、文学家、目录学家，曾领校书。本书就是他校书时根据皇家藏书和民间图籍，按类编辑的先秦至西汉的一些历史故事和传说，并夹有作者的议论，借题发挥儒家的政治思想和道德观念，带有一定的哲理性。全书原为二十卷，后仅存五卷，大部分已经散佚，后经宋搜辑，复为二十卷，每卷各有标目。二十卷的标目依次为：君道、臣术、建本、立节、贵德、复恩、政理、尊贤、正谏、敬慎、善说、奉使、权谋、至公、指武、谈丛、杂言、辨物、修文、反质。

《说苑》是一部富有文学意味的重要文献，内容多哲理深刻的格言警句，叙事意蕴讽喻，故事性颇强，有较高的文学欣赏价值，对魏晋乃至明清的笔记小说也有一定的影响。又由于取材广泛，采获了大量的历史资料，所以，给人们探讨历史提供了许多便利之处。

《昭明文选》主要描述了什么内容

《昭明文选》又称《文选》，是中国现存的最早一部诗文总集，编者萧统（501～531 年）是南朝梁文学家，萧统死后谥"昭明"，所以他主编的这部文选称作《昭明文选》。

《昭明文选》，原三十卷，后作注时析为六十卷，凡七百五十二篇，分为赋、诗、骚、七、诏、册、令、教、文、表、上书、启、弹事、笺、奏记、书、檄、移、对问、设论、辞、序、颂、赞、符命、史论、史述赞、论、连珠、箴、铭、诔、哀、碑文、墓志、行状、吊文、祭文 38 类。所选多为大家之作，时代愈近入选愈多。其中以诗歌、汉赋和六朝骈文占有相当比重，诗歌则多选对偶严谨的作品。关于《文选》的选录标准，按萧统在序里所阐明的总原则是"事出于沉思，义归乎翰藻"，即要求入选的诗文，不仅要有独立的见解和精确的立论，还要兼顾情义与辞采并茂。

《文选》问世以后，很快引起了人们的注意。自唐以后，研读《文选》已经成为一门学问，被称做"文选学"或"选学"，杜甫教育他的儿子要"熟精《文选》理"，宋人谚语也说"《文选》烂，秀才半"，可见其广泛的影响。

《水经注》是一部什么样的作品

《水经注》为北魏水文地理学家郦道元所著，是我国第一部记载河道水系的综合性地理书。其《水经注》以《水经》为纲，作了 20 倍于原书的注释，实际上是一部新的创作。它记载大小水道一千多条，条分缕析地将每条河道的源流、地形、土壤、支流、湖沼，流域内的原野、山岭、城邑、关津等多方面的情况展现出来，并全面地叙述了形势沿革、物产资源、民族分布及有关历史事件和人物，甚至神话传说，无不繁征博引，尽量搜罗。可以说是一部综合性的地理著作，是研究中国历史地理的重要文献。书中还较详细地描述了河流上的堰坝、斗门、堤防、护岸，以及人工渠道、灌溉区域等水利工程情况。这些资料对水利史的研究极为宝贵。

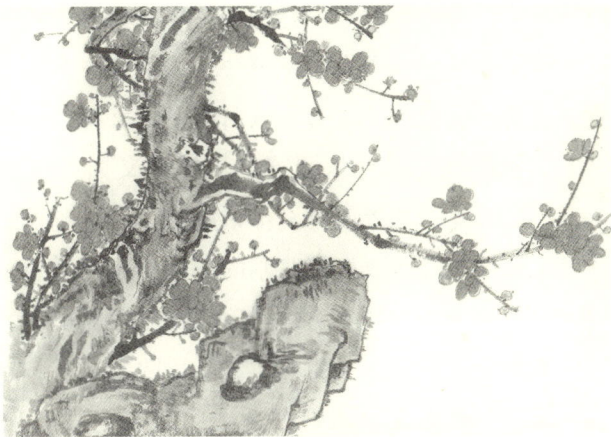

《水经注》在文学和语言上也有很高的价值。作者采用了文学艺术手法，对山川景物、人文史迹、风土歌谣等内容进行了绘声绘色的描述。郦道元对于风景的描写历来享有很高声誉，他的文字清丽规整，富有节奏感，如"绿水平潭，清洁澄深，俯视游鱼，类若乘空""水色清澈、漏石分砂"，借用了游鱼、砂石等物来表现水的清澈。

作者对写作技法的运用也相当熟稔，达到了收放自如、浓淡相宜的境界。从这个方面说《水经注》还是我国的古典文学名著，在中国文学史上占有一定地位。它是"魏晋南北朝时期山水散文的集锦，神话传说的荟萃，名胜古迹的导游图，风土民情的采访录"。因此，《水经注》不仅是科学名著，也是文学艺术的珍品。

《搜神记》是一部什么样的作品

《搜神记》是志怪小说的代表作品，晋代干宝撰写。本书共包括大大小小的故事454则，这些故事一部分是在宣传神鬼迷信思想，另一部分是富有现实意义的民间传说和世俗故事，是本书精华所在。在后一类题材的作品中，有鞭挞统治阶级凶暴残酷和歌颂人民反抗斗争的故事，如《干将莫邪》，写铁匠莫邪为楚王铸剑成功，反被楚王杀害，以后其子为父报仇。情节虽然荒诞离奇，却表现了人民反抗强暴的坚强意志和英雄气概。又如《韩凭夫妇》，写宋康王霸占韩凭妻子，逼死韩凭，其妻何氏，不怕威胁，不受利诱，殉情自杀。作品对统治者的荒淫无耻和给人民造成血泪悲剧的罪行给予了无情的谴责。《搜神记》中还有表现和赞美劳动人民优秀品质及其美好理想的故事。如《李寄》，记述贫苦少女李寄，不顾个人安危，砍死大蛇，为民除害，是一首英雄的赞歌。《搜神记》也有一类反映青年男女争取婚姻自主的故事。其中有人与人的相爱，有人与神的相恋，形式多样，在浪漫主义幻想中，寄寓着深刻的现实主义精神。如《吴王小女》，叙述吴王夫差的小女紫玉与童子韩重相爱，遭到吴王粗暴干涉，以致酿成悲剧，赞美了坚贞不渝的爱情，控诉了封建制度的罪恶。

《搜神记》同其他魏晋六朝的志怪小说一样，对后代文学艺术产生很大影响，从唐人的传奇和俗文学中就可以看出这种影响的痕迹。元明清的小说戏剧里，都吸收了《搜神记》的若干创作素材。直到现代，《搜神记》中的一些故事，仍然是作家们的创作素材。

可以说，在魏晋志怪小说中，《搜神记》是保存最多且具有代表性的一种。《搜神记》不仅反映了魏晋南北朝志怪小说的基本内容，而且在艺术上也代表了这一时期志怪小说的最高水平。

《世说新语》是一部什么样的作品

《世说新语》，原名《世说》，为南朝宋临川王刘义庆撰。后人为区别于刘向所著《世说》，而增"新语"两字。该书是"志人"小说的代表作。

《世说新语》内容主要记述自东汉至东晋文人名士的言行，尤重于晋。所记事情，以反映人物的性格、精神风貌为主，作为史实来看，绝大多数无关紧要。书中表彰了一些孝子、贤妻、良母、廉吏的事迹，也揭露和讽刺了士族中某些人物贪残、酷虐、吝啬、虚伪的行为，体现了一些基本的评价准则。

就全书来说，《世说新语》并不以宣扬教化，激励事功为目的。对人物的褒贬，也不持狭隘单一的标准，而是以人为本体，对人的行为给予宽泛的认可。高尚的品行，超逸的气度，豁达的胸怀，出众的仪态，机智的谈吐，或勉励国是，或忘情山水，或豪爽放达，或谨严庄重，都是作者所肯定的。即或忿狷轻躁、狡诈假谲、调笑诋毁，亦非必不可有。因此《世说新语》也就深刻地反映出了士族阶层的多方面生活面貌和他们的思想情趣。

《世说新语》集中表现了士族的实际生活，以及他们要求摆脱世俗利害得失、荣辱毁誉，使他们的个性得到自由发扬的精神和理想。如：嵇康身长七尺八寸，风姿特秀。见者叹曰："萧萧肃肃，爽朗清举。"或曰："肃肃如松下风，高而徐引。"山公曰："嵇叔夜之为人也，岩岩如孤松之独立；其醉也，傀俄若玉山之将崩。"

《世说新语》一向受到古代文士的特别喜爱，后世笔记小说记人物言行，往往模仿其笔调，直接仿照其格式的著作也有很多，如宋代王谠的《唐语林》、孔平仲的《续世说》等，可见它对后世的影响力。

《大唐西域记》是一部什么样的作品

《大唐西域记》简称《西域记》，为唐朝著名高僧玄奘口述，由其弟子辩机执笔受编集而成。《大唐西域记》共十二卷，成书于唐二十年（646 年），为玄奘在西域、印度 19 年间的游历见闻录。其中，包括玄奘游学五印，大破外道诸论的精彩片段，高潮迭起。

贞观二十年（646 年）秋七月，玄奘在翻译出佛经的同时，终于完成了著名的《大唐西域记》，于十三日进表于太宗。言道："所闻所历一百二十八国，今所记述，有异前闻，皆存实录，非敢雕华，编裁而成，称为《大唐西域记》共十二卷。"据悉，该书记述了 128 个国家和地区的都城、疆域、地理、历史、语言、文化、生产生活、物产风俗、宗教信仰，此外还记述了其他十余国家的情况。

《大唐西域记》实际是一部玄奘西行的实录。在西行求法的征程中，玄奘经历了数年时光，所到国家上百，山河城关成千上万，观礼佛寺宝塔成千上万，亲历事件和接触的人物不计其数，而《大唐西域记》里连同他每走一地所处方位、距离多少里、国体民情、风俗习惯、气候物产、文化历史都写得清清楚楚，就连哪个寺院所奉某乘某宗，僧众多少，是何人讲什么经，多少卷等，都写得十分详尽，准确无误。这些记载又被后来的历史文献和文物考古所佐证。依据玄奘所撰

《大唐西域记》记载提供的线索，对著名的印度那烂陀寺、圣地王舍城、鹿野苑古刹等遗址进行考古发掘，出土了大量的文物古迹，成为考古史上一大奇迹。这些都充分证明，玄奘当年在险恶艰难的求法途中，将所经历的大量信息和各类资料准确无误地记录在案。

本书是继晋代法显之后又一取经游记巨著。书中除生动描述了阿富汗巴米扬大佛、印度雁塔传说、那烂陀学府以及诸如佛祖成道、佛陀涅槃等无数佛陀圣迹外，还有很多佛教传说故事。内容全面系统，翔实生动，先后被译为英、法、德、日等国文字广为传播，是研究中外文化交流、佛教历史及交通史、民族史的珍贵资料。

《大唐西域记》对印度的影响相当重要，因为印度民族虽然创造了相当重要的古代文化，但从米不注重记录历史，玄奘的记载对研究印度历史是不可多得的宝藏。印度历史学家阿里教授说："如果没有法显、玄奘和马欢的著作，重建印度历史是完全不可能的。"印度目前的国徽狮头柱和国旗上的法轮图案，都是来源于鹿野苑的考古发掘，而包括鹿野苑、菩提伽耶阿育王大塔等几乎所有印度著名佛教遗址的现代发掘，都是英国考古学家自 19 世纪始，依照玄奘的描述找到的。今天所见历史书里印度引以为傲的事迹，也基本是来源于玄奘的记载。

《反经》是一部什么样的作品

《反经》原名《长短经》，有是非、得失、长短、优劣的意思。其作者是赵蕤，字太宾，又字云卿，梓州盐亭（今四川）人。《反经》"不以成败论英雄"，摆脱了以忠奸评价历史人物的传统定式，以发展辩证唯物的观点对唐之前历代智谋权术做了一次全面的阐述和总结，真实生动地再现历史事件，提醒人们对任何人和事物，要"既知其一，又知其二"，不能"只知其正，不知其反"，真正做到识人量才、知人善任。

《反经》的整体框架以谋略为经，历史为纬，交错纵横，蔚然成章，行文有如流水，通俗易懂。书中所引的前代著述，经史子集几乎无所不包，所引书目中更有今已散佚的著述，如《玉钤经》、吴人张微的《墨记》等。《反经》集政治学、谋略学、人才学、社会学为一体，兼具了文学、史料、镜鉴三重价值。

《乐府诗集》是一部什么样的作品

《乐府诗集》为北宋郭茂倩整理编写。乐府本是汉武帝时开始设立的一个掌管音乐的官署，它除了将文人歌功颂德的诗配乐演唱外，还担负采集民歌的任务。这些乐章、歌辞后来统称为"乐府诗"或"乐府"。

乐府采诗一是为了娱乐，一是为了观风俗。乐府诗的主要繁盛时代是汉魏两晋南北朝。

《乐府诗集》收集了从不尽可靠的陶唐氏之作到五代的乐府诗，分为十二类：①郊庙歌辞。是祭祀用的，祭天地、太庙、明堂、籍田、社稷。②燕乐歌辞。是宴会用的。③鼓吹曲辞。是用短箫、饶鼓演奏的军乐。④横吹曲辞。是用鼓角在马上吹奏的军乐。⑤相和歌辞。是汉时的街巷讴谣。⑥清商曲辞。源出于相和三调（平调、清调、瑟调），皆古调及魏曹操、曹丕、曹植所作。⑦舞曲歌辞。分雅舞、杂舞。雅舞用于郊庙等，杂舞用于宴会。⑧琴曲歌辞。有五曲、九引、十二操。⑨杂曲歌辞。杂曲的内容有写心志，抒情思，叙宴游，发怨愤，言征战行役，或缘于佛老，或出于夷虏。兼收并载，故称杂曲。⑩近代曲辞。也是杂曲，因是隋唐的杂曲，所以称近代。⑪杂歌谣辞。是徒歌、谣、谶、谚语。⑫新乐府辞。是唐代新歌，辞拟乐府而未配乐，或寓意古题，刺美人事，或记事名篇，无复依傍。其中鼓吹曲辞、横吹曲辞、相和歌辞、清商曲辞、杂曲歌辞、杂歌谣辞等六类，既有民歌又有文人拟作，堪称乐府诗的精品。其所反映的社会生活内容较为宽广，有对穷兵黩武的揭露，有对征役之苦的描写，有愤怒的反抗，也有对爱情的渴求。

《乐府诗集》中的作品或长于叙事，或重在抒情，或极尽夸张、铺陈之能事，或短小而精悍。这些无不对唐代及以后的诗词创作产生了深刻的影响。

《花间集》是一个什么样的集子

《花间集》是千年以来一直流行的地方性的词选集。选录了自唐开成元年（836年）至晋天福五年（940年）即后蜀广政三年以前的词家共500首。其中有我们熟悉的温庭筠、韦庄等人。书中选录温庭筠的词最多，共有66首，温氏还排列在本书的开头。由于有《花间集》，因而有了"花间词派"。

《花间集》里的作品，主要是达官显贵、文人学士们在花间樽前轻歌曼舞、浅斟低唱的生活写照，"风云气少，儿女情多"，题材和风格以"绮罗香泽"为主；艺术上，这些词作呈现擅长用华丽辞藻"蹙金组绣"来描情体物的共同特点；以温庭筠为例，他"能逐管弦之音为侧艳之词"（《旧唐书》本传），词作喜欢用金玉锦绣等字词来雕琢修饰，从而创造出一个华贵高雅的环境气氛。

《花间集》中也有少数表现边塞生活和异域风情的词，如李珣的《南乡子》，孙光宪的《酒泉子》等。在《花间集》中成就最高的是温庭筠，而能与其比肩的则是韦庄，历来有"温韦"并称，但风格却大相径庭。《花间集》是最早的一部文人词总集，对我国初期的词家作品，赖以保存流传，对我们了解词的发生和发展有很大的帮助。

《容斋随笔》是一部什么样的作品

《容斋随笔》是南宋史学家洪迈用了近40年光阴和精力撰写出的不朽名著，又称《容斋五笔》。该书包括5部分：《随笔》《续笔》《三笔》《四笔》《五笔》。全书共74卷（其中前四集各16卷，《五笔》写了10卷作者便去世了），1230篇，文字总量达五十多万字。《容斋随笔》之所以称之为"随笔"，是因为洪迈读书每有心得，便随手记录下来，历时数十年的集腋成裘而撰写成书。《容斋随笔》内容博大精深，涉及领域极为广泛，自经史百家、文学艺术、人物评价到历代典章制度、医卜星历、掌故志怪等，无不有所论说，而且其考证辨析之确切，议论评价之精当，皆高人一筹。《容斋随笔》各篇短小精悍、多姿多彩，可读性极强。

宋代的笔记体著作数以百计，洪迈的《容斋随笔》堪称同类作品中的佼佼者。《四库全书总目提要》推《容斋随笔》为南宋笔记小说之冠，甚至有人赞誉此书是补《资治通鉴》之不足、集中国数千年历史文化之精粹的珍品。该书一问世便受到了当朝皇帝的称赞，从此成为历代皇家所必藏的经典书籍，对后世产生了较为深远的影响。

《梅妃传》主要描述了什么内容

《梅妃传》，宋代传奇小说，作者不详。收入陶宗仪《说郛》卷三十八，亦见顾元庆《顾氏文房小说》，前本较后本为详，均不题撰者姓名。

《梅妃传》主要描写梅妃，梅妃姓江，唐开元中被选入后宫。梅妃淡妆明秀，慧敏能文，又性喜梅，所以玄宗赐名梅妃，宠爱在后宫四万人之上。但梅妃遭到杨太真嫉妒，被迁居上阳东宫。玄宗思念梅妃，在夜里灭烛召见，被杨妃发觉，引起风波。玄宗曾将外国所贡珍珠一斛密赐妃，妃不受，写诗回答："柳叶双眉久不描，残妆和泪湿红绡。长门自是无梳洗，何必珍珠慰寂寥。"后来安禄山起兵，玄宗西逃，太真亦缢死于马嵬坡，等到玄宗东归，在梅树旁掘得梅妃尸首，肋下尚有刀痕。玄宗甚为悲恸，以妃礼改葬。

传后的"赞"写得较长，谴责唐玄宗晚年穷奢极欲，变易纲常，耄而忮忍，终致身废国辱，是罪有应得。最后说："是岂特两女子之罪哉！"

本传有可能是作者依据当时的民间传说或通俗文艺加工写定。正因为能够自由地发挥艺术创造力，本传写得结构紧凑，文笔优美，富于抒情性，人物性格也较为鲜明生动。堪称宋人传奇的优秀作品之一。

此传问世后，一直传诵不衰，为人所喜闻乐道，对小说、戏曲的创作产生了明显影响。清代长篇小说《隋唐演义》就将梅妃故事作为重要章回写入书中。另据本篇写成的古典戏曲有十多种，如《惊鸿记》等。

《西厢记》讲述了一个怎样的爱情故事

《西厢记》原名《莺莺传》，又名《会真记》，是元代著名戏曲作家王实甫的杰作，也是元杂剧中最优美宏伟的大型喜剧。它在中国文学史上和中国戏曲史上都占有很重要的地位，是我国古代戏曲发展的高峰之一。

它讲述了这样一个美丽的爱情故事：唐德宗元年，崔相国死后，其夫人郑夫人携女儿崔莺莺和丫鬟红娘护送崔相国的灵柩回家乡安葬，到了河中府的时候，因为道路受阻，只好暂住在普救寺的西厢房内。这时书生张君瑞赴京赶考，也途经普救寺，在佛殿上窥见到了美丽的莺莺，顿生爱慕之情，便改变了赶考的打算，也在寺中住了下来，所住之处和西厢房后花园仅一墙之隔。从此，张生和莺莺两人暗通信息，互表倾慕。就在这个时候，叛军头目孙飞虎用重兵包围了普救寺，扬言要夺莺莺为妻。郑夫人没有办法，便许下诺言，谁若能解普救寺之围，就将莺莺许配谁为妻。恰巧，张生的故交白马将军的军队就驻扎在附近，张生便写信请他来解围，白马将军果然顺利地解了普救寺之围。

按理，这时候张生和莺莺可以结成秦晋之好了。可是，郑夫人又临时悔婚，只允许两人以兄妹相称，张生一气之下病倒不起。莺莺焦急万分，于是派遣红娘前去探望。由于红娘的热情相助，几经周折，两人私订了终身。但此事很快就让郑夫人识破了。郑夫人狠狠地拷问了红娘，红娘机智灵活，沉着应对，把郑夫人驳得无言以对。不得已，郑夫人只得同意了这门亲事。但是，她又提出"相门不招白衣女婿"，催张生上京应考，张生答应了郑夫人的要求。后来，张生果然考中，当时他还没有回到河中府，郑夫人的侄子郑恒来骗娶莺莺。他编造谎言，说张生在京做了卫尚书的女婿，郑夫人于是改变了主意，莺莺听后也悲痛欲绝。正在这时，张生回来了，由于红娘和白马将军的帮助，最后郑恒因羞愧撞树而死，崔莺莺和张君瑞结成美满姻缘。

《琵琶记》取得的成就表现在哪些方面

　　《琵琶记》，元末南戏，高明撰写。该剧是我国古典戏曲的杰作，写的是东汉大文豪蔡邕的故事。它是在民间长期流传的戏曲《赵贞女蔡二郎》的基础上，进行再创作而成的。在民间流传的戏文里，蔡伯喈（蔡邕字伯喈）被描写成一个受谴责的反面人物，他上京应举，贪图富贵，背亲弃妇，休妻再娶；而他的结发妻子赵五娘则在家吃糠咽菜，侍奉公婆。后来公婆双亡，她沿途乞讨，上京寻夫，却遭到蔡伯喈的粗暴拒认。故事的结尾是"马踏赵五娘，雷轰蔡伯喈"，悲剧色彩相当浓厚。它反映了封建文人一旦飞黄腾达，就背亲弃妻的忘本现象，这是不符合道德观念的。故事中的蔡伯喈历来遭到百姓的谴责。

　　作者高明在内容上对这个故事进行了很大的改动，把"马踏赵五娘"和蔡伯喈受五雷轰顶的悲剧式结尾改为大团圆收场，把忘恩负义的蔡伯喈改为"全忠

全孝"的人物，把罪在文人负心改为求功名利禄的社会原因。这种改编，既体现了作者高明思想上落后的一面，也表现出了他对功名利禄的批判色彩。改编后的剧情大致如下：

蔡伯喈和赵五娘结婚才两个月，父亲硬逼他上京赶考。他本不留恋功名，愿意在家孝顺父母，但父母之命难违，只得上京应试，谁料一考就考中了状元。牛丞相见他英俊有才，便强以女儿许配。他辞婚、辞官均不成，终于被牛丞相招为女婿。时值荒年，公婆在家染病，五娘敬心侍奉汤药，历尽艰辛。她求得赈米，供养二老，自己却暗吞糠秕，年迈的双亲盼子不归，连气带饿，双双去世。五娘剪发出卖，才有钱埋葬公婆。蔡伯喈与牛小姐成婚后，虽然相敬如宾，彼此恩爱，但总是苦思双亲和五娘，终日闷闷不乐。牛小姐多次追问原因，才得知实情。五娘葬了公婆后，以琵琶卖唱，一路行乞，寻夫至京。经过千曲万折，五娘终得进入相府，在画馆与伯喈相会。最后在牛小姐的同意下，夫妻重圆，并一同回乡扫墓。

《琵琶记》在艺术结构上的成就也十分突出，它的剧情主要沿着两条线索发展：一条是蔡伯喈求取功名的经历，一条是赵五娘在灾荒中的遭遇。这两条线索互相对比映照，彼此交错发展，把社会上层的豪华生活和下层百姓的深重苦难，尖锐对立地显现出来，收到了极强的艺术效果。

《菜根谭》是一部什么样的作品

《菜根谭》是明代的一部语录体著作，为洪应明所著。书名《菜根谭》，取自宋儒汪革语："咬得菜根断，则百事可成。"意思是说，一个人只要能够坚强地适应清贫的生活，不论做什么事情，都会有所成就。

该书糅合了儒家的中庸、道家的无为、佛家的出世和自身生活的体验，形成了一套出世入世的法则，表现了中国古人对人性、人生和人际关系的独到见解。作者从历代文献典籍中撷取了大量的古籍名句、先哲格言，作为本书的骨架，又从民间搜集了普通百姓口头上流传的处世警句、民俗谚语，并且在字句上加以整理，作为该书的血肉，读起来音节和谐，朗朗上口，引人入胜，发人深省。书中的许多警句被传为处世为人的格言，这是《菜根谭》一书最显著的特点，也是此书得以流传后世的重要原因。从该书的整体内容看，贯穿全书的中心论题是：作为一个正常的人，应当如何进行自我修养，如何培养自己的道德情操和心理品质，如何处理人际关系，如何面对人生的酸甜苦辣，从而修养成与人为善、内心安适、刚毅坚忍、处世恬淡的健康人格。因而该书一出，立刻在社会上产生了较大的影响。明清至民国时期各种版本在社会上流传，而且被翻译成日文等外国文字，引起不少外国人的关注，可谓是概括中国人为人处世策略的经典。

《随园诗话》是一部什么样的作品

　　《随园诗话》，是清人众诗话中最著名的一种。作者袁枚（1716～1797 年）字子才，号简斋，浙江钱塘人，乾隆四年（1739 年）中进士，选庶吉士，入翰林院，乾隆七年（1742 年）赴江南任知县，十三年（1748 年）辞官而定居于江宁小仓山随园，故世称随园先生，其晚年亦自称随园老人或仓山叟。

　　《随园诗话》是袁枚为宣传其"性灵说"美学思想而编撰的著作。袁枚曾说过："枚平生爱诗如爱色，每读人一佳句，有如绝代佳人过目，明知是他人妻女，于我无分，而不觉中心藏之，有忍俊不禁之意，此《随园诗话》之所由作也。"《随园诗话》内容的基础正是大量的选诗（《答彭贲园先生》）。可见其撰写《随园诗话》与选诗之密切关系。《随园诗话》的选诗大致有以下特点：①选诗标准较严。这主要表现为"诗"为"话"服务。②入选诗作者面颇广。袁枚称曰："余闻人佳句，即录入《诗话》，并不知是谁何之作。"入选者既有诗坛高手，亦有无名小卒；既有公卿将军，亦有布衣寒士。③选录女子诗尤多。袁枚针对"俗称女子不宜为诗"的陋习，反其道而行之，声称："余作《诗话》，录闺秀诗甚多。"可谓有胆有识。④入选诗作题材丰富。《诗话》中抒写个人悲欢离合之作固然颇多，但亦不乏反映社会现实生活的好诗。此外还选录不少情诗，在当时也有一定的反道学的意义。

《阅微草堂笔记》是一部什么样的作品

《阅微草堂笔记》为清代学者、文学家纪晓岚所著，全书共 24 卷。包括《滦阳消夏录》六卷，作于乾隆五十四年；《如是我闻》四卷，作于乾隆五十六年；《槐西杂志》四卷，作于乾隆五十七年；《姑妄听之》四卷，作于乾隆五十八年；《滦阳续录》六卷，作于嘉庆三年。嘉庆五年由其门人盛时彦合为一书刊行，取名《阅微草堂笔记》。全书共有一千余则笔记，内容广泛博杂。书中所记虽多为怪异故事，但作者在写作意图与叙事方法上均有意与《聊斋志异》分庭抗礼。据其自序，其写作意图不外乎维护风教，进行劝惩，此与蒲松龄宣泄"孤愤"之意截然不同。

故书中所记颇多忠孝节义、劝善惩恶、因果报应之谈。书中不乏可取之作，作者反对宋儒空谈性理、苛察不情，对道学家的泥古不化、伪言劣行，进行了尖锐讽刺。《滦阳消夏录》卷中记叙了两位以道学自任的塾师，却阴谋抢夺寡妇的田地。书中对世态炎凉和人情伪诈也时有揭露。作者从人道精神出发，能反对为富不仁、凌虐奴仆，对民众不幸及其反抗也能予以同情。如卷十六记童养媳不堪虐苦而逃亡，卷十八记妓女戏富室巢谷。卷十一《唐打狗》、卷十六《老河兵》表现普通民众的正直、纯朴和智慧。书中很多神鬼狐妖故事，颇具寓言意味。一些不怕鬼的故事，写来饶有风趣，脍炙人口。此外，书中一些考辨文字颇具灼见，描绘异域风光的篇章，也给人耳目一新之感。在写作方法上，作者斥蒲松龄的细腻描写为"燕昵之词，蝶狎之态"，尚质黜华，反对虚构想象，故其文笔简约精粹，叙事点到为止，说理明畅透辟。后人很多作品，如《翼䮝稗编》《三异笔谈》《里乘》诸书均受本书影响，成为一派。

《唐诗三百首》是一部什么样的作品

《唐诗三百首》为清代孙洙编撰。孙洙（1711～1778年），字苓西（一作临西），号蘅塘，晚号退士，江苏无锡人。乾隆年间进士，历官大城、卢龙、邹平县令，改江宁教授。此书编成于乾隆十六年（1751年），原为童蒙读物。本书刻本很多，且篇数往往有所不同，约有321首、317首、310首数种版本。

《唐诗三百首》是以《唐诗别裁》作为蓝本再加选淘汰而成的，但《三百首》一出，《别裁》反而不及其流传广泛。本书入选77位作者，以杜甫作品入选最多，其次为王维、李白、李商隐。所选作品分五言古诗、五言乐府、七言古诗、七言乐府、五言律诗、七言律诗、五言绝句、七言绝句等体裁。编选者的目的在于普及，而读者也喜爱它的简要，便于诵习。从选录的篇幅来看，关于人情的诗歌（如寄赠、感怀等）占了近四分之一，如孟浩然的《过故人庄》、贺知章的《回乡偶书》、李白的《赠汪伦》《静夜思》等广为人知、充满着浓郁友情、乡情味道的作品都入选其中。编选者本着温柔敦厚的审美情趣，对表现情感的诗歌的关注远远超过对事实的叙写之作，因此像杜甫的《三吏》《三别》，白居易的《秦中吟》这些诗都未入选，这是本书编选的一个缺陷。

《唐诗三百首》出现之后，迅速流行，被视为唐诗入门读物的不二首选，一直影响到现在。

《宋词三百首》为何有"文学皇冠上的巨钻"之称

《宋词三百首》是最流行的宋词选本，编者朱孝臧（1857～1931年），原名祖谋，字古微，号沤尹，又号强村，浙江归安人，其选录标准，以浑成为主旨，并求之体格、神致。编选的词以其体格雅致、文字优美、意境自然和意味深长而著称，成为人们了解宋词的必读书籍之一。而后来的各种宋词三百首的版本，也基本上都以这个版本为基础。

《宋词三百首》多为历代传诵的名家名作，选材广泛，有的表达豪情壮志，有的吟花咏月赞美大自然，有的描绘社会风物人情，有的慷慨激昂、直抒胸臆，富有爱国热情。

到了宋代，词在形式上和内容上得到了巨大的发展。尽管词在语言上受到《宋词三百首》中文人诗作的影响，但典雅雕琢的风尚并没有取代其通俗的民间风格。而词的长短句形式更便于抒发感情，所以"诗言志，词抒情"的这种说法还是具有一定根据的。

宋词以其完美的艺术形式与唐诗、元曲相互辉映，同为我国古代文苑中的三株奇葩，几百年来一直吸引着广大的读者，许多名篇名句家喻户晓，脍炙人口。清代人上疆村民选注的《宋词三百首》，正是备受宋词爱好者青睐的优秀版本，多少伟人英雄谈之以言志，达官贵族诵之以怡情，家家户户持之以教儿童。

可以说，《宋词三百首》是中国古代文学皇冠上光辉夺目的一颗巨钻，在古代文学的阆苑里，她是一块芬芳绚丽的园圃，千百年来一直为我国人民世代传诵。

《元曲选》有何特色

《元曲选》是明代臧懋循编辑的一部杂剧选集。臧懋循（1550～1620年），字晋叔，浙江长兴县人。万历八年进士，曾任荆州府学教授，南京国子监博士。由于他不屑恪守封建礼法，遂为世俗所不容，以致后来被劾罢官。臧氏精于音律，为明代著名曲家，自著有《负包堂集》。书中收录元曲94种，明代杂剧6种，总计100种，故又称《元人百种曲》。《元曲选》全书100卷，分10集，每集10卷，每卷一本杂剧，分成两批刊印，第一批甲、乙、丙、丁、戊集，刊于万历四十三年（1615年）；第二批己、庚、辛、癸、酉集，刊于万历四十四年（1616年）。

今现存元人杂剧总数不足200种，而《元曲选》中所收元代作品，即占现存总数的一半以上，而且，集中收录了《感天动地》《赵盼儿风月》，白朴《唐明皇秋夜》《裴少俊》，马致远《破幽梦孤雁》，秦简夫《东堂老劝破家子弟》，李文蔚《同乐院》等众多作家的名剧，故影响很大，它对元代杂剧的传播起了重要作用。后世研究元代杂剧，一般都以本书为据。《元曲选》每剧附图两幅，个别的绘四幅，总计 224 幅图，其图画线条细腻、流畅，极尽婉丽之美，在中国版画史上具有极重要的地位。

《七十家赋钞》是一本什么样的书

《七十家赋钞》是中国古代辞赋选集。清代张惠言（1761 ~ 1802 年）编辑。辑录自屈原《离骚》至北朝庾信辞赋 206 篇，共 6 卷。卷首有编者自序，序中以屈原为辞赋之祖和最高标准，概述辞赋源流正变，兼评入选的作家作品。选择严谨，是一部较好的辞赋选集。现存版本有道光年间康绍镛刻本，光绪年间重刻本等。

《艺概》一书有何特色

《艺概》，作者刘熙载（1813 ~ 1881 年），字伯简，号融斋，晚号寤崖子。江苏兴化人。道光二十四年（1844 年）进士。曾任广东提学使，主讲上海龙门书院。于经学、音韵学、算学有较深入的研究，旁及文艺，被称为"东方黑格尔"。

《艺概》是作者平时论文谈艺的汇编，成书于晚年。全书共 6 卷，分为《文概》《诗概》《赋概》《词曲概》《书概》《经义概》，分别论述文、诗、赋、词、书法及八股文等的体制流变、性质特征、表现技巧和评论重要作家作品等。作者自谓谈艺"好言其概（《自叙》），故以"概"名书。"概"的含义是，得其大意，言其概要，以简驭繁，"举少以概乎多"，使人明其指要，触类旁通。这是刘氏谈艺的宗旨和方法，也是《艺概》一书的特色之所在。

《艺概》论文既注重文学本身的特点、艺术规律，同时又强调作品与人品、文学与现实的联系。刘熙载认为文学是"心学"，是作家情志即"我"与"物"

相摩相荡的产物。所以论文艺贵真斥伪，肯定有个性、有独创精神的作家作品，反对因袭模拟、夸世媚俗的作风。他注意到文学创作存在两种不同的方法：或"按实肖象"，或"凭虚构象"。并重视艺术形象的虚构，认为"能构象，象乃生生不穷矣"。所以对浪漫派作家往往能有较深刻的认识。如说庄子的文章"意出尘外，怪生笔端"，乃是"寓真于诞，寓实于玄"；李白的诗"言在口头，想出天外"，其实与杜甫"同一志在经世"。他运用辩证方法总结艺术规律，指出："文之为物，必有对也，然对必有主是对者矣。"（《经义》）又说"物一无文"，但"更当知物无一则无文。盖一乃文之真宰，必有一在其中，斯能用夫不一者也"（《文概》）。《艺概》对物我、情景、义法种种关系的论述，就着重揭示了它们是如何辩证统一的，突出了我、情、义的主导作用。

《三国演义》是一部怎样的小说

　　《三国演义》是罗贯中的代表作。讲述的故事起自黄巾起义，终于西晋统一，以魏、蜀、吴三国的兴亡为线索。描绘了三国时期尖锐复杂的政治、军事斗争，表现出鲜明的拥刘反曹的正统思想和儒家仁政的思想。

　　三国时候，魏蜀吴三分天下，各个国家的势力强大，魏国占了天时，吴国占了地利，蜀国站了人和。从这一方面说各国争夺天下，实力不分上下。书中情节有虚构的也有现实的，小说是以贬低魏国抬高蜀国为基础的。小说的人物个性鲜明，一共塑造了1200多个人物，其中的曹操、关羽、诸葛亮更是鲜明。诸葛亮是小说的主角，书中体现了他的聪明才智，在这一方面是其他各国的谋士所不能比的。关羽为人孤傲，小说中描写关羽的义气是常人所不能比的，就是在今天看来有时候这种义气也是需要的。小说中还有曹操，说曹操奸是有点片面，在那样一个年代其实每个人心中都想统一天下。在这些众多人物中赵云和诸葛亮是比较完美的，作者重点赞扬了他们的智慧和忠义。

《三国演义》通过生动曲折的情节，展现了三国时期群雄争霸的广阔时代画面，塑造了一大批栩栩如生的人物形象。在描写战争方面的成就，堪称独步，惊心动魄，千变万化。该书代表了中国古代历史演义小说的最高成就，可谓家喻户晓，影响深远。

《水浒传》是一部什么样的小说

《水浒传》是施耐庵的代表作。水泊梁山中的108位好汉来自社会的各个不同阶层，几乎囊括了三教九流，性情喜恶各有不同。或是鬼怪灵精，或是粗野豪放，或是质朴淳厚，或是风流倜傥。他们各有才能，各显神通，有的能文善辩，有的善使刀枪，有的长于马术，有的工于偷骗。对于他们的这些特点，《水浒传》采用了一个绝妙的表现方式——诨号。如宋江乐于助人，便取绰号"及时雨"；吴用神机妙算，人称"智多星"；鲁智深背上有花绣，故而得名"花和尚"；时迁身手轻盈，常于夜间打更鼓时行窃，所以被戏称为"鼓上蚤"。这些英雄好汉都是在"官逼民反"的社会背景下遭受极度迫害而逼上梁山的。《水浒传》对多种人物的英雄或怯懦行为的描写都贯穿着对黑暗社会所进行的愤怒批判。

《水浒传》中的灵魂人物宋江，是一个有着双重思想和性格的人物。宋江身上的两种矛盾冲突的焦点可以概括为"忠"与"义"，"忠"是忠于朝廷，忠于腐朽不堪的政治制度和嘴脸丑恶的统治阶级；"义"是心向百姓，团结和带领水泊梁山的英雄好汉，救个人和劳苦人民于水深火热之中。他原本出生在一个小地主家庭，而且在衙门做押司。曾想着建功立业、尽忠报国而终其一生。但实际上当时的社会现状容不得他这么想、这么做。宋江深感自己的抱负无法实现。他在愁闷醉酒之时，真情流露，题下"反诗"，结果被江州知府拿住，定为死罪。就是在这种被逼无奈的情况下，宋江才弃"忠"而取"义"，跟随搭救他的梁山好汉上了山。即便是上了梁山，做了一名落草英雄，宋江始终没能斩断"忠"的思绪。这种根深蒂固的忠孝思想最终牵引着他为梁山选择了接受招安、平定方腊的道路。

鲁迅曾说："一部《水浒》，说得很分明，因为不反对天子，所以大军一到，便受招安，替国家打别的强盗。"宋江的"忠"最后是害了自己，更害了梁山泊的一帮英雄们。这样的结局，是意料之中，合乎情理的结局；这样的结局，也在一定程度上从反面警示了后来的反抗斗争。《水浒传》在我国白话文学的发展史上，具有里程碑的意义，是我国白话文学进入成熟阶段的重要标志。

《西游记》是一部怎样的神话小说

《西游记》为明代小说家吴承恩所著，是中国古代神魔小说的代表作。它以唐玄奘去西天取经，途中发生的故事为主干，记述了三藏法师一行四人，历尽千辛万苦，经过九九八十一难，最终扫尽沿途妖魔鬼怪、取回真经的故事。

书中的人物形象刻画得非常鲜活：

《西游记》着重表现了孙悟空斩妖除怪、不畏艰险、勇往直前、积极乐观的斗争精神和美好品德，突出地表现了他在跟妖魔作斗争中显示出的坚强的斗争决心和高超的斗争艺术，例如：他善于透过迷人的假象认清妖怪的本来面目；他总是除恶务尽，从不心慈手软；斗争中注重了解敌情，知己知彼，克敌制胜，根据不同的斗争对象，变换不同的策略和战术等。他的确是一个深受读者喜爱与敬佩的神话英雄形象。

和孙悟空相映成趣的猪八戒，也是富有特色、惹人喜爱的神话人物，是作者塑造的成功的典型形象。猪八戒身上有很多缺点：他懒惰自私，好贪小便宜，缺乏信心和恒心，动辄要散伙，回高老庄找他的浑家去。作者善意地讽刺了他身上的这些缺点，经常使他事与愿违，弄巧成拙，刚刚为自己的小聪明而暗自得意便吃了苦头，或小便宜没得到手却遭大难。四圣试禅心被绷吊，偷吃西瓜摔跟头，巡山睡觉挨鸟啄，饮子母河水受孕……每当人们说起猪八戒，就会想到这些可笑的情节，猪八戒基本上是一个受挪揄的喜剧形象。作者也写他的一些长处和优点，每次降妖捉怪，他都是孙悟空不可缺少的帮手，宝象国唐僧蒙难，是他去花果山请回悟空，不然，取经队伍就真的散伙了。

唐僧是一个带有浓厚封建士人气质的人物，作者对他是批评多于肯定。他恪守宗教信条和封建礼教，乃至迂腐顽固，而又胆小懦弱，又常常误信谗言，颠倒是非，无理责骂和残忍地处罚为取经建立了巨大功勋的孙悟空。唐僧由一个被歌颂的人物，变成一个被讽刺嘲笑的对象，这一点是《西游记》和传统取经故事的一个很大不同之处。

《西游记》是一部充满浪漫主义色彩的神话小说，是中国古代神话小说的杰出代表，它不同于一般的古代小说，其神幻迷离、诙谐浪漫、雅俗共赏的特点，堪称一枝独秀，因而流传广泛，深受人们喜爱。

《金瓶梅》是一部怎样的小说

《金瓶梅》的作者署名为兰陵笑笑生。但"笑笑生"究竟是谁，至今仍是一个谜。许多人认为，《金瓶梅》的作者应是贾三近（1534～1592年），他是山东峄县人，24岁时，举山东乡试省魁，后任兵部右侍郎，是隆庆间大名士、大官僚，在当时的山东峄县，再也找不出第二个人有如此经历。有人认为，作者应是贾三近的父亲贾梦龙，因为他的生卒年代与《金瓶梅》成书时代特点吻合，他创作的诗词可在《金瓶梅》中找到。另还有徐渭或屠隆之说。

《金瓶梅》是我国文学史上第一部由文人独立创作的百回长篇小说。因为书中的三个重要人物分别叫潘金莲、李瓶儿、庞春梅，所以书名就叫《金瓶梅》。

《金瓶梅》一书讲述了北宋徽宗政和年间，朝中宠信高俅、杨戬、童贯、蔡京四奸臣，以致天下大乱，四方群雄纷起。阳谷县壮士武松在景阳冈打虎后任清河县巡捕都头，后奉知县之命赴东京办事。武松之嫂潘金莲与破落户财主西门庆成奸，并合谋害死武大郎。西门庆善拳棒，好女色，经常拈花惹草。西门庆妻陈氏早亡，继娶千户之女吴月娘为妻，又纳妾5人，第五房妾潘金莲，第六房妾李瓶儿。北房

犯边、兵部失职，奸臣杨戬被参劾，西门庆也被牵连。西门庆贿赂蔡京之子蔡攸及李邦彦，得免罪。蔡京生日，西门庆送厚礼，蔡京遂将西门庆之名填入朝廷钦赐空名告身札付，让他当了山东等处提刑所理刑。西门庆贪赃枉法，御史曾孝序参劾，蔡京设计将曾流放于岭表。后蔡京受西门庆重礼，认西门庆为义子。西门庆接连得了两三注外财，除原有的生药铺外，又新开了当铺和绒线铺。他家中已有六房妻妾，还要去调弄人家妇女。在妓院梳笼了妓女李桂姐，在家里霸占了仆妇宋惠莲。另外，还有绒线铺伙计韩道国的妻子王六儿，王招宣府里的贵妇人林太太，也都和他通奸。后来西门庆终因贪淫无度而亡，吴月娘生孝哥儿，诸妾各寻生路。吴月娘发卖春梅，转售潘金莲，正值武松回乡，遂杀潘金莲、王婆，投奔梁山。金灭辽后，寇犯中原，吴月娘携孝哥避难，经普静禅师点破，方知孝哥乃西门庆转生，遂允孝哥出家为僧。后吴月娘返家，改家仆玳安之名为西门安，继承家业，西门安则侍奉吴月娘至寿终。

《金瓶梅》的出现，标志着古代长篇小说已经摆脱了描写帝王将相、英雄豪杰，取材于历史故事和神话传说的传统，开始进入了以描写市井细民的日常生活为主要内容的创作新阶段。主人公西门庆集官僚、恶霸、富商三种身份于一身，历史赋予他某些新的时代精神。西门庆疯狂追求权欲、财欲、色欲的一生，恰恰是明代中叶人欲横流的真实写照。小说的细节描写、讽刺笔法及语言艺术对后世的世情小说影响极大。鲁迅《中国小说史略》云："作者之于世情，盖诚极洞达，凡所形容，或条畅，或曲折，或刻露而尽相，或幽伏而含讥，或一时并写两面，使之相形，变幻之情，随在显见，同时说部，无以上之。"

"三言"是什么样的作品

"三言"为明末小说家冯梦龙所著，是《喻世明言》《警世通言》《醒世恒言》的合称。

"三言"在思想内容上具有鲜明的时代特色。在明代作品中约有半数是直接反映现实生活的，而取材历史或宗教传说的故事也多曲折地反映了当时的社会现实。其中最多的是暴露社会政治的黑暗、礼教的虚伪、封建家庭内部的矛盾，以及僧尼道士的淫乱。如《沈小霞相会出师表》就是一篇代表性的作品。作品通过沈炼父子与奸臣严嵩父子斗争的描写，揭露了统治阶级内部深刻的矛盾，揭示了严嵩父子及其党羽卑鄙、恶毒的丑恶本质。小说情节曲折，线索明晰，层次分明，充分体现了话本小说的特点。另外，"三言"中描写爱情的作品，也取得了新的成就。在这类作品中，《杜十娘怒沉百宝箱》就是最有代表性的篇章，该文通过杜十娘的不幸遭遇，歌颂了杜十娘对真诚爱情的热烈追求，同时对李甲、孙富的行为给予了批判。小说所描写的杜十娘的"情"，深挚动人。杜十娘所追求的爱情，具有新的时代意义。她的真诚爱情被出卖的悲剧，反映了这种理想的爱情与封建社会现实的无可调和的矛盾。杜十娘怒沉百宝箱，投江而死，正是对黑暗现实的无情控诉，她在毁灭中展现了自己高贵的人格价值。作者对杜十娘的同情和歌颂，是一种新的社会意识在文学上的反映。而《卖油郎独占花魁》写花魁娘子莘瑶琴通过种种曲折，终于冲破金钱、门第、等级的束缚，与卖油郎秦重结为夫妇，也表现了爱情必须以真诚相爱、互相尊重为基础的时代特征。再之，"三言"还描写了商人的故事，表现了这一社会阶层的生活和观念。其中《蒋兴哥重会珍珠衫》（《喻世明言》）是较为突出者。蒋兴哥外出经商，新婚妻子不堪孤独寂寞，与客商陈某发生关系，蒋兴哥知情后，没有过多的责怪妻子，后来经过种种波折，还是和妻子生活在一起。这里表现商人在爱情观念上与传统的贞操观念有较大差异。

"三言"作为话本和拟话本，在艺术上都明显地保留了话本故事完整、情节曲折、结构严谨、语言生动的特点。但拟话本有它自己独特的艺术特色，一是充分运用细节描写尤其是运用大段内心独白式心理描写的手法，多侧面、多层次地揭示人物性格；二是善于运用跌宕多姿、离奇曲折的故事情节，来增强作品的生动性。总之，"三言"代表了明代白话短篇小说创作的最高成就，在我国小说发展史上具有重要的地位。

"二拍"是什么样的作品

"二拍"为明末小说家凌濛初所著，是中国拟话本小说集《初刻拍案惊奇》和《二刻拍案惊奇》的简称。"二拍"中写缙绅名流厚颜无耻、凶暴残忍、忘恩负义之类行径的故事特多，所谓"官与贼人争多""何必儒林胜绿林"这样的评语，表现了作者对社会统治力量的认识，也无形中抨击了当时的假道学。

在反映商人的经济活动和追求财富的人生观念方面，"二拍"也更为集中和具体。如《乌将军一饭必酬》的"头回"，写王生与婶母杨氏相依为命，王生经商屡遭风险，杨氏一再出资相助，鼓励他不可泄气。这个以经商为"正经"、颇为贪财的杨氏，与过去文学作品中所描绘的商家妇女形象有根本的不同，作者称赞她是"大贤之人"，明显是从市民观念出发的评价。

与"三言"一样，爱情与婚姻也是"二拍"中最重要的主题，但两者的偏向有所不同。"三言"中一些优秀的爱情故事，每每把"情"视为理想的人伦关系的基础；而在"二拍"中，同样肯定"情"对于人生的至高价值，但更多地把"情"与"欲"即性爱联系在一起，并且对女性的情欲多作肯定的描述，这对传统道德观的冲击更为直接。如《闻人生野战翠浮庵》写女尼静观爱上闻人生，便假扮和尚出走，在夜航船上主动招惹闻人生，最后得成完美婚姻。

总的来说，"二拍"所反映的内容是广泛而又深刻的，既揭露官府的黑暗，也抨击贪官污吏的罪行，既反映商人的经济活动和追求财富的人生观念，也描写爱情与婚姻的现实主题。

"二拍"在艺术上也有较高的成就。正如孙楷第所说："凌氏的拟话本小说，得力处在于选择话题，借一事而构设意象。往往本事在原书中不过数十字，记叙旧闻，了无意趣，在小说则清谈娓娓，文逾数千。抒情写景，如在耳目。化神奇于臭腐，易阴惨为阳舒，其功力亦实等于创作。"

《长生殿》描写了怎样的爱情故事

《长生殿》为清朝剧作家洪升所著，共50出。大致讲述了唐玄宗与杨贵妃的爱情生活以及唐王朝的政治由开明到黑暗，唐朝由盛而衰的社会现实。

作者吸收前人的经验，在立意、结构、词语、曲调方面无不经过推敲，由于经历了明朝的覆亡和清朝的建立，人们的民族思想意识加强了，再加上作者多方面的文艺才能和严肃的创作态度，《长生殿》在艺术表现上达到了清代戏曲创作的最高水平。全剧场面壮丽，情节曲折，组织相当严密。李、杨爱情是戏的主线，这条主线又以一组道具——一对金钗、一只钿盒串穿始终，随情节变化由合而分，由分而合。

剧中巧妙地把宫廷内外的政治与社会生活情景与李、杨爱情的线索组合成一体。写了安禄山、杨国忠、高力士、李龟年、雷海青等各式人物乃至村妇小民的活动，使剧情显得很丰富，又层次分明，显示了作者杰出的构造能力。全剧的曲词非常优美，具有清丽流畅、刻画细致、抒情色彩浓郁的特点。

《长生殿》在当时传演极盛，"爱文者喜其词，知音者赏其律，以是传闻益远"，深受人们喜爱。

《桃花扇》主要描写了什么内容

孔尚任的《桃花扇》是一部描绘南明王朝兴亡的历史剧。作品以侯方域、李香君的爱情故事为线索，集中地反映了明末腐朽、动荡的社会现实及统治阶级内部的矛盾和斗争。主要情节是：明朝崇祯年间，复社文人、河南名士侯方域到金陵去参加乡试。后来北方发生战乱，他不得不留在南京避乱。客居期间，侯方域结识了江湖名士柳敬亭。后来，两人在妓院中结识了江淮名妓李香君。侯方域和李香君一见钟情，两人相互爱慕。但是侯方域身上缺少银子，难以成就好事。这一切被经常厮混于妓院的画家杨龙友看得一清二楚。杨龙友原是一地方官吏，与阉党余孽阮大铖很有交情。他把这些事情及时告诉了阮大铖，阮大铖因后台魏忠贤坍塌，见大势已去，正想绞尽脑汁地拉拢和收买东林党中有影响的人物侯方域。于是他通过杨龙友向侯方域资助银两，成全了侯方域和李香君。甲申三月，李自成入京，崇祯帝自尽，奸臣马士英、阮大铖等马上在南京迎立福王，建立南明朝廷。马、阮两人一个被封为宰相，一个被官复原职，仍为光禄寺卿。昏王奸臣不理朝政，征歌逐舞，马士英、阮大铖又开始作威作福，陶醉于声色犬马的荒淫生活之中。

阮大铖强逼李香君给漕抚田仰做妾，香君坚决不从，倒地撞头，血喷满地，连侯方域送给她的定情诗扇都溅上了血。之后还是她的养母李贞丽冒名替她去嫁了田仰，才算解围。后来杨龙友就扇子上的血迹画成了一株桃花，香君托教她唱曲的苏昆生把这把扇子送交侯方域，请他早日回来与她重聚。侯方域返回南京，正值马士英、阮大铖大肆搜捕复社党人，他和陈贞慧、吴应箕一起被捕入狱，根本未能和香君见面。这时李香君也被阮大铖选送入宫，充当歌妓。在宫中，香君仍坚持自己的气节，决心"做个女弥衡，挝渔阳"。她借机在宴会之上大骂祸国殃民的奸臣，最后被软禁在宫中。

不久，清兵南下，南京失陷，权贵们带着"那一队妖娆，十车细软"，仓皇逃遁。侯方域乘机出狱，随张瑶星住在栖霞山，香君也得以从宫中逃脱随人入山。侯方域、李香君二人在栖霞山白云庵相遇。由于国破家亡，在张瑶星的指点下，他们割断儿女情长，双双出家做了道人。

《红楼梦》是一部怎样的巨著

《红楼梦》是曹雪芹花费十多年的时间撰写的，随着人生阅历的不断拓展和艺术修养的日臻完善，他先后对书稿"披阅十载，增删五次"。但因为失去爱子的悲痛，加之贫苦病患，只遗留下《红楼梦》前80回便长辞人世，后40回一般认为是高鹗所续。

全书以贾宝玉、林黛玉的爱情悲剧为线索，叙述了"宁荣"二府及"贾、史、王、薛"四大封建家族由盛转衰的变迁，揭示了封建制度的腐朽和必然崩溃的趋势。

《红楼梦》最值得称道的是人物形象的塑造。作者对于笔下的人物，于爱憎之中，完全避免了浮浅的夸张和概念化的涂饰，鲜活地表现出了人性的丰富含蕴及其在不同境况下的复杂情形。

贾宝玉是《红楼梦》里的第一主人公，他容貌俊美，气质脱俗，和《红楼梦》里的其他男性有很大的不同。他的思想和行为当中包含了主张平等、要求个性解放、抵制封建礼教等积极进步的因素。

作者笔下所创造的林黛玉是个美貌与智慧的统一体，她集柔弱与坚贞、倔犟与随和、机巧与憨直于一身。娴静时如姣花照水，行动处似弱柳扶风。论才华，她才气逼人，在贾府上下出类拔萃。

《红楼梦》中不仅写出了林黛玉、薛宝钗、王熙凤、史湘云、贾探春以及女尼妙玉这样一群上层的女性，还以深刻的同情心刻画了晴雯、紫鹃、香菱、鸳鸯等相当数量的婢女的美好形象，写出了她们在低贱的地位中为维护自己作为人的自由与尊严的艰难努力。

总之，在《红楼梦》所塑造的四百多个人物形象中，作者的描写总能切应场景与地位，做到浓淡相宜，恰到好处。可以说《红楼梦》以其巨大的艺术魅力在中国历史上产生了历久不衰的影响，达到了中国古典小说的巅峰，成为辉煌夺目的文字巨著。

《聊斋志异》是一部什么样的作品

《聊斋志异》为蒲松龄的代表作，该书是一部充满鬼狐故事的短篇小说集，有近五百个短篇故事。书中内容包罗万象，涉及社会生活的诸多方面。书中对当时的种种弊端作了尖锐的讽刺。大致包括如下几类：

第一类是揭露腐朽、弊端丛生的科举制度，如《司文郎》描写盲僧用鼻子辨别文章的好坏，辛辣地讽刺了试官好坏不分、颠倒黑白的丑态。另有《考弊司》《于去恶》《王子安》等都是反映科举制度之弊的。

第二类是揭露贪官污吏和土豪劣绅的罪恶，如《促织》就是这类题材的代表作。小说写一个皇帝爱斗蟋蟀，就不断地让百姓进贡蟋蟀，一个孩子不小心弄死了父亲千辛万苦找来的蟋蟀，害怕得跳了井。后来这个孩子变成了一只蟋蟀，他不仅斗败了所有的蟋蟀，就连大公鸡都不是他的对手。统治者的小小爱好，竟害得百姓家破人亡。另有《梦狼》《窦氏》等，也是反映这一类主题的。

第三类是批判摧残人性的封建礼教，描写爱情与婚姻。如《连城》《阿宝》《青梅》等，写得十分感人。特别是花妖狐魅和人的爱情故事，尤为脍炙人口。

第四类是反映司法弊端的，如《席方平》《胭脂》等。

《聊斋志异》的故事大都是借神话的形式写出来的，故事全是短篇，用文言文写成，最长的也不过三四千字，短的才二十多个字。小说描写简洁生动，人物个性刻画鲜明，单是青年女子，就有很多具有典型性格的形象。读《聊斋志异》，就像走进一座五彩缤纷的人物画廊，曲折有味。它继承和发扬了六朝志怪小说和唐传奇小说的艺术传统，既具有浓厚的浪漫主义色彩，又给人以现实主义的真实感。它标志着我国文言短篇小说创作达到一个新的高峰。

《儒林外史》是一部怎样的作品

《儒林外史》是吴敬梓用近十年时间完成的一部长篇讽刺小说。其主要内容是：

六十多岁的周进屡试不第，在山东兖州府汶上县薛家集一所蒙馆教课糊口。新中的年轻秀才梅玖当面嘲弄他，举人王惠轻慢他，村人也嫌他呆头呆脑，因而连教馆之职也失去了，只得给商人记账。一次，偶去省城"贡院"观光，那是专门举行乡试的场所，他触景生情，只觉无限辛酸，委屈得"一头撞在号板上，直僵僵不省人事"，众人不忍，凑钱帮他捐了个监生入场应考，不想居然中了，旁人阿谀拍马且不说，他居然自此官运亨通，3年内升了御史，钦点广东学道。他吃足科举之苦，当了权后觉得要细细看卷，不致屈了真才才好。

范进也是个连考二十余次不取的老童生，发榜那天，家里没有早饭米，只得抱了正在下蛋的母鸡到集上去卖。听到中举的消息后，他起初不敢相信，既而"拍着手大笑道：'噫！好！我中了！'"欢喜得发了疯。直到挨了丈人胡屠户的耳光之后才清醒过来。从此他"平步登天"，有许多人来奉承他，不到两三个月，田产房屋、奴仆丫环都有了。

马二先生把毕生精力奉献给时文选政，严格按照官定的举业读本和朱熹的言论下批语，凡是有碍于圣贤口气的东西都绝对排斥，连自己的视、听、言、动都不敢越礼；他游西湖，对大自然的湖光山色，全无会心，敬重的是御书，关切的是功名，眼馋的是吃食，向往的是发财，结果遇上骗子还以为遇上了神仙。

除了周进、范进这样的腐儒，《儒林外史》中也有寄托作者理想的正面人物。杜少卿是个贵公子，在他身上表现了一定程度的叛逆性格。他慷慨好施，有人向他求助，他就捧出大量的银子来帮助他，钱花完了，就变卖产业。他轻视功名富贵和科举制度，他骂那些学里的秀才做奴才，骂那些热衷功名的臧蓼斋做匪类。他反对多妻，崇敬具有反抗性格的沈琼枝，并不顾他人的讪笑，与妻子携手同游清凉山，体现了一定程度的个性解放要求。

《儒林外史》对科举制度进行了大力抨击，在中国小说史上产生了很大影响，奠定了我国古典讽刺小说的基础，形成了一股批判封建社会的潮流，这股潮流一直影响到五四运动以后的新文学。

《老残游记》讲述了一个怎样的故事

《老残游记》作者刘鹗，全书通过一个摇串铃的江湖医生老残在游历途中所见、所闻、所为为主线，在一定程度上反映了晚清的某些社会现实，表达了作者对时局的见解和政治主张。

本书大致内容是：山东登州府东门外蓬莱山，有位游客姓铁名英，号补残，别号老残。他曾读过几句诗书，既无祖业可守，又无行当可做，就拜了一个摇串铃的道士为师，学了几个口诀，也摇起串铃，替人治病糊口，奔走江湖近20年。一日他来到江南，为当地大家高绍殷的家人治好了棘手之症，高家十分感激，遂在高家住了下来。

老残听说曹州有个叫玉贤的人，因善办强盗案受赏识，被保荐为知府。老残想去曹州实地考察一下玉贤的"政绩"，就奔赴曹州。一路上耳闻了不少玉贤的办案"政绩"。如于家屯的财主于朝栋家被一伙强盗抢了一次，他到官府报了案，两个强盗被抓，其余的人全跑了。从此，这伙强盗总想伺机报复于家。一次这伙强盗又抢了人，放了火，然后逃之夭夭。知府玉贤闻讯，立即派人追踪，追到于朝栋家附近，强盗没了踪影，被派去的人就闯进于家搜查，竟搜出一包被抢去的衣物。玉贤由此断定于家与强盗为一伙，就将于朝栋父子三人关进站笼。他们怎样喊屈，别人怎样为他们求情，都无济于事。结果只三四天父子三人就全站死了。于朝栋的二儿媳妇非常气愤，跪在府衙门口自尽了。一桩冤案，屈死四人。知府手下办案的人都愤愤不平，下决心抓住这伙强盗替于家报仇。最后这伙强盗是抓住了，但是专门给于家移赃的三十名案犯却被玉大人给放了！

玉贤常把百姓当强盗办，被抓的十个人中有九个半是良民。这样一个酷吏却被加衔晋升，老残十分气愤，决心为民申冤，打算回省城。路上，因黄河冰冻多日不化，渡船停开。老残滞留在齐河县的一个旅店里。刚巧遇上好友监察御使黄人瑞。他乡遇故知，两人谈得非常投机，而且经黄人瑞的介绍和撮合，老残用几百两银子，纳了从火坑中救出的妓女翠环为妾。从翠环那儿老残又知道了一些黄河危害的严重性和地方官吏不顾百姓死活的情况。

全书以玉贤、刚弼两个酷吏的暴政为主要内容，写出了现实的黑暗，这是作品最有意义的部分。玉、刚两人，是披着"清官"的外衣出现的，但作者认为，"赃官可恨，人人知之，清官尤可恨，人多不知"。对"清官"的批判，这是前所未有的。

《镜花缘》是一部什么样的作品

《镜花缘》作者李汝珍，全书共100回。前50回写秀才唐敖和林之洋、多九公3人出海游历各国及唐小山寻父的故事。女皇武则天在严冬乘醉下诏要百花齐放，当时百花仙子不在洞府，众花神不敢违抗诏令，只得按期开放。因此，百花仙子同99位花神被罚，贬到人世间。百花仙子托生为秀才唐敖之女唐小山。唐敖仕途不利，产生隐遁之志，抛妻别子跟随妻兄林之洋到海外经商游览。他们路经几十个国家，见识许多奇风异俗、奇人异事、野草仙花、野岛怪兽，并且结识了由花仙转世的十几名德才兼备、美貌妙龄的女子。唐小山跟着林之洋寻父，直到小蓬莱山，遵父命改名唐闺臣，上船回国应考。后50回着重表现众女子的才华。武则天开科

考试，录取 100 名才女。她们多次举行庆贺宴会，并表演书、画、琴、赋诗、灯谜等活动，直至尽欢而散。唐闺臣第二次去小蓬莱寻父未返。最后则写到徐敬业、骆宾王等人的儿子，起兵讨武，在仙人的帮助下，他们打败了武氏军队设下的酒色财气四大迷魂阵，从而辅佐中宗继位。小说内容庞杂，涉猎的知识面广阔。

作品颂扬女性的才能，充分肯定女子的社会地位，批判男尊女卑、女子无才便是德的封建观念。《镜花缘》继承了《山海经》中的《海外西经》《大荒西经》的一些材料，经过作者丰富的想象、幽默的笔调，运用夸张、隐喻、反衬等手法，创造出了结构独特、思想新颖的长篇巨著。鲁迅先生把它看做是"以小说见才学"的小说。

《古文观止》是一部什么样的作品

《古文观止》为清代吴乘权、吴大职叔侄俩所著。该书是清代以来流传最广、影响最大的散文选本。

书中所选古文，主要来自先秦文、西汉文和唐宋文。应该说，各期古文在选篇中所占份额，大体能反映出古文盛衰的历史状况。书中不但有大家的代表作，还收有虽非出自大家却在古文史上卓有影响的名篇，因而选篇中精品多，覆盖的作者面较广。又由于注意选入各家不同题材、体裁、风格的作品，因而能使初学者较为全面地了解诸大家古文的艺术特色。

全书篇目按时代先后分为 12 卷。每篇于重要文字加圈点以引人注目，又于语气停顿处加圆点断句以便句读，同时还做了评注。评即评议，一是对文章内容的评议，如评汉武帝《求茂材异等诏》中"盖有非常之功，必待非常之人"句，谓"武帝雄心，露于非常之中"即是。二是对文章艺术的评析，其中大量出现的是对文章结构形式的分析，包括揭示文字主旨、理清脉络、概括段落大意，以及说明用语之妙。此类评语皆因字、句、章、段而完全分布在原文字句下，彼此内在联系紧密，实是评论者在总体把握文章艺术特点的前提下，对行文艺术的具体分析；而措辞简明，点到即止。对全篇艺术特点的归纳，则以总评形式置于篇后。总评论艺术特色，往往兼论内容。文字短则数十字，长不过百余字，都能说出全篇艺术特征。在结合文中点评诵读全文后，再读总评，读者常常会产生一种纵观全局、豁然开朗的感觉。

《古文观止》是作者以独特的视角，在浩瀚的中华文海中撷采的最为绚丽、最有价值、最具代表性的精美古文，因而本书也是最为优秀的古文选本，数百年来，影响深远，盛誉不衰，也是必然。它为读者搭建了一条最能领略古文精粹的捷径。

《曾国藩家书》是一部怎样的作品

曾国藩是清朝的一位大臣。《曾国藩家书》所涉及的内容比较广，大到政治、经济、军事、治学、修身，小到家庭生活、人际关系，无所不及。通过这些家书可以看出他对子侄人品、学识、处世、为人等方面的教育观念，以及他修身、齐家、治国、平定天下的原则。

《曾国藩家书》中所反映的核心内容主要有如下方面：

（1）读书作文方面：切不可浪掷光阴。寻求学业的精深，没有别的办法，就是一个专字。读书还要有恒心、能持久。看书不必求多，也不要求一下子记住，要每天有计划地读一些，自然会逐渐进入新境界。读书贵在平心静气，独立思考，才能深入体会。读书要广泛涉猎，同时也要加以选择，凡是说兼采众家之长，都是一无所长的。心，常用则活，不用则窒息；常用则细，不用则粗。读书可以改变人的气质，学诗可以陶冶人的情操。

（2）修身处世方面：读书要注意修身，并把自己知道的事落实到行动上。一个人功名利禄的取得，关键在于平时自身修养的加强，一切要靠自己的奋斗，不能急功近利。人要有倔强之气，才能守正道、励志气。处于多难之世，如果能够风霜磨炼，苦心劳神，那么一定能够坚筋骨而长识见；对于外界的指责和批评，有则改之，无则加勉；兄弟之间更要常劝诫，这样才能避免大的过失。不管得失与否，都要勤俭自持。勤惰决定家庭的兴衰，也决定人的穷通；注意"廉、谦、劳"就是居安思危；与人交往要有真意，同时要讲礼貌，不可盛气凌人，更不可恶语伤人；不要存当官发财的念头，应把富贵功名看做是浮荣；人在适意的时候，要抓住机会，干一番事业；既要志向远大，又要办事缜密。遇到挫折，应有打脱牙和血吞的坚忍之气，从中磨砺意志，就没有什么事不可挽回。

（3）政治事业方面：做事业要想好，一旦带兵，就一定要做好，即使千难万难，也要任劳任怨，不能有退缩的念头。

（4）谨守家风方面：家庭的兴旺在于和睦、孝道、勤俭。在家庭里和睦带来幸福，不和招来灾祸，要摒弃斤斤计较、目光短浅、器量狭窄的不良习气，树立彼此和睦、淡泊名利、奋发向上、自立自强的好风尚。要培养孩子的劳动习惯。对儿女不要太娇惯。房屋不要太豪华。不要总想着买田建屋；不要迷信僧巫、地仙和医药；要勤于种菜、栽竹、养鱼和养猪，勿忘耕读家风。用财太奢侈最可耻；过生日不要宴请宾客，礼不在厚，在于情真；办丧事不要铺张。一意读书，勤俭治家。

可以说，《曾国藩家书》是一本教育人们立身处世的箴言集，是中华民族优秀文化的一部分。

《文苑英华》是一部什么样的作品

《文苑英华》是宋代李昉、扈蒙、徐铉、宋白等 17 人奉敕编纂，李昉任主编。后因扈蒙等相继外任，又命名苏易简、王祐、范杲与宋白等续修，其中诗 180 卷为杨徽之所编。

《文苑英华》内容上起南朝梁末，下迄晚唐五代，是一部上继《文选》的诗文总集。选录作家近 2200 人，作品近 20000 篇。在体例上，亦按文体分类，在时代上，南北朝只占十分之一，其余皆为唐代作品。其资料价值在于：首先，收入了大批诏诰、书判，表疏，碑志，可以考订载籍的得失，补充史传的漏缺。其次，唐人诗文得以大量保存，明清文人便曾据此做过文集的辑补和总集的编著。再次，在文字校勘方面，它更是明清人编订唐人文集的重要依据。其缺点在于：收录的作品不够科学，有许多应有而无，应无而有之嫌。清代李慈铭就讥评过："陈陈相因，量无足观"。体例上沿袭《文选》的分类原则，但门目区划更为繁琐，致使作品被割裂得支离破碎。

《太平广记》是一部什么样的作品

《太平广记》为李昉等人编撰。全书按题材分 92 类，又分 150 余细目。神怪故事所占比重最大。此书基本上是一部按类编纂的古代小说总集。许多已失传的书，仅在本书内存有佚文，有些六朝志怪、唐代传奇作品，全赖此书而得以流传。书中最值得重视的是杂传记 9 卷（第 484～492 卷），《李娃传》《柳氏传》《无双传》《霍小玉传》《莺莺传》等传奇名篇，多数仅见于本书。还有收入器玩类的《古镜记》，收入鬼类的《李章武传》，收入神魂类的《离魂记》，收入龙类的《柳毅传》，收入狐类的《任氏传》，收入昆虫类的《南柯太守传》等，也都是现存最早的本子。

《太平广记》引书较广，有些篇幅较小的书几乎全部收录，失传的书可据以辑集，有传本的书也可据其异文互校。书中引文比较完整，不像其他类书引文多加删节。分类较细，也便于按题材索检资料，因而对校辑、研究古代小说极有价值。鲁迅曾指出："我以为《太平广记》的好处有二：一是从六朝到宋初的小说几乎全收在内，倘若大略的研究，即可以不必别买许多书；二是精怪、鬼神、和尚、道士，一类一类的分得很清楚，聚得很多。"《太平广记》对于后世文学的影响很大。宋代以后，唐人小说单行本已逐渐散佚，话本、杂剧、诸宫调等多从《太平广记》一书中选取题材、转引故事。由于其保存了大量的小说资料，因而该书被誉为"小说家之渊海"，不失为一本内容丰富、恢宏博大的文献宝库。

《齐民要术》是一部什么样的作品

《齐民要术》是我国现存的第一部完整的农书。作者是贾思勰，北魏农学家，生卒年不详，山东益都（今山东寿光）人。曾任北魏高阳郡太守，具有深厚的农事知识。南北朝期间，战乱频仍，民不聊生，作者从传统的农本思想出发，著书立说，介绍农业知识，以求富国安民，由此，写成了世界农业史上最早的专著——《齐民要术》。

全书分为 10 卷，共 92 篇，11 万字，其中正文约 7 万字，注释约 4 万字。另外，书前还有"自序""杂说"各 1 篇，其中的"序"广泛摘引圣君贤相、有识之士等注重农业的事例，以及由于注重农业而取得的显著成效。《齐民要术》内容广泛，包括谷物种植法、菜蔬瓜果种植法、种树法、养家畜家禽及养鱼法、酿造法、做菜法等，正如贾思勰在自序中所说："起自耕农，终于醯醢，资生之业，靡不毕书。"《齐民要术》还记载了有关农作物的异闻以及中原以外的外国的一些植物品种。《齐民要术》不但集《氾胜之书》以来北方农业生产经验之大成，而且反映了当时农村生活状况和社会经济状况，价值很大。贾思勰是一个极为博学的人，他的著作中所征引的古书，有名可考的即达百余种，有些重要古书，如《氾胜之书》《四民月令》等，主要由于他的征引才得以部分留传下来。但贾思勰并不局限于此，他作《齐民要术》时"采捃经传，爰及歌谣，询之老成，验之行事"，把丰富的书本知识同农民的生产经验以及自己的实践密切结合在一起，这样就更增加了《齐民要术》的科学价值。

《农政全书》是一部什么样的农业著作

《农政全书》是一本名副其实的农业百科全书，由明代科学家徐光启所著。全书分为 12 目，共 60 卷，50 余万字。

《农政全书》基本上囊括了古代农业生产和人民生活的各个方面，而其中又贯穿着一个基本思想，即徐光启治国治民的"农政"思想。贯彻这一思想正是本书不同于前代大型农书的特色之所在。按内容大致上可分为农政措施和农业技术两部分。前者是全书的纲，后者是实现纲领的技术措施。

《农政全书》中，"荒政"作为一目，有 18 卷之多，为全书 12 目之冠。其中对历代备荒的议论、政策作了综述，对水旱虫灾作了统计，对救灾措施及其利弊作了分析，最后附草木野菜可资充饥的植物 414 种。

"水利"作为一目，亦有 9 卷之多，位居全书第二。徐光启认为，水利为农之本，无水则无田。当时的情况是，一方面西北方有着广阔的荒地弃而不耕；另一方面军队需要的大量粮食要从长江下游启运，耗费惊人。为了解决这一矛盾，他提出在北方实行屯垦，屯垦需要兴修水利。他在天津所做的垦殖试验，就是为了探索扭转南粮北调问题的可行性，借以巩固国防，安定人民生活。这正是《农政全书》中专门讨论开垦和水利问题的出发点，从某种意义上来说，这也是徐光启写作《农政全书》的宗旨。

但是徐光启并没有因为注重农政而忽视技术，相反他还根据自己多年从事农事试验的经验，极大地丰富了古农书中的农业技术内容，从而使其《农政全书》成了一部名副其实的农业百科全书。

《古文辞类纂》是一部什么样的书

《古文辞类纂》为清朝散文家姚鼐所著。他是乾隆进士，选翰林院庶吉士，历任山东、湖南乡试主考官，会试同考官。他参与纂修《四库全书》，辞官后主持江南紫阳、钟山等书院，工古文，与方苞等为"桐城派"代表。有《古文辞类纂》《惜抱轩文集》《诗集》等。

《古文辞类纂》是一部文章总集。分13体，为论辩、序跋、奏议、书说、赠序、诏令、传状、碑志、杂记、箴铭、颂赞、辞赋、哀祭。选录的文章七百余篇，上起战国，下至清初的方苞等。姚鼐编选本书的目的，在于宣扬桐城派的主张，故严格按其标准加以选录。所选各篇，都做过较细致的考校。一些伪作如《李陵答苏武书》《辨奸论》等都未选进去；另如司马迁的《报任少卿书》等文，是根据《汉书》和《文选》所载的两个本子作了校刊，择善而从；再就是对各类文体的区别和源流都作了简明的介绍。此外，对于研究散文史的人来说，还可通过这个选本清楚地了解桐城派对散文的主张。不过，这部书还很不完善。首先是选录的范围不够宽广。先秦凡属诸子和历史方面的著作一概未选，如《左传》《国语》《孟子》《庄子》等。尤其是汉魏六朝的骈体文，更受到桐城派的排斥，几乎一篇未选。其次是入选的作品也有不很精当的。其中占篇幅最多的是奏议和碑志两类，多为公文和歌功颂德之作。此外，如诏令、赠序等类，也大多是些应用文字。

《考工记》是一部什么样的作品

《考工记》是先秦时期一部重要的科技专著，原著未注明作者及成书年代，一般认为它是春秋战国时代经齐人之手完成的。

《考工记》一书包括两个部分，第一部分约与总目、总论相当，主要述说了"百工"的含义，它在古代社会生活中的地位，获得优良产品的自然和技术条件。第二部分分别述说了"百工"中各工种的职能及其实际的"理想化"了的工艺规范。书中说国有六职，即王公、士大夫、百工、商旅、农夫、妇功。百工系六职之一，它又包括了六类三十个工种，这里就不再一一介绍了。

《考工记》的特点在于：

（1）内容丰富，涉及面广。由上可知，先秦官府手工业的一些主要部门大体都已列入，对每一工种，都简要地介绍了有关产品的形制、结构和工艺技术规范，其中还涉及了大量的物理、化学、天文、数学、生物等问题。

（2）时间范围较宽，上下至少包罗 800 年。

（3）其技术内容既具有实践性，又富有"理想性"；许多文字既是生产经验的总结，又可作为指导生产实践的一种工艺规范。

（4）其许多技术规范反映了周王朝的一些典章制度。如"玉人之事"条说："镇圭尺有二寸，天子守之。命圭九寸，谓之桓圭，公守之；命圭七寸，谓之信圭，侯守之；命圭七寸，谓之躬圭，伯守之。"等。

总之，《考工记》一书从多方面反映了先秦科学技术的发展状况和先进水平，以及人们对生产过程规范化的一些设想和周王朝的一些典章制度。它是我国古代比较全面地反映整个手工业技术的唯一的一本专著。

《神农本草经》是一部怎样的巨著

《神农本草经》简称《本经》，现代学者认为此书非一人之手笔，是集体所创作，托名于神农。

该书是汉以前劳动人民在实践中所积累的用药经验的总结，它将药物分为上、中、下三品。上品120 种，无毒，大多属于滋补强壮之品，如人参、甘草、地黄、大枣等，可以久服。中品120 种，无毒或有毒，其中有的能补虚扶弱，如百合、当归、龙眼、鹿茸等；有的能祛邪抗病，如黄连、麻黄、白芷、黄芩等。下品125种，有毒者多，能祛邪破积，如大黄、乌头、甘遂、巴豆等，不可久服。

《神农本草经》对每味药所记载的内容，有性味、主治、异名及生长环境。如"当归味甘温，主咳逆上气，温疟寒热，妇人漏下，绝子，诸恶疮疡金疮，煮饮之。一名干归。生川谷"。这些内容以当时的水平来衡量，是比较切实的。

《神农本草经》还在其《序录》中简要地提出："药有酸咸甘苦辛五味，又有寒热温凉四气及有毒无毒。""疗寒以热药，疗热以寒药，饮食不消以吐下药……各随其所宜"等基本理论及用药原则，并总结了"药有君臣佐使"，"有单行者，有相须者，有相使者，有相畏者，有相恶者，有相反者，有相杀者"等药物配伍方法。为了保证药物质量，还指出要注意药物的产地，采集药物的时间、方法、真伪。制成各种剂型，要随药性而定。用毒药应从小剂量开始，随病情的发展而递增。服药时间应按病位所在确定在食前、食后或早晨、睡前服药，如此等等，对临床用药都有一定的指导意义。

《神农本草经》将药物分为上、中、下三品，是中药学按功用分类之始。它所述的药物主治大部分是正确的，有一定的科学价值，如水银治疥疮，麻黄平喘，常山治疟，黄连治痢，牛膝堕胎，海藻治瘿瘤，不但确有实效，而且有一些还是世界上最早的记载。如用水银治皮肤疾病，要比阿拉伯和印度早500～800年。

《神农本草经》的问世，对我国药学的发展影响很大。历史上具有代表性的几部《本草》，如《本草经集注》《新修本草》《证类本草》《本草纲目》等，都是在《神农本草经》的基础上发展起来的。可以说，《神农本草经》是我国最早的一部药学专著。

《黄帝内经》是一部什么样的医学作品

《黄帝内经》是我国现存最早的一部医书，据许多专家考证，它约成书于春秋战国时期。《黄帝内经》是上古时代民族智慧在医学和养生学方面的总结和体现。它不但清晰地描述了人体的解剖结构及全身经络的运行情况，而且对人体生理学、医学病理学、医学地理学、医学物候学等的论述，都非常精深、全面。

　　《黄帝内经》比较全面地阐述了中医学理论体系的内容及其结构，是中国文化史上一部伟大的著作，也是中国古代医学的奠基之作，它完整地体现了中国古人对人体与四季时节气候关系的独特理解以及人体各部分互为应照的整体观念，是一部统领中国医学、古代养生学、气功学的绝世巨著。它也是中医理论体系的源泉，是用阴阳五行学说解释人体生理、病理、诊断和治疗，以及用"天人相应"整体观念说明人体内外环境统一性的典范，所以它是学习中医的必读之书。

　　《黄帝内经》与《伏羲八卦》、《神农本草经》并列为"上古三文"。中国医学史上的重大学术成就的取得以及众多杰出医学专家的出现，与《黄帝内经》无不有着紧密的联系，它被历代医学家称为"医家之宗"。全书涉及地理、养生学、哲学、天文学、心理学、季候、风水、历法、阴阳五行等各个方面，是中国古代文化宝库中的一部奇书。

《伤寒杂病论》对后世产生了怎样的影响

《伤寒杂病论》是后世业医者必修的经典著作，历代医家对之推崇备至，赞誉有加，至今仍是我国中医院校开设的主要基础课程之一。《伤寒杂病论》总结了我国在公元3世纪以前的医学经验，确立了辨证论治的原则，严密选择疗效可靠的方药，对掌握疾病的防治以及推动医学的发展，具有一定的承先启后作用。在成书近两千年的时间里，《伤寒杂病论》一直拥有很强的生命力，它不但被公认为中国医学方书的鼻祖，还被学术界誉为讲究辨证论治而又自成一家的最有影响的临床经典著作。书中所列药方，大都配伍精当，有不少已经现代科学证实，后世医家按法施用，每能取得很好疗效。历史上曾有四五百位学者对其理论方药进行探索，留下了近千种专著、专论，从而形成了中医学术史上甚为辉煌独特的伤寒学派。

《伤寒杂病论》不仅成为我国历代医家必读之书，而且还广泛流传到海外，如日本、朝鲜、越南、蒙古等国。特别在日本，历史上曾有专宗张仲景的古方派，可见其影响之大。直到今天，日本中医界还喜欢用张仲景方，在日本一些著名的中药制药工厂中，"伤寒方"一般占到60%以上。可见《伤寒杂病论》在日本中医界有着深远的影响，在整个世界都有着深远的影响。

《针灸甲乙经》是一部怎样的针灸著作

皇甫谧（215～282年），字士安，幼名静，自号玄晏先生，安定朝那（今甘肃省灵石县朝那镇皇甫湾）人。汉太尉皇甫嵩之曾孙。42岁患严重风痹证，不为病魔屈服，悉心钻研针灸，以《黄帝内经》中《素问》、《灵枢》及《明堂孔穴针灸治要》为据，总结验证，删其浮辞，论其精要，撰成《针灸甲乙经》，成为我国医学经典著作。

《针灸甲乙经》在中国独具特色的针灸疗法的发展中，发挥了承先启后、继往开来的重大作用。众所周知，在此以前，中医学典籍《素问》《灵枢》等虽有关于针灸学理论与技术的阐述，也有若干专门论述针灸经络的小册子，然而或已散落残佚，或只散见而不成系统，《针灸甲乙经》正是在这样的历史背景下对针灸经络、腧穴、主治等从理论到临床进行了比较全面系统的整理研究而成书的。该书在针灸理论上，强调"上工治未病"，即要求一位高明的针灸医生要学会运用针灸来达到保健预防疾病之目的。他所指出的"中工刺未成"则是强调仅能做到疾病早期治疗者，也只能算做一位较好的针灸医生——中工。这表现了该书对预防疾病和提倡早期治疗的重视。然后，他以"下工刺已衰，下下工刺方袭"，将不能做到预见和早期诊断治疗的针灸医生一概称之为下工、下下工，视之为不合格的针灸医生。这一先进思想为发展针灸作出了重要贡献。同时，该书还对针灸用针之形状制作，针灸经络、孔穴部位之考订，针灸的临床适应证，针灸操作方法，以及临床经验的总结等进行了系统的论述。

该书对针灸穴位之名称、部位、取穴方法等，逐一进行考订，并重新厘定孔穴之位置，同时增补了典籍未能收入的新穴，使全部定位孔穴达到349个。在此之后穴位数虽每有增减，但该书为之奠定了可靠的基础。另外，《针灸甲乙经》在晋以前医学文献的基础上，对经络学进行了比较全面的整理研究，对人体的十二经脉、奇经八脉、十五络脉以及十二经别、十二经筋等内容、生理功能、循行路线、走行规律以及其发病特点等作了传统理论的概括和比较系统的论述，成为后世对此学说研究论述的依据。

《针灸甲乙经》是一部影响中国针灸学发展的划时代著作。远在隋唐时期，就已作为医学教育的必学课本，并被视之为经方。

《千金要方》是一部怎样的医学著作

《千金要方》是一部综合性临床医著。作者是孙思邈，唐代医学家，医德规范制定人，尊为"药王"。该书集以前诊治经验之大成，对后世医家影响极大。孙思邈认为生命的价值贵于千金，而一个处方能救人于危殆，价值更当胜于此，因而用《千金要方》作为书名，简称《千金方》。

《千金要方》总结了唐代以前医学成就，书中首篇所列的《大医精诚》《大医习业》，是伦理学的基础；其妇科、儿科专卷的论述，奠定了宋代妇科、儿科独立的基础；其治内科病提倡以脏腑寒热虚实为纲，与现代医学按系统分类有相似之处；其中将飞尸鬼疰（类似肺结核病）归入肺脏证治，提出霍乱因饮食而起，以及对附骨疽（骨关节结核）好发部位的描述、消渴（糖尿病）与痈疽关系的记载，均显示了相当高的认识水平；针灸孔穴主治的论述，为针灸治疗提供了准绳，阿是穴的选用、"同身寸"的提倡，对针灸取穴的准确性颇有帮助。因此，《千金要方》素为后世医学家所重视。《千金要方》还流传至国外，产生了一定影响。

《本草纲目》的历史价值主要表现在哪几个方面

　　《本草纲目》是我国药物学史上的一大巨著，书成于万历六年（1578年）。作者是明朝医学家李时珍。

　　《本草纲目》的体例和主要内容包括了药物名称、药物产地、药物形态及采取方法、药的炮制过程及方法、药物的性能和功用，药性药理、药效等。《本草纲目》的历史价值主要表现在以下几个方面：

　　第一，《本草纲目》采用的分类方法水平很高。既继承了前人的经验，又有独特的创新意义。这种分类的方法"举一纲而万目张"，一目了然，它实际上已具备了现代生物进化思想的科学性。我国古代早期的"本草"书中，通常把药物简单粗略地分为上品、中品、下品三大类。而李时珍在书中则依据药物的自然属性进行分类。另外，《本草纲目》的分类是先无机后有机，先植物后动物。在矿物药分类方面，具备了一定水准。

　　第二，《本草纲目》对药物学以外的生物学、化学、地质学、天文学、气象学等学科也有突出的贡献及影响。

　　在生物学方面，《本草纲目》中共收录了1094种植物性药物，李时珍详细记载了它们的品种、形态、气味、功用等。

　　在化学方面，书中记载了无机药物的化学性质及制取方法，介绍了包括蒸馏、蒸发、升华、重结晶、风化、沉淀、干燥、烧灼、倾泻精细在内的许多化学反应方法。《本草纲目》一书中对金属和合金的区别进行了深入的分析，在区别和鉴定方法上也有所突破，其内容的详细程度大大超过了前人的记载。

在地质学方面，《本草纲目》记载了276种矿物性药物，并详细记述了许多矿物的形成、产地、形色、鉴别要领、勘察、采掘方法等，并记载了关于植物指示矿藏的重要信息。这部书不仅搜集了前人关于矿物零散的记录，而且对之进行了进一步的整理、总结。自18世纪起，《本草纲目》的部分内容又被译成法文、英文、德文和俄文等文字。李约瑟博士在评价《本草纲目》时写道："毫无疑问，明代最伟大的科学成就，是李时珍那部在'本草'书中登峰造极的著作《本草纲目》。"

《灵宪》主要讲述了什么内容

《灵宪》是张衡积多年的实践与理论研究心得写成的一部天文巨著，也是世界天文史上的不朽名作。该书全面阐述了天地的生成、宇宙的演化、天地的结构、日月星辰的本质及其运行等诸多重大课题，将我国古代的天文学水平提升到了一个前所未有的新阶段，使我国当时的天文学研究居世界领先水平。

《灵宪》一书的主要内容有：

第一，论述了宇宙的起源和宇宙的结构。关于天地的生成问题，《灵宪》认为天地万物是从原始的混沌未分的元气发展来的。

第二，月食的成因。在浑天说的基础上，科学地阐述了月食的成因。张衡在《灵宪》中写道："月光生于日之所照；魄生于日之所蔽。当日则光盈，就日则光尽也。"大意为：月亮本身是不发光的，而是太阳光照射到月亮上，月亮才折射出光，太阳光照不到的地方则出现亏缺，正所谓"月有阴晴圆缺"。如果月亮进入地影——张衡将地影取名叫"暗虚"，就会发生"月食"。可见，《灵宪》对月食原因的解释是很科学的。

第三，宇宙的有限性和无限性。虽然张衡把天比作一个鸡蛋壳，把地比作蛋壳中的鸡蛋黄，但他并不认为硬壳是宇宙的边界。关于宇宙的有限性和无限性，一直就是古今中外天文学界长期争论的一个问题。

第四，测日和月的平均角直径值。张衡实测出日、月的角直径与近代天文测量所得的日和月的平均角直径相比，绝对误差很小。鉴于两千多年前的科学技术水平及观测条件，这样的结果可以说是相当精确的。

第五，重制载星三千的新星表。张衡在认真观察天体的基础上，对前人留传下来的好几种星表作了整理、汇总，建立了恒星多达三千的新星表。

《灵宪》是我国古代天文学史上最杰出的天文学著作之一，也是我国天文学发展到一个新高度的里程碑，虽然其中还有一些错误和不足，但在天文学史上的意义并不因此而逊色。

《梦溪笔谈》主要讲述了什么内容

《梦溪笔谈》是北宋的沈括所著的笔记体著作，大约成书于 1086 ~ 1093 年，收录了沈括一生的所见所闻和见解，被西方学者称为中国古代的百科全书。

《梦溪笔谈》全书按内容分为故事、辩证、乐律、象数、人事、官政、权智、艺文、书画、技艺、器用、神奇、异事、谬误、讥谑、杂志、药议 17 门，涉及典章制度、财政、军事、外交、历史、考古、文学、艺术，以及科学技术等广阔的领域，可谓包罗万象，应有尽有。

全书所论及之科学技术内容极为广泛，据英国专事中国科技史之大家李约瑟博士统计，书中有关科学技术之条文有 207 条，占全书的三分之一。内容包括有天文、历法、数学、地质、地理、地图、气象、物理、化学、生物、农学、医药学、印刷、机械、水利、建筑、矿冶等各个分支。

本书反映了 11 世纪时期中国科学技术的水平，其中不少成就在当时世界科学技术领域中居于领先的地位。因此，本书被视为中国科学技术史上里程碑式之典籍，在中国历史上留下了广泛而深远的影响。

《天工开物》是一部关于什么的百科全书

宋应星（1587~1663年），字长庚，江西奉新人，万历年间举人。曾任江西分宜教谕、福建汀州府推官，南京亳州知州等职。著《天工开物》一书，为我国古代科学技术名著。另著有《野议》《论气》《谈天》等。

《天工开物》分3编，上编包括谷类种植、棉麻栽培、养蚕、缫丝、染料、食品加工、制盐、制糖等；中编包括制造砖瓦、陶瓷、钢铁器具，建造舟车，采炼石灰、煤炭、硫黄、榨油，制烛，造纸等；下编包括五金开采及冶炼、兵器、火药、朱墨、颜料、农药的制造和珠玉采琢等。该书全面系统地记述了我国古代农业和手工业的生产技术和经验。在编撰中，作者始终坚持严谨求实的科学态度，书中不但如实地记载、总结了当时已有的科学技术，而且对一些错误的观点进行了澄清，例如在《乃粒》2篇中，纠正了人们对荞麦的错误归类，指出荞麦实际上并非属于麦类。又如在《佳兵卷》中，著者对古代流传的关于"狼烟"和"江豚灰"的说法表示了怀疑。"狼烟"和"江豚灰"是军事上用以报警的燃料，相传"狼烟"在白天燃烧时呈现黑色的烟雾，到了晚上，则显现为红色，遇见有风的天气，能够扶摇直上；而"江豚灰"还能顶着风燃烧。宋应星则认为传说不足为信，重要的是要有现实的依据。

另外，《天工开物》一书还提到了某些国外的技术成就，例如对日本和朝鲜的船只，葡萄牙、西班牙的枪炮等，都做了大概的描述。可以说该书是我国古代劳动人民长期生产劳动的结晶。它的许多生产经验及技术不但对传统的农业和工业有着重要的指导意义，而且对现当代科学技术发展也作出了一定的贡献，有很高的文献价值。

迄今为止，《天工开物》全书已被翻译成日、法、德等多种文字，成为举世瞩目的光辉著作。

蒙 学 卷

——幼儿启蒙教育经典

《三字经》为何能对后世产生深远影响

《三字经》为宋代王应麟所著。他历事理宗、度宗、恭宗三朝，累官至礼部尚书兼给事中。宋亡后在宁波月湖边的小巷里闭门隐居，教授儿孙，著书立说。所有著作只写甲子，不写年号，以示不向元朝称臣。一生著作宏富，所撰经、史、子、集等著作达685卷。主要的著作有《玉海》《困学纪闻》《深宁集》，而影响最大的则是《三字经》。

《三字经》知名度极高，数百年来，流传广泛，家喻户晓。《三字经》有着丰富的内容，排列也极有章法，体现了作者先进的教育思想。《三字经》用典多、知识性强，是一部在儒学思想指导下编成的蒙学读物，充满了积极向上的精神，具有传授基础知识和传统思想道德的双重功能。其主要内容是：①教和学对人的重要性。②讲解四时、四季、五行、五常、六谷、六畜、七情、八音、九族等自然与社会的常识，及教学必读书目。③中国历史人物和各朝代的更迭。④列举中国历史上十位发愤苦读成材人物的故事。

《三字经》之所以家喻户晓、脍炙

人口，之所以影响深远、流传甚广，除了它博大精深的内容和亘古不变的道理外，同它这种深受儿童欢迎的表现形式是分不开的。全书虽只有千余字，但结构严谨、文字简练、内容丰富、涵盖面广，而且三字一句，句句押韵，读来朗朗上口，便于记诵，显示了作者深厚的文字功底。

《千字文》主要讲述的是什么

《千字文》原名《次韵王羲之书千字》，童蒙读物，为南朝梁周兴嗣所著，约成书于梁大同年间。

据说当年梁武帝令殷铁石在王羲之书写的碑文中拓下不重复的一千个字，供皇子们学书用。由于字字孤立，互不联属，所以梁武帝又招来周兴嗣嘱道："卿有才思，为我韵之。"周兴嗣只用了一个晚上就编好了进呈武帝。这便是传至今日的《千字文》。

全文共分八段。叙有自然、社会、历史、伦理、教育等方面的浅显知识，历代作为"蒙学教本"。主要内容是：①自然界的常识。②中国历史的创世纪。③做人的道德行为，以四大五常为准则。④都城建筑、风俗、历史典故和九州地貌。⑤治理天下以农为本。⑥为人要勤恳、谦逊、言行谨慎。⑦嫡子继承家业，传宗接代。⑧不断加强自身修养，立身扬名。《千字文》精思巧构，知识丰富，音韵谐美，宜蒙童记诵，故成为千百年蒙学教科书。自隋代开始流行，后有多种注释、续编和改编本，如《千字文考略》《叙古千文》《续千字文》等。

《百家姓》的来历和排序是怎样的

《百家姓》据说是北宋初年钱塘（杭州）的一个书生所编撰的蒙学读物，将常见的姓氏编成四字一句的韵文，像一首四言诗，便于诵读和记忆，因此，流传至今，影响极深。《百家姓》原收集姓氏411个，后增补到504个，其中单姓

444 个，复姓 60 个。

　　早在五千多年以前，中国就已经形成了姓氏，并且逐渐发展扩大，世世代代得延续。百家姓中有七成姓来源于洛阳偃师。"姓氏"在现代汉语中是一个词，但是在秦汉以前，姓和氏有着明显的区别。姓源于母系社会，同一个姓表示同一个母系的血缘关系。中国最早的姓，大都从"女"旁，如：姬、姜、姚、姒、妫、嬴等，表示这是一些不同的老祖母传下的氏族人群。而氏的产生则在姓之后，是按父系来标识血缘关系的结果。

　　《百家姓》以"赵"姓开头，并非因为"赵"为天下第一大姓，而是因为宋代的皇帝是赵氏，"赵"自然成为"天下第一姓"，不排在首位，就有"欺君之罪"，会引祸上身。又宋时吴越王的后裔居浙江，所以，"钱"姓便排列第二，钱的妃子姓孙，借钱氏之威势，"孙"又排在第三。"李"姓排在第四，大约是因为南唐皇族为李氏之故。

　　《百家姓》与《三字经》《千字文》并称"三百千"，是中国流行最长、流传最广的蒙学教材之一。

《弟子规》主要讲述的是什么

　　《弟子规》原名《训蒙文》，为清朝康熙年间秀才李毓秀所作，后来清朝贾存仁修订改编《训蒙文》，并改名为《弟子规》。

　　《弟子规》以《论语学而》中"弟子入则孝，出则悌，谨而信，泛爱众，而亲仁，行有余力，则以学文"为总纲要。分为五个部分，以三字一句，两句一韵加以演述，具体列举出为人子弟在家、出外、待人、接物以及求学应恪守的礼仪与规范，特别讲求家庭教育与生活教育。是启蒙养正，教育忠厚家风的最佳读物。《弟子规》文笔自然流畅，朴实无华，深入浅出，情真意切，影响非常深远，在中国传统文化中占有重要地位。

《龙文鞭影》主要讲述了什么内容

　　《龙文鞭影》原名《蒙养故事》，作者是明代万历时萧良有，后经安徽人杨臣诤加以增订，改名为《龙文鞭影》，形象地反映了该书"逸而功倍"的效果。

　　萧良有，字以占，号汉冲，汉阳人，自幼聪颖异常，有神童之誉。明万历八年（1508年）会试第一，进修撰，任国子监祭酒，在当时声望极高。

　　该书内容主要来自二十四史中的人物典故，同时又从《庄子》和古代神话、小说，笔记如《搜神记》《列仙传》《世说新语》等书中广泛收集故事。辑录了历史上许多著名人物如孔子、诸葛亮、司马迁、李白、杜甫、朱熹等人的轶闻趣事。全书共收辑了包括孟母断机、毛遂自荐、荆轲刺秦、鹬蚌相争、董永卖身、红叶题诗等两千多个典故，文字简练扼要，而能阐明故事梗概，可称之为一本典故大全。

　　《龙文鞭影》在传统蒙学中起着承前启后、由浅入深的作用。该书全文都用四言，成一短句，上下两句对偶，各讲一个典故。逐联押韵，全书按韵编排，是一本重要的蒙学读物。

《增广贤文》主要讲述了什么内容

《增广贤文》，又名《昔时贤文》《古今贤文》，为中国古代蒙学读物。书名最早见于明代万历年间的戏曲《牡丹亭》，据此可推知此书最迟写成于万历年间。该书作者一直未见任何书载，只知道清代同治年间儒生周希陶曾进行过重订，很可能是民间创作的结晶。

该书的主要内容大致有这样几个方面，一是谈人及人际关系；二是谈命运；三是谈如何处世；四是表达对读书的看法。在《增广贤文》描述的世界里，人是虚伪的，人们为了一己之私变化无常，嫌贫爱富，趋炎附势，从而使世界布满了陷阱和危机。文中有很多强调命运和报应的内容，认为人的一切都是命运安排的，人应行善，才会有好的际遇。这些内容有其消极的一面，但它倡导行善做好事，则是值得肯定的。《增广贤文》有大量篇幅叙述如何待人接物，这部分内容是全文的核心。文中对忍让多有描述，认为忍让是消除烦恼祸患的方法。在主张自我保护、谨慎忍让的同时，也强调人的主观能动性，认为这是做事的原则。

《增广贤文》虽以道家思想为主，但对儒家的说教并不排斥。

《幼学琼林》主要讲述了什么内容

《幼学琼林》，初名叫《幼学须知》，又称《成语考》《故事寻源》。一般认为，最初的作者是明末的西昌人程登吉（字允升），也有人认为是明景泰年间的进士邱睿。清朝嘉靖年间时由邹圣脉作了一些补充，并且更名为《幼学琼林》。民国时期，费有容、叶浦苏和蔡东藩等又进行了增补修订。全书共四卷。

该书对许多成语出处作了讲述，通过学习，读者可掌握不少成语典故，此外还可以了解中国古代的著名人物、天文地理、典章制度、风俗礼仪、生老病死、婚丧嫁娶、鸟兽花木、朝廷文武、饮食器用、宫室珍宝、文事科第、释道鬼神等诸多方面的内容。书中还有许多警句、格言，至今仍传诵不绝。

《幼学琼林》是骈体文写成的，全书全部用对偶句写成，容易诵读，便于记忆。全书内容广博、包罗万象，被称为中国古代的百科全书。人称"读了《增广》会说话，读了《幼学》走天下"。

《声律启蒙》主要讲述了什么内容

《声律启蒙》作者车万育，字双亭，号鹤田，湖南邵阳人，清代康熙年间进士。《声律启蒙》是一本关于声韵格律的启蒙读物。

该书包罗天文、地理、花木、鸟兽、人物、器物等的虚实应对。从单字对到双字对，三字对、五字对、七字对到十一字对，声韵协调，朗朗上口，从中得到语音、词汇、修辞的训练。从单字到多字的层层属对，读起来，如唱歌般。较之其他全用三言、四言句式更见韵味。这类读物，在启蒙读物中独具一格，经久不衰。

《笠翁对韵》主要讲述了什么内容

《笠翁对韵》是一本学习写作近体诗、词，用来熟悉对仗、用韵、组织词语的启蒙读物。其作者是清代学者李渔。李渔（1611~约1679年），字笠翁，浙江兰溪人，清初著名的戏剧理论家和作家，著作有《闲情偶寄》《笠翁十种曲》等。

《笠翁对韵》以平水韵的三十个韵部为目，把常见的韵字都组织进了韵语，这些韵语又都是富有文采的符合格律的对子。该书的特点是辞藻丰富，曲故众多，声韵协调，朗朗上口，反映了中国文字韵律的精妙与优美。熟读《笠翁对韵》对遣词造句、写诗作词等都有极大的裨益。

《小儿语》主要有何特色

　　《小儿语》的作者为明代吕得胜。吕得胜，河南宁陵人，字近溪，生活在嘉靖年间。他对儿童的教育工作非常关心，主张对学龄儿童要进行正确教育。当时民间流传一些儿歌，如"盘却盘""东屋点灯西屋亮"之类，他认为这些儿歌对儿童固然无害，但对品德修养以及后来的发展也没有什么好处。于是他伏案笔耕，编写了一本颇具特色的新的儿歌，以代替旧的儿歌，本书便出此而成。该书语言浅近，通晓易懂。用四言、六言、杂言（字数不得等）的语言形式，讲述了做人的道理，以帮助孩子养成良好的品德。此书问世以来，甚受欢迎，它浓缩了大量文史知识和道德理论，内容丰富，浅显朴实，作为中华民族优秀文化的经典而传承至今，在民间有着极大的影响。

艺术文化卷

——演绎文人四雅的魅力

一、琴——正音雅乐

古琴乐器有何特质

古琴，亦称瑶琴、玉琴、七弦琴，为中国最古老的弹拨乐器之一，距今已有约3000年的历史，称为"国乐之父""圣人之器"，在中华传统文化中占有举足轻重的地位。古时文人心中将琴视为高雅的代表，古琴因其清、和、淡、雅的音乐品格寄寓了文人凌风傲骨、超凡脱俗的处世心态，被列为"琴棋书画"四艺之首。

古琴具有传奇般的色彩，它的琴身长约三尺六寸五，象征一年三百六十五天；琴体下部扁平，上部呈弧形凸起，分别象征天地；古琴最初只有五根弦，内合五行，金、木、水、火、土；外合五音，宫、商、角、徵、羽。后来文王因于羑里，思念其子伯邑考，加弦一根，是为文弦；武王伐纣，加弦一根，是为武弦。合称文武七弦琴。

古琴表现力特别丰富圆润，运用不同的弹奏手法，可以发挥出很多艺术表现的特色，它的散音（空弦音）嘹亮、浑厚，宏如铜钟；泛音透明如珠，丰富多彩，由于音区不同而有异。高音区轻清松脆，有如风中铃铎；中音区明亮铿锵，犹如敲击玉磬。按音发音坚实，也叫"实音"，各音区的音色也不同，低音区浑厚有力，中音区宏实宽润，高音区尖脆纤细。按音中的各种滑音，柔和如歌，也具有深刻细致的表现力。

瑟乐器有何特质

瑟是我国古代的拨弦乐器，起源十分久远，在考古发现的弦乐器中所占的比重最大。《诗经小雅》有："琴瑟击鼓，以御田祖，以祈甘雨，以介我稷黍，以谷我士女。"这是见于古籍最早的记载，说明瑟至少有3000多年的历史了。

古瑟形制大体相同，瑟体多用整木斫成，瑟面稍隆起，体中空，体下嵌底板，瑟面首端有一长岳山，尾端有三个短岳山。尾端装有四个系弦的枘。首尾岳山外侧各有相对应的弦孔。另有木质瑟柱，施于弦下。曾侯乙墓共出土瑟12具，多用榉木或梓木斫成，全长约150~170厘米，宽约40厘米，通体髹漆彩绘，色泽艳丽。其外形类似古琴和筝。根据记载，最早的瑟有五十弦，故又称"五十弦"。晚唐诗人李商隐在《锦瑟》诗中就写有"锦瑟无端五十弦，一弦一柱思华年"之名句。不过根据后来发现的实物来看，都是23~25根弦不等，并以25根弦为最多，故现在都以瑟为25根弦来记述，每弦有一柱，按五声音阶定音。瑟的音质饱满，高音清脆、中音明亮、低音浑厚，音域可覆盖五个八度，可以独奏或合奏，或者用来伴奏歌唱。演奏者一般将瑟横放于膝前，左右手交替配合弹奏。

编钟乐器有何特质

编钟，又叫歌钟，是我国古代的重要乐器。用青铜铸成，依钟的大小而有次序地挂在木制钟架上，音色清脆、悠扬，穿透力强。历代的编钟形制不一，枚数也有异。古代用于宫廷雅乐，每逢征战、宴享、朝聘和祭祀都要用编钟演奏。它可以用于独奏、合奏或为歌唱、舞蹈伴奏。如今编钟多用于民族管弦乐队，是色彩性很强的旋律乐器。

编钟最早出现在商代，当时多为三枚一组，能演奏旋律。商代编钟造型别致，钟柄部分是空心的，并与内腔相通，钟的表面有简单的兽面纹饰。近年来，在殷代大型王室墓葬妣辛墓中，又发现了有五枚一套的编钟，可构成四声音阶序列。

编钟兴起于西周，盛于春秋战国直至秦汉。西周中晚期，编钟已由三枚或五枚发展为八枚一组，能发出相隔一个小三度或大三度音程的两个音级。当时编钟经常用于宫廷宴会，被称为"钟鼓之乐"。至春秋中晚期，又增为九枚一组或十三枚一组。

编钟的钟身呈椭圆形，很像两个瓦片合在一起，上径小，下径大，纵径小，横径大，钟口边缘不截齐，两角向下延伸，成尖角形。顶端有柄的为甬钟，带钮的为钮钟。钟的各部位都有着特定的名称，上部称为钲，下部谓之鼓，钟口两角为铣，钟唇曰于，钟顶名舞。在钟的鼓部，铸有精美的图饰，钲部的纹饰称为钟带或为篆间，每枚钟的钲部都有 36 个突起的隆包，谓之钟乳或枚。

唐代诗人在作品中曾描绘出编钟声音洪亮、铿锵悠扬、悦耳动听的妙响。

磬乐器有何特质

磬是古代石制的一种打击乐器。起源于某种片状石制劳动工具，其形状在后来有多种变化，质地也从原始的石制进一步有了玉制、铜制的磬。最早用于先民的乐舞活动，后来用于历代帝王、上层统治者的殿堂宴飨、宗庙祭祀、朝聘礼仪活动中的乐队演奏，成为象征其身份地位的"礼器"。唐宋以后新乐兴起，磬仅用于祭祀仪式的雅乐乐队。磬的历史悠久，据先秦文献《尚书益稷》记载："戛击鸣球"，"击石拊石"，这"鸣球"与"拊石"，即是磬在远古时期的称呼。新石器时代晚期（相当于尧或舜做部落联盟酋长时），磬已在使用。按照使用场所和演奏方式，磬可以分为特磬和编磬两种：特磬是皇帝祭祀天地和祖先时演奏的乐器；编磬是若干个磬编成一组，挂在木架上演奏，主要用于宫廷音乐。20 世纪 70 年代在山西夏县东下冯遗址出土了一件大石磬，长 60 厘米，上部有一穿孔，击之声音悦耳。经测定，此磬距今约 4000 年，属于夏代的遗存，这是迄今发现最早的磬的实物。

箜篌乐器有何特质

箜篌是十分古老的弹弦乐器，最初称"坎侯"或"空侯"。其历史悠久、源远流长，音域宽广、音色柔美清澈，表现力强。古代除宫廷雅乐使用外，在民间也广泛流传。据文献记载有"卧箜篌、竖箜篌、凤首箜篌"三种形制。据考证，箜篌流传至今已有两千多年的历史。在中国盛唐时期，随着经济文化的飞速发展，箜篌演奏艺术也达到了相当高的水平，也就是在这个时期，中国古代的箜篌先后传入日本、朝鲜等邻国。在日本奈良东大寺的寺院中，至今还保存着两架唐代箜篌残品。但是，这件古老的乐器，从 14 世纪后期便不再流行，以致慢慢消失了，人们只能在以前的壁画和浮雕上看到一些箜篌的图样。至 20 世纪 80 年代初，一种新型箜篌——雁柱箜篌才终于被音乐工作者们研制出来。它的结构比较完善、科学，音响具有民族特点，因而被广泛地用于音乐实践之中。

古筝乐器有何特质

古筝是一件古老的民族乐器，战国时期盛行于"秦"地。结构由面板、雁柱、琴弦、前岳山、弦钉、调音盒、琴足、后岳山、侧板、出音口、底板、穿弦孔组成；筝的形制多为长方形木质音箱，弦架"筝柱"（即雁柱）可以自由移动，一弦一音，按五声音阶排列，最早以 25 弦筝为最多（分瑟为筝），唐宋时有弦十三根，后增至十六根、十八根、二十一根等，目前最常用的规格为二十一弦。古筝常用演奏手法采用右手大、食、中三指拨弦，弹出旋律、掌握节奏，用左手在筝柱左侧顺应弦的张力、控制弦音的变化，以润色旋律。筝的指法颇多，右手有托、劈、挑、抹、剔、勾、摇、撮等，左手有按、滑、揉、颤等。因为现代筝改良后使用钢丝弦，一般弹古筝者带着假指甲，通常由玳瑁制成。筝常用于独奏、重奏、器乐合奏和歌舞、戏曲、曲艺的伴奏，因音域宽广，音色优美，清新舒展，韵味无穷，被称为"众乐之王"，亦被称为"东方钢琴"。

琵琶乐器有何特质

琵琶，是一种弹拨乐器，已经有两千多年的历史，最早被称为"琵琶"的乐器大约在秦时出现。"琵琶"这个名称来自所谓"推手为枇，引手为杷"（最基本的弹拨技巧），所以名为"枇杷"（琵琶）。

琵和琶原是两种弹奏手法的名称，琵是右手向前弹，琶是右手向后弹。琵琶音域广阔、演奏技巧繁多，具有丰富的表现力。演奏时左手各指按弦于相应品位处，右手戴赛璐珞假指甲拨弦发音。琵琶由历史上的直项琵琶及曲项琵琶演变而来，据史料记载，直项琵琶在我国出现得较早，秦、汉时期的"秦汉子"，是直柄圆形共鸣箱的直项琵琶（共鸣箱两面蒙皮），它是由秦末的弦鼗发展而来的。"阮咸"或"阮"是直柄木制圆形共鸣箱，四弦十二柱，竖抱用手弹奏的琵琶。晋代阮咸善奏此乐器，故以其名相称。唐朝时代（公元 7 ~ 9 世纪）是琵琶发展的一个高峰。当时上至宫廷乐队，下至民间演唱都少不了琵琶，它成为当时非常盛行的乐器，而且在乐队处于领奏地位。这种盛况在我国古代诗词中有大量的记载。例如唐代诗人白居易在他的著名诗篇《琵琶行》中非常形象地对琵琶演奏及其音响效果这样描述："大弦嘈嘈如急雨，小弦切切如私语。嘈嘈切切错杂弹，大珠小珠落玉盘。"后来渐渐有所衰微。而今，琵琶不仅在中国又呈现出回复盛唐时期的景象，而且越来越受到世界各国音乐爱好者的关注。不少传统乐曲和当代作品受到中外听众喜爱。可以说，琵琶已开始走向国际乐坛。

笛子乐器有何特质

笛子是中国传统音乐中常用的横吹木管乐器之一，即中国竹笛，一般分为南方的曲笛和北方的梆笛。梆笛用于北方梆子戏的伴奏。笛身细且短小，音色高亢明亮有力，着重于舌上技巧的运用。在演奏上表现了浓厚的地方色彩，在气息运用上较猛，并采用了急促跳跃的舌打音，强有力的垛音，富有情趣的花舌音等特殊技巧，善于表现刚健豪放、活泼轻快的情致，具有强烈的北方色彩。曲笛用于南方昆曲等戏曲的伴奏，又叫"班笛""市笛"等，因盛产于苏州，故又有"苏笛"之称。管身粗而长，音色淳厚、圆润，讲究运气的绵长，力度变化细致，常采用先放后收，一音三韵，悠扬委婉，演奏的曲调比较优美、精致、华丽，具有浓厚的江南韵味。

据传说，笛子已有两千年以上的历史。笛子的表现力十分丰富，可演奏出连音、断音、颤音和滑音等色彩性音符，还可以表达不同的情绪；无论演奏舒缓、平和的旋律，还是演奏急促、跳跃的旋律，其独到之处都可从中领略。此外，笛子还擅长模仿大自然中的各种声音，把听众带入鸟语花香或高山流水的意境之中。

洞箫乐器有何特质

箫亦称洞箫，是最古老的吹奏乐器之一，起源于远古时期的骨哨，历史上亦称为笛，唐以后方专指竖吹之箫，清代以前的箫多指排箫。汉代的陶俑和嘉峪关魏晋墓室碑画上已可见到吹洞箫的形象。但单管箫当时多称"笛"。现洞箫通常用九节紫竹制，全长约80厘米，吹口在顶端，管身开有六孔，前五后一，近尾端有出音孔2~4个。箫具有动人的音色和高雅的神韵，历来为骚人墨客所讴歌吟咏，也为广大人民所喜爱。

箫不仅适于独奏、重奏，还用于江南丝竹、福建南音、广东音乐、常州丝弦和河南板头乐队等民间器乐合奏，以及越剧等地方戏曲的伴奏。在古曲《春江花月夜》中，一开始洞箫奏出轻巧的波音，配合琵琶模拟的鼓声，描绘出游船上箫鼓鸣奏的情景，在整个乐曲中，箫声绵绵，流畅抒情。此外，琴箫合奏，相得益彰，委婉动听，更能表达出乐曲深远的意境。

由于箫的音量较小，所以单用一支箫演奏时，在配器上要注意音量的对比适度。把两支箫分别刻上龙凤来配对的称"龙凤箫"。独奏曲目有《鹧鸪飞》《妆台秋思》《柳摇金》等，琴箫合奏曲有《梅花三弄》《平沙落雁》等。

二胡乐器有何特质

二胡是中国民族乐器家族中主要的擦弦乐器之一，主要部分有琴杆、琴轸、琴筒、琴托、千斤、蛇皮、琴码、琴弓，是用于京剧、粤剧等传统戏曲中的乐器之一。弦有两根，琴弓类似小提琴之琴弓，以马尾毛为弓毛，演奏时弓毛置于双弦之中拉奏，这是全世界所有的擦弦乐器中少见的特点。二胡始于唐代，至今已有一千多年的历史。它最早发源于我国古代北部地区的一个少数民族，那时叫"奚琴"。在传统中国，二胡仅是民间戏曲及地方音乐的伴奏乐器，地位不高。音乐教育家刘天华先生是二胡现代派的始祖，他借鉴了西方乐器的演奏手法和技巧，大胆、科学地将二胡定位为五个把位，从而扩充了二胡的音域范围，丰富了表现力，确立了新的艺术内涵。由此，二胡从民间伴奏中脱颖而出，成为独特的独奏乐器，也为以后走进大雅之堂的音乐厅和音乐院校奠定了基础。

葫芦丝乐器有何特质

葫芦丝又称葫芦箫，傣语称之为筚南母倒（南母倒即葫芦之意），流行于西双版纳、德宏、保山等傣族地区，在阿昌族、布朗族、德昂族中也较为流行。葫芦丝的起源可追溯到先秦时代，民间流传着许多关于葫芦丝起源的动人传说。葫芦丝的构造较特殊，所用材料均取天然，纯手工完成制作过程。它由葫芦、主管、簧片、附管组成，主管开有七个孔，音域宽广，附管持续发一个音。葫芦丝发音优美、亲切，略带鼻音，善于表示温柔细腻的感情，给人以含蓄朦胧的美感。因为它发出的音有如抖动丝绸那样飘逸、轻柔，所以称它为葫芦丝。

巴乌是在云南哈尼族、彝族等少数民族中普遍流行的中音簧管乐器，它和葫芦丝有着共同的渊源，其发音原理相同，音域相同，演奏方法也一样，音色也很相似，只是巴乌的音色较厚实，所以有"会吹葫芦丝就会吹巴乌"的说法，因此称它们为姐妹乐器。

《阳春白雪》主要表现了什么主题

《阳春白雪》为古琴十大名曲之一。不少资料对《阳春白雪》解题时，都称它以清新流畅的旋律、活泼轻快的节奏，生动地表现了冬去春来，大地复苏，万物向荣，生机勃勃的初春景象。历来有"大阳春"和"小阳春"（又名"快板阳春"）两种不同版本。前者指李芳园、沈浩初整理的十段与十二段的乐谱；后者是近代琵琶家汪昱庭所传，全曲只有七个乐段，可划分为起承转合四个部分，是一首具有循环因素的变奏体乐曲。"起"部标题名为"独占鳌头"，使用加花、"隔凡"以及结构上的扩充和紧缩等民间常用旋法，使《八板》原型得到变化发展，并以半轮、推拉等演奏技巧润饰曲调，充满了生动活泼、明快愉悦的情绪。《八板》变体运用分割和倒装、变化节奏等方法加以展开，并在第六段中引入了新的音乐材料。在演奏上时而用扳的技法奏出强音；时而用撇分弹出轻盈的曲调。"合"部标题为"东皋鹤鸣",再现了第二段,并在尾部作了扩充。通过慢起渐快的速度,连续的十六分音符进行,并在每拍头上加"划",不断增加音乐的强度,使全曲在强烈的气氛中结束。

《梅花三弄》主要表现了什么主题

《梅花三弄》又名《梅花引》《梅花曲》《玉妃引》。曲谱最早见于明代《神奇秘谱》。相传此曲为东晋桓伊所作。他既是一位杰出的军事家,也是一位出色的音乐家,尤其善于吹箫。有一次王徽之(书法家王羲之的儿子)在路上偶尔遇见桓伊,因为仰慕其大名,便请他吹奏一曲。桓伊为人非常谦逊,虽然当时他已经很有地位,和王徽之又素不相识,他仍然下车为王徽之吹奏了一支曲子,这首乐曲据传就是著名的《梅花三弄》。

《梅花三弄》的乐曲内容,历代琴谱都有所介绍,与南朝至唐的笛曲《梅花落》大都表现怨愁离绪的情感内容不同。明清琴曲《梅花三弄》多以梅花凌霜傲寒,高洁不屈的节操与气质为表现内容,今演奏用谱有虞山派《琴谱谐声》(清周显祖编,1820年刻本)的琴箫合谱,其节奏较为规整,宜于合奏。

乐曲的引子部分亲切优美,节奏则具有平稳舒缓和跌宕起伏的对比因素,精炼地概括了全曲的基本特征。第一段是古琴在低音区出现的曲调,冷峻肃穆,勾画出一幅霜晨雪夜,草木凋零,只有梅花傲骨静静开放的画面。前十二小节以五度、六度的上下行跳进音程为特征的旋律,结合稳健有力的节奏,富有庄重的色彩,仿佛是对梅花的赞颂。后十四小节多用同音重复。附点节奏的运用使旋律富于推动力,似乎梅花在微风的吹拂下轻轻晃动起来。接着便是乐曲音乐主题的第一次重现。这段优美流畅的曲调轻巧地在这部分音乐中三次循环出现,表现出"风荡梅花,舞玉翻银"的意境。仿佛使人看到含苞待放的花蕊,迎风摇曳,生机勃勃。

这支笛曲,至唐代还很流行。《神奇秘谱》所载《梅花三弄》是标题音乐。它十段各有小标题,原谱为琴箫合奏。所谓一弄叫日、二弄穿月、三弄横江,是此曲第一主题反复出现三次。全曲以音乐形象描绘梅花不惧严寒,迎风怒放,幽香远传的境界。

《广陵散》主要表现了什么主题

《广陵散》，又名《广陵止息》。是古代一首大型琴曲，它至少在汉代已经出现。其内容向来说法不一，但一般的看法是将它与《聂政刺韩王》琴曲联系起来。《聂政刺韩王》主要是描写战国时代铸剑工匠之子聂政为报杀父之仇，刺死韩王，然后自杀的悲壮故事。后人根据这个故事，谱成琴曲，慷慨激昂，气势宏伟，为古琴著名十大曲之一。

《广陵散》乐谱全曲共有 45 个乐段，分开指、小序、大序、正声、乱声、后序 6 个部分。正声以前主要是表现对聂政不幸命运的同情；正声之后则表现对聂政壮烈事迹的歌颂与赞扬。全曲始终贯穿着两个主题音调的交织、起伏和发展、变化。一个是见于"正声"第二段的正声主调，另一个是先出现在大序尾声的乱声主调。正声主调多在乐段开始处，突出它的主导体用。乱声主调则多用于乐段的结束，它使各种变化了的曲调归结到一个共同的音调之中，具有标志段落、统一全曲的作用。

《广陵散》的旋律激昂、慷慨，它是我国现存古琴曲中唯一的具有戈矛杀伐战斗气氛的乐曲，直接表达了被压迫者反抗暴君的斗争精神，具有很高的思想性及艺术性。或许嵇康也正是看到了《广陵散》的这种反抗精神与战斗意志，才如此酷爱《广陵散》并对之产生如此深厚的感情。

《广陵散》在历史上曾绝响一时，新中国成立后我国著名古琴家管平湖先生根据《神奇秘谱》所载曲调进行了整理、打谱，使这首奇妙绝伦的古琴曲音乐又回到了人间。

《平沙落雁》主要表现了什么主题

《平沙落雁》是一首古琴曲，最早刊于明代《古音正宗》，又名《落雁平沙》。该曲曲调悠扬流畅，通过对时隐时现的雁鸣描写，表现出雁群降落前在天空盘旋顾盼的情景。对于曲情的理解，有"取清秋寥落之意，鸿雁飞鸣"来描写秋天景物的；有"取秋高气爽，风静沙子，云程万里，天际飞鸣，借鸿鹄之远志，写逸士之心胸"的；也有从鸿雁"回翔瞻顾之情，上下颉颃之态，翔而后集之象，惊而复起之神"，"既落则沙平水远，意适心闲，朋侣无猜，雌雄有叙"，发出世事险恶，不如雁性的感慨的。现在流传的多为七段，主要的音调和音乐形象大致相同，旋律起而又伏，绵延不断，优美动听，基调静美，但静中有动。

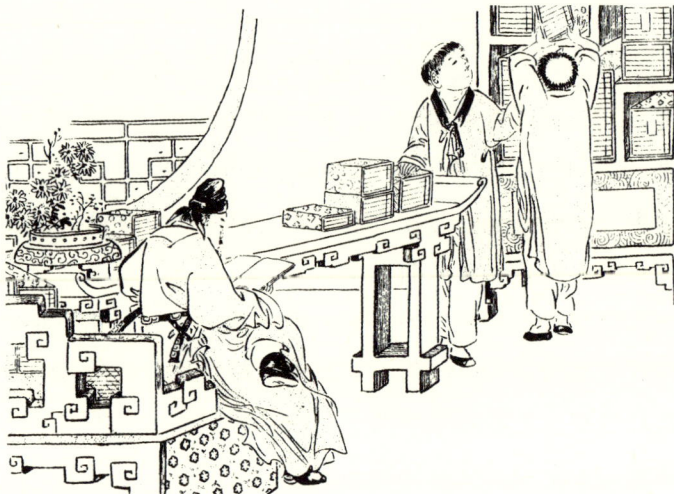

《平沙落雁》虽然出现较晚，却是近三百年来流传最广的作品之一，有近百种琴谱刊载此曲。它之所以流传甚广，除了曲调流畅、动听之外，还因为它的表现手法新颖、别致，深为人们所喜爱。

《高山流水》主要表现了什么主题

《高山流水》最先出自《列子·汤问》一书，《吕氏春秋》亦有此说。传说先秦的琴师伯牙一次在荒山野地弹琴，樵夫钟子期竟准确地领会这是描绘"巍巍乎志在高山"和"洋洋乎志在流水"。伯牙惊道："善哉，子之心而与吾心同。"钟子期死后，伯牙痛失知音，摔琴绝弦，终身不操，故有高山流水之曲。"高山流水"比喻知己或知音，也比喻乐曲高妙。关于《高山流水》之意境，张孔山的弟子欧阳书唐于《天闻阁琴谱》中云："起首二、三段叠弹，俨然潺湲滴沥，响彻空山。四、五两段，幽泉出山，风发水涌，时闻波涛，已有蛟龙怒吼之象。息心静听，宛然坐危舟，过巫峡，目眩神移，惊心动魄。几疑此身在群山奔赴、万壑争流之际矣。七、八、九段，轻舟已过，势就淌洋，时而余波激石，时而旋袱微沤，洋洋乎！诚古调之希声者乎！"《高山流水》有多种谱本，有琴曲和筝曲两种，两者同名异曲，各自有独特的风格。

《渔樵问答》主要表现了什么主题

《渔樵问答》是一首古琴曲，为中国十大古曲之一。曲谱最早见于《杏庄太音续谱》（明萧鸾撰于 1560 年），乐曲通过渔樵在青山绿水间自得其乐的情趣，表达出对追逐名利者的鄙弃。音乐形象生动、精确。现在的谱本有多种。《琴学初津》云此曲："曲意深长，神情洒脱，而山之巍巍，水之洋洋，斧伐之丁丁，橹声之唉乃，隐隐现于指下。"乐曲开始曲调悠然自得，表现出一种飘逸洒脱的格调，上下句的呼应造成渔樵对答的情趣。主题音调的变化发展，并不断加入新的音调，加之滚拂技法的使用，至第七段形成高潮。刻画出隐士豪放不羁，潇洒自得的情状。其中运用泼刺和三弹的技法造成的强烈音响，应和着切分的节奏，使人感到高山巍巍、樵夫咚咚的斧伐声。全曲表现出了深厚的文化积淀，主题音调的优雅变化贯穿于全曲，给人留下深刻的印象。

《阳关三叠》主要表现了什么主题

《阳关三叠》，又名《阳关曲》《渭城曲》，是根据唐代诗人王维的七言绝句《送元二使安西》谱写的一首著名乐曲，表现的是一种无限留恋的惜别之情。据考证，此曲亦曾用于唐代大曲《伊州》之中。唐末诗人陈陶曾写诗说"歌是《伊州》第三遍，唱着右丞征戍词。"说明它和唐代大曲有一定的联系。这首乐曲在唐代非常流行，不仅是由于短短四句诗句饱含着极其深沉的惜别情绪，也因为曲调情意绵绵、真切动人。唐代诗人曾用许多诗句来形容过它，如李商隐的"红绽樱桃含白雪，断肠声里唱阳关"等。而且有些诗人同王维生活的年代相距近一个世纪，可见这支曲子在唐代流行的盛况。明代初年，龚稽古所编《浙音释字琴谱》所收《阳关三叠》琴曲谱为所见最早谱本。今常见乐谱出自清末张鹤所编《琴学入门》。全曲共分三大段，用一个基本曲调将原诗反复咏唱三遍，故称"三叠"。歌曲结尾处在渐慢、渐弱中，抒发了一种关切而感叹的情绪。

《秦王破阵乐》主要表现了什么主题

《秦王破阵乐》即《秦王破阵舞》，又称为《七德舞》，是唐代著名的歌舞大曲，最初乃唐初的军歌。公元 620 年，秦王李世民打败了叛军刘武周，巩固了刚建立的唐政权。于是，他的将士们遂以旧曲填入新词，为李世民唱赞歌："受律辞元首，相将讨叛臣。咸歌《破阵乐》，共赏太平人。""四海皇风被，千年德水清；戎衣更不着，今日告功成。""主圣开昌历，臣忠奉大猷；君看偃革后，便是太平秋。"李世民登基后，亲自把这首乐曲编成了舞蹈，再经过宫廷艺术家的加工、整理，成了一个庞大的、富丽堂皇的大型乐舞。在原有的曲调中揉进了龟兹的音调，婉转而动听，高昂而且极富号召力。《秦王破阵乐》在当时的名气很大，乃至流传到国外。

《夕阳箫鼓》主要表现了什么主题

《夕阳箫鼓》原来是一首琵琶独奏曲。约在 1925 年，此曲曾被中国当代著名音乐家彭修文改编为民族管弦乐曲，更名为《春江花月夜》，并因此广为流传。新中国成立后，又经多人整理改编，更臻完善，深为国内外听众珍爱。乐曲通过委婉质朴的旋律，流畅多变的节奏，巧妙细腻的配器，丝丝入扣的演奏，形象地描绘了月夜春江的迷人景色，尽情赞颂江南水乡的风姿异态。全曲就像一幅描绘精细、色彩柔和、清丽淡雅的山水长卷，引人入胜。第一段"江楼钟鼓"描绘出夕阳映江面，熏风拂涟漪的景色；第二、三段表现了"月上东山"和"风回曲水"的意境。接着如见江风习习，花草摇曳，水中倒影，重叠恍惚；进入第五段"水深云际"，那种"江天一色无纤尘，皎皎空中孤月轮"的壮阔景色油然而生；第七段琵琶用扫轮弹奏，恰似渔舟破水，掀起波涛拍岸的动态。全曲的高潮是第九段"唉乃归舟"，表现归舟破水，浪花飞溅，橹声"唉乃"，由远而近的意境。归舟远去，万籁皆寂，春江显得更加宁静，全曲在悠扬徐缓的旋律中结束，使人回味无穷。

《汉宫秋月》主要表现了什么主题

《汉宫秋月》流传甚广，原为崇明派琵琶曲，现流传有多种谱本，由一种乐器曲谱演变成不同谱本，且运用各自的艺术手段再创造，以塑造不同的音乐形象，这是民间器乐在流传中常见的情况。《汉宫秋月》主要表达的是古代宫女哀怨悲愁的情绪及一种无可奈何、寂寥清冷的生命意境，唤起人们对她们不幸遭遇的同情，具有很深的艺术感染力。现流传的演奏形式有二胡曲、琵琶曲、筝曲、江南丝竹等。二胡《汉宫秋月》由崇明派同名琵琶曲第一段移植到广东小曲，粤胡演奏。1929年左右，刘天华记录了唱片粤胡曲《汉宫秋月》谱，改由二胡演奏。江南丝竹《汉宫秋月》采用的原为"乙字调"，由孙裕德传谱，原来沈其昌《瀛州古调》丝竹文曲合奏用"正宫调"，琵琶仍用乙字调法，降低大二度定弦，抒情委婉，抒发了古代宫女细腻深远的哀怨苦闷之情。中段运用了配器之长，各声部互相发挥，相得益彰，给人以追求与向往。最后所有乐器均以整段慢板演奏，表现出中天皓月渐渐西沉，大地归于寂静的情景。

《胡笳十八拍》主要表现了什么主题

《胡笳十八拍》是一篇长达1297字的骚体叙事诗，是一首优秀的古代艺术歌曲，为我国古代十大名曲之一。原诗一说为汉蔡琰所作，但难以定论。汉末著名文学家、古琴家蔡邕的女儿蔡文姬，在兵乱中被匈奴所获，留居南匈奴与左贤王为妃，生了两个孩子。后来曹操派人把她接回，她写了一首长诗，叙唱她悲苦的身世和思乡别子的情怀。全诗共十八段，谱作成套歌曲十八首。据郭沫若说，突厥语称"首"为"拍"，十八拍即十八首之意。又因该诗是她有感于胡笳的哀声而作，所以名为《胡笳十八拍》或《胡笳鸣》。其音乐为唐人传谱。

现存明代以来琴谱百余部，其中 30 余部收有各种传谱的《胡笳十八拍》。明朱权辑《神奇秘谱》收有董庭兰传谱的《大胡笳》《小胡笳》，二曲不同。《大胡笳》十八拍，均有小标题；小标题取自刘商拟作《胡笳十八拍》的诗句。《小胡笳》6 段，小标题取自原《胡笳十八拍》的诗意。琴歌《胡笳十八拍》始见于明徐时琪所辑《绿绮新声》（1597 年）刊本琴谱，此谱后部散佚。今演唱之谱本来自明万历三十九年（1611 年）孙丕显所辑《琴适》谱本。琴歌《胡笳十八拍》的音乐主题材料系取自《小胡笳》，二者有渊源关系。

《十面埋伏》主要表现了什么主题

《十面埋伏》是一首传统的琵琶曲，又名《淮阳平楚》。它是以公元前 202 年我国历史上的楚汉相争为题材编写的乐曲，音乐扣人心弦，有很强的戏剧性和一定的写实性，可以说是把古代琵琶表演艺术发挥到登峰造极的地步，创造了以单个乐器的独奏形式，表现波澜壮阔的史诗场面（而现代，这往往需要大乐队式的交响曲体裁方能得以完成），直到今天，《十面埋伏》依然是琵琶演奏艺术领域最具代表性的传统名作。全曲时间约 6 分 36 秒，由三个大部分十个小段组成。《十面埋伏》的艺术特点主要表现在反映古代重大历史题材时，抓住了典型时间、典型环境，在描写楚汉相争这一历史特定背景时，选择了最有代表意义的垓下决战的场面，在表现垓下大战中又突出了呐喊，形成全曲高潮，完成了对汉军这一进攻者、追击者、胜利者生龙活虎的形象塑造，成功地展现出古代战场上激烈壮观的场景。

《十面埋伏》是我国优秀的琵琶古曲，它以琵琶所特有的左右手技巧圆满地表现了一段真实而又非比寻常的历史故事，汇藏着中国古代琵琶艺术的丰富宝藏，不愧是中国民族器乐的优秀代表作。

《霓裳羽衣曲》是怎么来的

《霓裳羽衣曲》是唐代大曲中法曲的精品，唐歌舞的集大成之作，也是中国古代音乐舞蹈史上一颗璀璨的明珠。相传，该舞曲是唐玄宗在河西节度使杨敬述所献天竺乐《婆罗门曲》的基础上增删、改编而成。该曲力图描绘虚幻中的仙境。《霓裳羽衣曲》在开元、天宝年间曾盛行一时，天宝之乱后，宫廷就没有再演出了。五代时，南唐后主李煜和昭惠后曾一度整理排演，但那时宫廷传存的乐谱已经残缺不全。南宋年间，姜夔发现商调霓裳曲的乐谱18段。

全曲共36段，分散序（6段）、中序（18段）和曲破（12段）三部分：散序全是自由节奏的散板，由磬、箫、筝、笛等乐器独奏或轮奏，不舞不歌；中序又名拍序或歌头，是一个慢板的抒情乐段，中间也有由慢转快的几次变化，有歌舞；曲破又名舞遍，以舞为主。

此曲约成于公元718～720年间，关于它的来历，则有三种说法：一是说玄宗登三乡驿，望见女儿山（传说中的仙山），触发灵感而作；第二种说法则是根据《唐会要》记载：天宝十三年，唐玄宗以太常刻石方式，更改了一些西域传入的乐曲，此曲就是根据《婆罗门曲》改编的；第三种则折中前两种说法，认为此曲前部分（散序）是玄宗望见女儿山后悠然神往，回宫后根据幻想而作，后部分（歌和破）则是他吸收河西节度使杨敬述进献的印度《婆罗门曲》的音调而成。

二、棋——玄妙多变

围棋为何有绵延久远而不衰的魅力

围棋是中华民族传统文化中的瑰宝，它体现了中华民族对智慧的追求，古人常以"琴棋书画"论及一个人的才华和修养，其中的"棋"指的就是围棋。

围棋是一种智力游戏，起源于中国古代。据说远古帝王伏羲氏为了启发愚钝的儿子，而发明了围棋让他学习。现在围棋已成为东方文化的精粹，广受大众的喜爱。围棋为何有绵延久远而不衰的魅力？答案十分简单，因为被人们形象地比喻为黑白世界的围棋，是我国古人所喜爱的娱乐竞技活动，同时也是人类历史上最悠久的一种棋戏。由于它将科学、艺术和竞技三者融为一体，有着发展智力、培养意志品质和机动灵活的战略战术思想意识的特点，因而，几千年来长盛不衰，并逐渐地发展成了一种国际性的文化竞技活动。它不但妙趣无穷，而且棋理深微，不但可以锻炼头脑，还可以陶冶人的情志。

围棋的别名及其来历有哪些

围棋自起源于今已有两千多年的历史。围棋的别名纷纭繁多，最早被称为"弈"或"碁"；后来，有人根据黑白双方总是互相攻击、互相包围的特点，称围棋是"围碁"；有人因为围棋棋盘是方形，棋子、棋盒为圆形，称它为"方圆"；有人因为围棋分黑、白两色，黑子似乌鸦，白子如鹭鸶，称为"鸟鹭"；有人因为弈棋时，两人对坐，专心致志，诸事不闻不问，犹如隐居一般，称为

"坐隐"；有人因为下棋时，默不作声，仅靠一只手的中指、食指，运筹棋子来斗智、斗勇，称为"手谈"；有人根据神话故事王质观仙人对弈，一局未终，所执的斧头柄已烂朽的事而起名，称为"烂柯"；有人因为围棋盘上纵横交叉的线条，犹如河网、地图一般，称为"洛"；有人因古代多用玉石做棋子，以楸木做棋盘，称为"玉楸（qiú）枰（píng）"；其他如"略阵""围猎""坐藩"等也都是围棋的别名。

围棋棋盘的特点和含义是什么

围棋棋盘是一个标准的正方形，它由纵横各 19 条线垂直、均匀相交而成，构成一幅对称、简洁而又完美的几何图形。围棋棋盘的最大特点，在于它的整体性、对称性、均匀性。它全然一个整体，上下左右完全对称，四面八方绝对均匀。它既无双方阵地之分，也无东西南北之别。棋盘可以横摆、竖摆，下棋者可以从任何一边落子。围棋棋盘的这些特点十分契合宇宙空间的本性。现代宇宙学证实，在大尺度的宇宙空间，物质的分布并非杂乱无章，而是呈现高度的对称与均衡。而宇宙同时在以均匀和对称的方式不断膨胀。

如果你久久凝视棋盘，会产生一种浑然一体，茫然无际的感觉。如仰视浩瀚苍天，如俯瞰辽阔大地。中国围棋大师吴清源考证说：围棋其实是古人一种观天工具。棋盘代表星空，棋子代表星星。围棋棋盘被分割成 324 个大小相等的小方格和 361 个交叉点，成标准网格状。这种网格是围棋棋子运动的载体。围棋棋盘这种有形之网正象征着天地之间的无形之网。

围棋棋盘的大小有些奇妙。据考证，最初的围棋棋盘少于纵横十九路，以后逐步扩充到现在这个样子。从理论上讲，围棋棋盘边界还可以继续延伸，只要人类的智力可以承受，扩展到纵横二十五路，甚至更多也是可行的。围棋棋盘在有限中蕴藏着无限的潜力，正象征着宇宙的不断膨胀。

中国象棋有何特点

象棋，又称中国象棋，是中国传统的两人对弈棋类游戏，其他类似的有国际象棋及日本象棋，主要流行于华人及亚太地区。与国际象棋比较，中国象棋的特点如下：象棋的棋盘较大，棋子密度较低，开局和中局每步的分支较多，增加了对弈程式设计的难度。象棋的状态空间复杂度可达 1048，而赛局复杂度可达 10150。整体复杂度介于日本象棋与国际象棋之间。国际象棋的残局比中国象棋相对复杂，因为王的移动不受限制，且没有"将帅不可照面"的限制，而且兵的走法更为多样。两者在和局的规定上有不同。中国象棋中无棋可走的一方作负，但国际象棋中立即成为和棋。

三、书——遒劲雄健

怎样理解最古老的成熟文字——甲骨文的含义

甲骨文是中国现存最古老的成熟文字，是现代汉字的初型。它最初被发现于河南安阳小屯村一带，距今约 3000 多年历史，经过鉴定是比篆文、籀文更早的文字。甲骨文文字的内容除少许的记事外，大部分都是当时的卜辞。它产生于公元前 1400 年的商代，然而，直到清光绪二十五年（1889 年），它才被人发现。据统计，已发现的甲骨文有 15 万片以上，不重复的字约有 4500 多个，可识的约有 1500 字。这些字用尖利的工具契刻，也有用类似毛笔所写的墨书或朱书文字。商朝人好占卜，以火灼烧甲骨出现的"兆"（细小的纵横裂纹）来预测吉凶。由于其文字是刻在龟甲、兽骨上的，所以叫甲骨文。又因为是以契刀刻画的，故又名"契文""契刻"。

在殷墟出土有大量刻有卜辞的甲骨，这些字都具备了汉字的基本结构。其笔画瘦硬方直，线条无论粗细都显得遒劲而有立体感，表现出契刻者运刀如笔的娴熟技巧，书法风格也随着时期的不同而迥异，或纤细谨密，或草率粗放，是研究我国文字的重要文化。

先秦书法——金文有什么特点

金文是指铸刻在殷周青铜器上的铭文，也叫钟鼎文。商周是青铜器的时代，青铜器的礼器以鼎为代表，乐器以钟为代表，"钟鼎"是青铜器的代名词。所谓青铜，就是铜和锡的合金。中国在夏代就已进入青铜时代，铜的冶炼和铜器的制造技术十分发达。因为周以前把铜也叫金，所以铜器上的铭文就叫做"金文"或"吉金文字"；又因为这类铜器以钟鼎上的字数最多，所以过去又叫做"钟鼎文"。金文应用的年代，上自商代的早期，下至秦灭六国，约1200多年。金文的字数，据《金文编》记载，共计3722个，其中可以识别的字有2420个。其主要特点是笔道肥粗，弯笔多。金文是研究西周、春秋、战国文字的主要资料，也是研究先秦历史最珍贵的资料。

大篆小篆的统称——篆书有什么特点

篆书有广义与狭义概念之分。广义包括隶书以前的所有书体以及延属，如甲骨文、金文、石鼓文、六国古文、小篆、缪篆、叠篆等；狭义主要指"大篆"和"小篆"。而广义的"大篆"指"小篆"以前的文字和书体，包括甲骨文、钟鼎文、籀文和六国文字等；狭义专指周宣王太史籀厘定的文字，即"籀文"。大篆的代表作品有《石鼓文》和《秦公簋》铭文等。"小篆"与"大篆"对称，亦称"秦篆"，意指秦始皇统一天下文字而命李斯所制也，小篆笔画圆转流畅，较大篆整齐。秦时刻石如《泰山》《峄山》《琅琊台》等，传为李斯所书，为小篆之代表作品。唐代李阳冰、五代徐锴与清代的邓石如均是小篆大家。

汉字中常见的一种庄重字体——隶书有什么特点

隶书也叫"隶字""古书"，是在篆书基础上，为适应书写便捷的需要产生的字体。它起源于秦朝，在东汉时期达到顶峰，书法界有"汉隶唐楷"之称，也有说法称隶书起源于战国时期。隶书是汉字中常见的一种庄重的字体，书写效果略微宽扁，横画长而直画短，讲究"蚕头雁尾""一波三折"。隶书的出现是中国文字的又一次大改革，它使中国的书法艺术进入了一个新的境界，是汉字演变史上的一个转折点，奠定了楷书的基础。隶书字体结构扁平、工整、精巧。到东汉时，撇、捺等点画美化为向上挑起，轻重顿挫富有变化，具有书法艺术美。风格也趋多样化，极具艺术欣赏的价值。

汉字的一种书体——草书有什么特点

草书是为书写便捷而产生的一种字体，其特点是结构简省、笔画连绵，始于汉初。草书有章草、今草、狂草等。章草起于西汉，盛于东汉，字体具隶书形式，笔画省变有章法可循，字字区别，不相纠连；今草起于东汉末期，风格多样，不拘章法，笔势秀丽流畅，晋王羲之、王献之父子擅长今草；狂草亦称大草，笔意奔放，体势连绵，如唐朝张旭《千字文》《古诗四帖》，怀素《自叙帖》等，字字区别，不相连接，而笔意活泼、秀媚。草书自狂草起开始成为完全脱离实用的艺术创作。

汉字发展史上的正体——楷书有什么特点

楷书又称正书，或称真书，因为它是汉字发展史上的正体，是"楷模"。一般认为楷书是由"古隶"演变而成的，始于东汉。在楷书的发展衍化过程中，三个重要的时期形成了三种不同的风格，即晋楷、魏楷和唐楷。楷书四大家，是对书法史上以楷书著称的四位书法家的合称，也称四大楷书，楷书四体，唐朝欧阳询（欧体），其楷书法度严谨，笔力险峻，世称"唐人楷书第一"，代表作《九成宫醴泉铭》。唐朝颜真卿（颜体），其楷书端庄雄伟，气势开张，世称"颜体"，代表作《多宝塔碑》。唐朝柳公权（柳体），其楷书清健遒劲，结体严谨，笔法精妙，笔力挺拔，世称"柳体"，代表作《玄秘塔碑》和《神策军碑》。元朝赵孟頫（赵体），其楷书圆润清秀，端正严谨，又不失行书之飘逸娟秀，世称"赵体"，代表作《玄妙观重修三门记》。到了清朝，楷书书风渐趋死板，于是书法家又从北派中寻找灵感，因而大力推崇魏碑体楷书，直接促成了清朝碑学的兴起。

介于楷书、草书之间的一种字体——行书有什么特点

行书大约是在东汉末年产生的，是介于今草书和楷书之间的一种字体，可以说是楷书的草化或草书的楷化。它不像草书那样难写难认，也不像楷书那样严谨端庄，所以古人说它"非真非草"。其特点是：

（1）大小相兼。每个字呈现大小不同，存在着一个字的笔与笔相连，字与字之间的连带，既有实连，也有意连，有断有连，顾盼呼应。

（2）收放结合。线条短的为收，线条长的为放，回锋为收，侧锋为放；多数是左收右放，上收下放，但也可以互相转换，不排除左放右收，上放下收。

（3）疏密得体。上密下疏，左密右疏，内密外疏。中宫紧结，凡是框进去的留白越小越好，画圈的笔画留白也是越小越好。布局上字距紧压，行距拉开，跌扑纵跃，苍劲多姿。

（4）浓淡相融。书写应轻松、活泼、迅捷，掌握好疾与迟、动与静的结合。墨色安排上应首字为浓，末字为枯。线条长细短粗，轻重适宜，浓淡相间。

代表作最著名的是东晋书法家王羲之的《兰亭序》，有人以"龙跳天门，虎卧凤阁"形容其字俊秀强劲，赞誉为"天下第一行书"。

具有强烈隶书风格的楷书——魏碑体有什么特点

魏碑体是指南北朝时期北朝的碑刻书法作品的统称，其特点是笔力、字体强劲，是后世书法的一种楷模。现存的魏碑书体都是楷书，因此有时也把这些楷书碑刻作品称为"魏楷"。魏碑体的特点主要有以下三点：①横画和捺画保持隶书的特点，常伸展到字形边界甚至超出边界；②字形与隶书相比呈扁方形；③撇捺向两侧伸展，收笔前的粗顿以及抬峰，使整个字形厚重稳健略显飞扬、规则中正而有动态，颇具审美价值。康有为称魏碑有十美，概括了魏碑书法雄强、朴拙、自然天成的艺术特点。

运笔飘忽快捷，笔迹瘦劲——瘦金体有什么特点

宋徽宗赵佶是个天分极高的书画家。他的书法，早年学薛稷、黄庭坚，参以褚遂良诸家，出以挺瘦秀润，融会贯通，变化后形成自己的风格，号称"瘦金体"。其特点是：瘦直挺拔，横画收笔带钩，竖划收笔带点，撇如匕首，捺如切刀，竖钩细长；有些联笔字像游丝行空，已近行书。其用笔源于褚、薛，写得更瘦劲，结体笔势取黄庭坚大字楷书，舒展劲挺。宋徽宗的瘦金体书法独步天下，至今也没有人能够超越，真可谓是古今第一人。宋徽宗传世的瘦金体书法作品有《瘦金体千字文》《欲借风霜二诗帖》《夏日诗帖》等。

"石刻之祖"——石鼓文的含义是什么

石鼓文刻于十座花岗岩石墩上，因石墩形似鼓，故称为"石鼓"。石鼓文上承西周金文，下启秦代小篆。是中国现存最早的刻石文字。其笔法方正、均衡、圆阔，布局紧凑，极为周致，为历代习篆书家所喜爱。

石鼓文于唐代出土于天兴三畤原（今陕西省宝鸡市凤翔三畤原），唐代诗人韩愈曾作《石鼓歌》，其中有"周纲凌迟四海沸，宣王愤起挥天戈"的诗句。可见，在唐代普遍认为石鼓文出于周代。至宋代，欧阳修仍认为石鼓文为周宣王时期史籀所作。近代罗振玉《石鼓文考释》和马叙伦《石鼓文疏记》将石鼓文的历史缩短到了秦代，认为是秦文公时期出现的。郭沫若又考证石鼓文的制作年代为秦襄公八年。

石鼓文于唐末流散，现存的石鼓文是宋朝收集的十石鼓，但有的字已经残缺不全，其后又经历多次战乱迁徙，现存于北京故宫博物院。

钟繇的书法有何特色

钟繇（151～230年），字元常，颍川长社（今河南长葛）人。三国魏书法家。因为做过太傅，世称"钟太傅"。他的书法，以曹喜、蔡邕、刘德升为师，博采众长，兼善各体，尤精小楷。其特色为书法结构朴实严谨，笔势自然。据说楷书就是他最初衍化而来的。后以其正楷书法享誉一时。钟繇所处的正是隶楷错变的时代，因此在他的真书中也带有浓厚的隶意。他的小楷体势微扁，行间茂密，点画厚重，笔法清劲，醇古简静，富有一种自然质朴的意味。其传世书作真迹已无存。与晋代王羲之并称"钟王"。宋以来法帖中所刻《宣示表》《贺捷表》《荐季直表》《力命表》《墓田帖》等，都出于后人临摹。

王羲之为何被尊为"书圣"

王羲之，字逸少，东晋书法家，琅琊临沂（今山东临沂）人，曾任秘书郎、长史、宁远将军、江州刺史、会稽内史。因任过右军将军，故后人称他为王右军。王羲之为官时，主张实行清明政治，后辞官，定居会稽山阴（今浙江绍兴），专心研习书法。王羲之少年时就曾经师从卫夫人学习楷书，后改变初学，草书学张芝，楷书学钟繇，并博采众长，精研体势，推陈出新，一度改变汉魏以来质朴的书风，形成妍美流变的新体。王羲之辞官后更加专注于书法研究，最终成为一代大家。他的书法兼备诸体，尤善楷书、行书，字势雄奇而多变化，为历代书法家所崇尚，对后世影响极大，王羲之也因此享有"书圣"之称。

王羲之的书迹刻本甚多，多散见宋代以来所刻的丛帖中，行书保存在唐代僧人怀仁集书《圣教序》内最多；草书有《长风帖》《初月帖》《十七帖》等，真迹无存，唯有唐代人双勾廓填的行书《姨母》《奉橘》《丧乱》《孔侍中》及草书《初月》等帖；其《兰亭序》更是流传千古的经典之作。

《兰亭序》为何有"天下第一行书"之称

《兰亭序》，又名《兰亭宴集序》《兰亭集序》《临河序》《禊序》《禊帖》。此帖共28行，324字，章法、结构、笔法都很完美，是王羲之五十岁时的得意之作。《兰亭序》表现了王羲之书法艺术的最高境界。作者的气度、风神、襟怀、情愫，在这件作品中得到了充分表现。古人称王羲之的行草如"清风出袖，明月入怀"，堪称绝妙的比喻。后人评道"右军字体，古法一变。其雄秀之气，出于天然，故古今以为师法"。因此，历代书法家都推《兰亭序》为"天下第一行书"。

《瘗鹤铭》被称为"大字之祖"的原因是什么

《瘗鹤铭》乃六朝石刻，为葬鹤而作斯铭。原刻在镇江焦山西麓的石壁上，中唐以后始有著录，后遭雷击崩裂落入长江，南宋淳熙年间发现一块残石二十余字，康熙五十二年又发现五块残石七十余字。自宋代《瘗鹤铭》残石被发现以来，历代书法家都给予其高度评价。

碑文存字虽少而气势宏逸，神态飞动，读之令人回味无穷。用笔撑挺劲健，圆笔藏锋，体法从篆隶中变化而来。结体宽博舒展，上下相衔，如仙鹤低舞，仪态大方，飘然欲仙，字如其名，表里一致，堪称书法杰作。北宋黄庭坚认为"大字无过《瘗鹤铭》""其胜乃不可貌"，誉之为"大字之祖"。宋曹士冕则推崇其"笔法之妙，书家冠冕"。此碑之所以被推崇，因其为南朝时代书法气韵，特别是篆书的中锋用笔的渗入；加之风雨剥蚀的效果，还增强了线条的雄健凝重及深沉的韵味。此碑的拓本及字帖久传国际，名震海内外，是研究书法艺术之代表。它既是成熟的楷书，又是领会楷书发展过程中之篆、隶笔势遗踪发展史的重要实物资料。

欧阳询对楷体的发展作出了哪些贡献

欧阳询（557~641年），字信本，潭州临湘（今湖南长沙）人。官至太子率更令、弘文馆学士，封渤海县男。与虞世南、褚遂良、薛稷并称为"初唐四家"。他博览古今，书则八体尽能，尤工正、行书。他的楷书笔力险劲，结构独异，后人称为"欧体"，以《九成宫醴泉铭》等为代表，此外他所写的《化度寺邑禅师舍利塔铭》《虞恭公温彦博碑》《皇甫诞碑》被称为"唐人楷书第一"。欧阳询最大的贡献，是他对楷书结构的梳理。相传欧阳询总结了有关楷书字体的结构方法共三十六条，名为"欧阳询三十六法"。欧阳询的儿子欧阳通，颇有乃父之风，父子均闻名于书坛，被称为"大小欧阳"。

张旭的草书有何特色

张旭，盛唐时期人，生卒不详，字伯高，吴郡人。他少年时即好书法，小仕后初为常熟县尉，后官至金吾长史，故人称"张长史"。张旭为人洒脱不羁，豁达大度，才华横溢，学识渊博，与李白、贺知章交情甚密。张旭的书法始于张芝、二王一路。他的楷书端正严谨，规矩至极，黄庭坚誉之为"唐人正（楷）书无能出其右者"。若说他的楷书是继承多于创造，那么他的草书则是书法上了不起的创新与发展。张旭把当时流行的"今草"书体，发展成为笔法放纵、字形繁多变化的"狂草"体，做到笔未落而意在先，书虽尽而心相连，成为中国狂草书体的奠基人。《草书古诗四首》是张旭狂草代表作之一，极为珍贵。其内容前两首是南北朝文学家庾信的《步虚词》二首，后两首是南朝诗人谢灵运的《王子晋赞》和《四五少年赞》。通篇笔画丰满，绝无纤弱浮滑之笔。行文跌宕起伏，动静交错，满纸如云烟缭绕，是草书中的巅峰之作。

张旭"狂草"书法的出现，打破了中国汉字的基本构成，虽然大部分难以辨认，但正是这种连鬼神都不可端倪的"雄逸天纵"的书法，成了人们为之倾倒的艺术，并把中国书法推到了纯艺术的高峰。

怀素的草书有何特色

怀素，唐朝书法家，字藏真，俗姓钱，永州零陵（今湖南零陵）人。以"狂草"名世，史称"草圣"。怀素7岁时到零陵县城河内的"书堂寺"为僧，后到东门外的"绿天庵"为僧。怀素自幼对书法怀有浓厚兴趣，经禅之余，勤学书法。因为无钱买纸练字，他就在寺旁空地种下许多芭蕉，以蕉叶代纸练字，故名其庵为"绿天庵"。经长期勤学精研，秃笔成堆，埋于山下，名曰"笔冢"。旁有小池，常洗砚水而变黑，名为"墨池"。前人评其书法，继承张旭笔法而有所发展，所谓"以狂继颠"，并称"颠张醉素"。怀素草书，笔法瘦劲，飞动自然，如骤雨旋风，随手万变。他的书法虽率意颠逸，千变万化，而法度俱备。

怀素与张旭形成唐代书法双峰并峙的局面，也是中国草书史上两座不可企及的高峰。

怀素传世书迹有《自叙帖》《苦笋帖》《食鱼帖》《圣母帖》《论书帖》《大草千文》《小草千文》诸帖。其中《食鱼帖》极为瘦削，骨力强健，谨严沉着；而《自叙帖》其书由于与书《食鱼帖》时心情不同，风韵荡漾，各尽其妙。米芾《海岳书评》："怀素如壮士拔剑，神采动人，而回旋进退，莫不中节。"唐代诗人对其书法多有赞颂，如李白有《草书歌行》，曼冀有《怀素上人草书歌》等。

书法中的"宋四家"分别指哪几位

所谓"宋四家"，指的是苏轼、黄庭坚、米芾和蔡襄，这四人是最能代表宋代书法成就的书法家。

苏轼，字子瞻，号东坡居士，四川眉山人。北宋著名文学家、书画家。擅长行书，代表作有誉为"天下第三行书"的《寒食帖》。

黄庭坚，字鲁直，号山谷道人，后世称他为"黄山谷"，晚号涪翁，洪州分宁（今江西修水）人。北宋诗人、书法家。

米芾，字元章，号襄阳漫士、海岳外史，鹿门居士。祖籍山西太原，后定居江苏镇江。米芾能诗文，擅书画，精鉴别，集书画家、鉴定家、收藏家于一身，在"宋四家"中首屈一指。

蔡襄，字君谟，兴化（今福建仙游）人。

宋四家中，蔡襄的年龄辈分，应在苏、黄、米之前。从书法风格上看，苏轼丰腴跌宕，黄庭坚纵横拗峭，米芾俊迈豪放。他们的书风自成一格，苏、黄、米都以行草、行楷见长，而喜欢写规规矩矩的楷书的，只有蔡襄。

赵孟頫书法的特色及其代表作有哪些

赵孟頫（1254～1322年），字子昂，号松雪、松雪道人，又号水精宫道人、鸥波，中年曾作孟俯，汉族，吴兴（今浙江湖州）人。元代著名书画家。他博学多才，能诗善文。赵孟頫的书法艺术，历来与唐代欧阳询、颜真卿、柳公权齐名，素有入笔流利、丰腴不俗、结构紧凑、搭配灵巧、工整秀丽、笔法稳健的艺术风格，被称为是王羲之二代。《元史》本传讲，"孟頫篆籀分隶真行草无不冠绝古今，遂以书名天下"。元鲜于枢《困学斋集》称："子昂篆、隶、真、行、颠草为当代第一，小楷又为子昂诸书第一。"

其书法代表作品有：《洛神赋》《道德经》《胆巴碑》《玄妙观重修三门记》《四体千字文》《赤壁赋》《临兰亭帖》《真草千字文》《归去来辞》《临右军帖》《纨扇赋》《绝交书》《汲黯传》《闲居赋》《酒德颂》等。

董其昌的书画对后世产生了怎样的重要影响

董其昌，字玄宰，号思白，又号香光居士，汉族，华亭（今上海闵行区马桥镇）人。"华亭派"的主要代表。明万历十六年（1588 年）进士，官至礼部尚书，卒谥文敏。

董其昌精于书画鉴赏，收藏了很多名家作品，在书画理论方面也有很多论著，其中"南北宗"的画论对晚明以后的画坛影响深远。董其昌的书画创作讲求追摹古人，但又不拘泥不化，在笔墨的运用上追求先熟后生的效果，拙中带秀，充分表达了一种平淡天真的个性。再加上他当时显赫的政治地位，其书画风格名重一时，并成为明代艺坛的主流。著有《画禅室随笔》《容台集》《画旨》等文集。

故宫三希堂收藏的"三希"指什么

三希堂，原名温室，乾隆十一年（1746 年）因收藏大书法家王羲之的《快雪时晴帖》、王献之的《中秋帖》和王珣的《伯远帖》，而更名为三希堂。

按其本意，"三希"本有二解。一曰"士希贤，贤希圣，圣希天"。即士人希望成为贤人，贤人希望成为圣人，圣人希望成为知天之人。"三希"是鼓励自己不懈追求，勤奋自勉。第二种解释为"珍惜"。古文"希"同"稀"，"三希"即三件稀世珍宝。在当时，这两层含义是并重的。乾隆帝文韬武略、博学多识，能诗词，尤擅书法，曾多次在全国寻求历代大家的名帖，乾隆十一年（1746 年）在此收藏了晋朝大书法家王羲之的《快雪时晴帖》、王献之的《中秋帖》和王珣的《伯远帖》。就书法收藏而言，这三件书法稀世珍宝就被称为"三希"。

《书谱》对书法的发展产生了怎样的重要影响

唐代孙过庭所著的《书谱》，是中国书学史上一篇划时代的书法论著。在这一著作中，孙过庭提出了著名的书法观："古不乖时，今不同弊"，为书法美学理论奠定了基础，对中国书法影响巨大。

《书谱》奠定了书法理论的基本框架。其中提到反对写字如同绘画"巧涉丹青功亏翰墨"，认为书法审美观念要"趋变适时"，所谓"质文三变，驰骛沿革，物理常然"，反对把书法当做秘诀，择人而授的保守态度，认为楷书和草书要融合交汇，"草不兼真，殆于专谨，真不通草，殊非翰札"。

《祭侄文稿》为什么有"天下第二行书"之称

《祭侄文稿》全称《祭侄季明文稿》，为唐代书法家颜真卿所作。此文是一篇书札草稿，内容是追悼在安史之乱中牺牲的兄长颜杲卿和侄子季明的祭文。本为稿本，原不是作为书法作品来写的，但正因为是无意之作，所以使得这幅字写得神采飞动，笔势雄奇，姿态横生，深得自然之妙，备受后人推崇。张晏评云："告不如书简，书简不如起草。盖以告是官作，虽楷端终为绳约；书简出于一时之意兴，则颇能放纵矣；而起草又出于无心，是其手心两忘，真妙见于此也。"元代鲜于枢评此帖为"天下第二行书"。

《寒食帖》为何有"天下第三行书"之称

《寒食帖》在书法史上影响很大，是苏轼行书的代表作，被称为"天下第三行书"，也是苏轼书法作品中的上乘。这是一首遣兴诗作，是苏轼被贬黄州第三年的寒食节所发的人生之叹。诗写得苍凉多情，表达了苏轼此时惆怅孤独的心情。此诗的书法也正是在这种心情和境况下，有感而出。通篇书法起伏跌宕，光彩照人，气势奔放，而无荒率之笔。

《蜀素帖》为何有"中华第一美帖"之称

米芾的《蜀素帖》，又称《拟古诗帖》。书于乌丝栏内，但气势丝毫不受局限，率意放纵，用笔俊迈，笔势飞动，提按转折挑，曲尽变化。米芾用笔喜"八面出锋"，变化莫测。此帖用笔多变，正侧藏露，长短粗细，体态万千，充分体现了他"刷字"的独特风格。

在章法上，紧凑的点画与大段的空白强烈对比，粗重的笔画与轻柔的线条交互出现，流利的笔势与涩滞的笔触相生相济，风樯阵马的动态与沉稳雍容的静意完美结合，形成了《蜀素帖》独具一格的章法。总之，率意的笔法，奇诡的结体，中和的布局，一洗晋唐以来和平简远的书风，创造出激越痛快、神采奕奕的意境。因此被后人誉为"中华第一美帖"。

最著名的"中华十大传世名帖"是什么

"中华十大传世名帖"指的是：

（1）东晋王羲之家族的《噫三希宝帖》，包括王羲之的《快雪时晴帖》、王献之的《中秋帖》和王珣的《伯远帖》，它们是现存最为古老的书法真迹，是当之无愧的中华神品，现分藏于北京和台北故宫博物院。

（2）东晋王羲之的《兰亭序》。此帖代表了王羲之书法艺术的最高境界，虽然现存的《兰亭序》只是唐人摹本，依然弥足珍贵。

（3）唐代欧阳询的《仲尼梦奠帖》。欧阳询被后世誉为"唐人楷书第一"，《梦奠帖》为其晚年力作，功底深厚。

（4）唐代颜真卿的《祭侄文稿》。此帖被誉为"天下第二行书"，其遒劲而

和润的笔法与书写者痛彻切骨的感情融为一体，给人极强的震撼力。

（5）唐代怀素的《自叙帖》。此帖被誉为"中华第一草书"，是怀素晚年力作，奥妙绝伦，精彩动人。

（6）北宋苏轼的《寒食帖》。此帖为"天下第二行书"，通篇书法起伏跌宕，光彩照人，气势奔放，而无荒率之笔。

（7）北宋米芾的《蜀素帖》。此帖结构奇险率意，变幻灵动，字形秀丽颀长，风姿翩翩，被后世誉为"天下第一美帖"。

（8）北宋徽宗赵佶的《草书千字文》。此帖是赵佶四十岁时的精意作品，笔势奔放流畅，变幻莫测，一气呵成，颇为壮观。

（9）元代赵孟頫的《前后赤壁赋》。其字点画精到，结体周密，行笔劲健酣畅，是赵孟頫的经典力作。

（10）明代祝允明的《草书诗帖》。此帖纵情奔放，酣畅淋漓，是祝允明书法的代表作品。

四、画——赏心悦目

传统中国画有何特点

中国画，简称国画，在世界美术领域中自成体系，独具特色，成为东方绘画体系的主流。

中国画在构图、用笔、用墨、敷色等方面，也都有自己的特点。中国画的构图一般不遵循西洋画的黄金律，而是或作长卷，或作立轴，长宽比例是"失调"的。但它能够很好地表现特殊的意境和画者的主观情趣。同时，在透视的方法上，中国画与西洋画也是不一样的。透视是绘画的术语，就是在作画的时候，把一切物体正确地在平面上表现出来，使之有远近高低的空间感和立体感。因透视的现象是近大远小，所以也常常称作"远近法"。西洋画一般是用焦点透视，这就像照相一样，固定在一个立脚点，受到空间的局限，摄入镜头的就如实照下来，否则就照不下来。中国画就不一定固定在一个立脚点作画，也不受固定视域的局限，它可以根据画者的感受和需要，使立脚点移动作画，把见得到的和见不到的景物统统摄入自己的画面。这种透视的方法，叫做散点透视或多点透视。用笔和用墨，是中国画造型的重要部分。用笔讲求粗细、疾徐、顿挫、转折、方圆等变化，以表现物体的质感。用墨则讲求皴、擦、点、染交互为用，干、湿、浓、淡合理调配，以塑造型体，烘染气氛。它还有一个重要的特点，就是诗书画印四者有机地结合在一起，相互补充，交相辉映，形成其特有的内容美和形式美。

中国画的工笔技法的特色表现在哪些方面

工笔，简单地说，就是细致写实，亦称"细笔"，与"写意"对称。其重要的特色是着重线条美，一丝不苟，是一种工整细致的密体画法。如宋代的院体画，明代仇英的人物画，清代沈铨的花鸟走兽画等。北宋韩拙《山水纯全集》有"用笔有简易而意全者，有巧密而精细者"之说，工笔的要求乃属于后者。工笔画的技法有：描、分、染、罩等。所谓描指的是白描，画者分别用浓墨、淡墨瞄出底稿；分是指用磨色上色，用清水分蕴开来，表现出画面的层次；染和分是一个意思，只不过用的不再是墨色，而用彩色来分蕴画面；罩色指的是整体上色，比如整片叶子上的绿色。

中国画的写意技法的特色表现在哪些方面

写意，俗称"粗笔"，与"工笔"对称。它是一种通过简练放纵的笔致着重表现描绘对象的意态风神的画法。清代恽寿平说："宋人谓能到古人不用心处，又曰写意画。两语最微，而又最能误人，不知如何用心，方到古人不用心处，不知如何用意，乃为写意。"宋代韩拙说："用笔有简易而意全者，有巧密而精细者。"前者乃指"写意"。写意技法的特色，在于不着眼于详尽如实、细针密缕地摹写现实，而着重以简练的笔墨表现客观物象的神韵和抒写画家主观的情致。如南宋梁楷、法常，明代陈淳、徐渭，清初朱耷等，均擅长此法。

何谓"皴法"

皴法，是中国画表现技法之一。是古代画家在艺术实践中，根据各种山石的不同地质结构和树木表皮状态，加以概括而创造出来的一种表现形式。

皴法种类都是以各自的形状而命名的。早期山水画的主要表现手法是以线条勾勒轮廓，之后敷色。随着绘画的发展，为表现山水中山石树木的脉络、纹路、质地、阴阳、凹凸、向背，逐渐形成了皴擦的笔法，形成中国画独特的专用名词"皴法"。

其基本方法是以点线为基础来表现山岳的明暗（凸凹），因地质构造的不同，表现在山石的形貌亦各不相同，因而形成了各类型的皴擦方法与名称，一般称为披麻皴、乱麻皴、芝麻皴，大斧劈皴、小斧劈皴，卷云皴（云头皴）、雨点皴（雨雪皴）、弹涡皴、荷叶皴，矾头皴、骷髅皴、鬼皮皴、解索皴、乱柴皴、牛毛皴、马牙皴、斫皴、点错皴、豆办皴，刺梨皴（豆办皴之变）、破网皴、折带皴，泥里拔钉皴、拖泥带水皴、金碧皴、没骨皴、直擦皴、横擦皴等。

在中国画的山水画中，皴法的出现标志着山水画真正走向成熟。随着中国画的不断发展，千百年以来皴法已经从基本技法演化成了具有生命精神的艺术语言形式，它不仅有独立的审美价值，随着时代的发展，皴法还体现出不同时代的审美特征。

白描技法的主要特点是什么

白描，是中国画技法的一种。有单勾和复勾之分。用同一墨色的线勾描整幅画的叫一色单勾。用浓淡不同墨色勾成的，如用淡墨勾花，浓墨勾叶叫浓淡单勾。单勾要求线描准确流畅、生动、笔意连贯。先以浓墨全部勾好，再以浓墨对局部或全部进行勾勒叫复勾，它多用以加强所描物象的精神和质感。总之，白描具有朴素简洁、概括明确的特点。多见于人物画和花鸟画。

中国古代有许多白描大师，如吴道子、李公麟等都取得了突出成就。

泼墨技法的主要特点是什么

泼墨技法，创始于唐代王洽（又名王墨、王默），《唐代名画录》《历代名画记》都有记载。王洽喜豪饮，醉后解衣磅礴，激情迸发，用墨泼在绢上，然后根据墨迹的形态，画成山石林泉，云雨迷茫，浑然一体，时人称他为"王泼墨"。后世所谓泼墨法，是指落笔大胆、点画淋漓，水墨浑融、气势磅礴的写意画法。运用这种技法，毛笔要大一些。用饱含水的笔头，蘸上浓淡得宜的墨汁，大胆落笔，点拓出山石的形体。运笔要胸有成竹，轻重得宜，可以重笔，也可有飞白，随物形而变化，即可获得墨色丰富、滋润生动的效果。

什么是"十八描"

"十八描"，中国画技法名。中国古代画家曾总结有 18 种描线方法，简称"十八描"。这 18 种方法是许多人长期经验的总结。有些描法在唐以前就有，有些则是以后逐渐总结出来的。约在明朝已经形成完整的体系，长期实践以后成为传授人物绘画的基本程式。

明代邹德中《绘事指蒙》载有"描法古今一十八等"。亦见于明代汪砢玉《珊瑚网》。清王瀛将其付诸图画，并注明每种描法的要点，现简述如下：

①高古游丝描：用笔尖圆匀细致描出，要有秀劲古逸之气为好。②琴弦描：用中锋悬腕，笔法须留得住，如颤笔皴法，心手相应不乱。③铁线描：用中锋圆劲之笔描写，无丝毫柔弱之迹方为合格。④混描：以淡墨皴衣褶纹，加以浓墨混成之，故称混描。⑤曹衣描：衣褶纹多用直笔紧束，所谓曹衣描笔法最讲沉着。⑥橛头钉描：用秃笔，坚强挺拔中要含有婀娜之意，最忌粗恶。⑦钉头鼠尾描：画有大兰叶、小兰叶两重皴法，如写兰叶法。⑧折芦描：此由圆笔转为方笔之法，仍须方中有圆，用隶书为之。⑨枣核描：亦如橄榄描法，石涛画笔中往往有之，是善于学古者唯不可于行迹拘之，多观古画自得。⑩马蝗描：伸屈自然，柔

而不弱，无臃肿断续之迹。

⑪橄榄描：用笔最忌两头有力中间虚弱，起讫极轻中又极沉着，如敦煌发现唐人佛像正用此意。⑫柳叶描：李后主金错刀书法，忌与浮滑轻薄之习。

⑬减笔描：马远、梁楷多用减笔，以少胜多，少难于多。

⑭竹叶描：视芦叶为短，如柳叶为长，仍用金错刀书法，中锋写之。⑮蚯蚓描：春蛇秋蚓，以譬作书无骨之弊，然险恶太过尤多近俗，蚯蚓当如篆书，圆笔为佳。⑯战笔水纹描：战战兢兢之颤，用笔要留而不滑，停而不滞。⑰枯柴描：山水画有乱柴皴，人物衣褶亦有枯柴描，刚中有柔，整而不乱为好。⑱行云流水描：用笔如云舒卷，似水转折不滞。上述各种描法，都是根据历代各派人物画的衣褶表现程式，按其笔迹形状而起的名称。《芥子园画谱》有示范稿本。

何谓指画

指画，是中国传统绘画中的一种特殊画法。又称指头画、指墨黑，因是用手指代笔作画，故称指画。它多是指甲、指背、掌心和指侧并用作画，有着悠久的历史，据清张彦远《画史外传》载，指画始于元代大画家金蓬头，其于绢上作画，谓之"手摸绢素"。

指画用指主要是食指，次之大指和中指，以配合做粗细线条。中指和无名指适用于大泼墨之涂抹。用这种方法作画，具有浑厚朴拙、变化无穷之妙。如画人物之须发或衣褶之类的细线时，运用较尖的指甲勾勒，可以达到细如毫发，随意飞动的艺术效果。同时，指头和指甲的蓄水有限，且流速又快，需要不间断的蘸水。所以长线多由短线接成，往往出现似断非断的情形，颇耐人玩味。与毛笔相比较，指头更能传其神，易于收到那种神到形不到，韵到墨不到的好处。历史上清高其佩、近代潘天寿、洪世清所作指画作品影响较大。

顾恺之对绘画艺术作出了哪些突出贡献

顾恺之（344～405年），原名长康，字虎头，出生于晋陵（江苏无锡）一个官僚家庭。年轻时做过官，有机会游览各地的名山大川。他性格诙谐，精通诗文，时人称他"才绝、画绝、痴绝"，画史上关于他的轶事有不少记载。

顾恺之在绘画艺术上的最大贡献是他的"传神"主张。史书记载，他画人物像，曾数年不点瞳仁，人问缘故，他说："四肢的美丑，无关于人的奥妙。传神写照，全在眼睛里。"嵇康《送秀才入军诗》中有这样的句子："目送归鸿，手挥五弦。"顾恺之从绘画角度总结说："画'手挥五弦'容易，画'目送归鸿'困难。"他认为"目送归鸿"意在像外，要把这种意蕴通过绘画表现出来是十分困难的。殷仲堪一只眼瞎了，顾恺之要给他画像，他死活不干。顾恺之劝他说："你不用怕。我只画你的瞳仁，然后用飞白的方法拂掠，你的眼睛就会像轻云蔽日一样啦。"飞白是书法的一种，笔画中露出丝丝白地，如枯笔书写。顾恺之用这种方法画殷仲堪的眼睛，果然非常有神。

顾恺之绘画的笔迹紧劲连绵，如春蚕吐丝，又如春云浮空，流水行地，皆出自然，通称为高古游丝描。着色则以浓色微加点缀，不求藻饰。他善于用睿智的眼光来审察题材和人物性格，加以提炼，因而他的画具有一定的思想深度，耐人寻味。

顾恺之在绘画理论方面也卓有建树，他留下来的论著有《论画》《画云台山记》等。

顾恺之《洛神赋图》的主要特点是什么

《洛神赋图》是一幅题材非常吸引人的作品，这幅图不只是表现了曹植《洛神赋》这一文学佳作，而重要的是顾恺之用绘画展现了文学作品所蕴含的那种真挚的情感。画中顾恺之巧妙地把诗人的幻想在造型艺术上加以形象化。例如：洛神曾多次出现在水面上，手持麈尾，衣带飘飘，动态委婉从容。她似来又去，含情脉脉，表现出一种可望而不可即的无限惆怅的情境。曹植头戴梁冠，身穿宽衣大袖，在打着华盖的随从者的簇拥下，有着贵族诗人的优雅风度。画中用来衬托洛神的景物也被形象化了，如画面上有高飞的鸿雁和腾空的游龙；又有云中的明月，初升的朝霞和出污泥而不染的荷花；还有传说的风神在收风，水神使洛水平静和女娲在歌唱。这些借以描绘神灵都同情曹植和甄氏的爱情遭遇不仅增强了人物之间的联系，而且更添加了神话梦幻的色彩。

吴道子《天王送子图》为何有"绘画中的瑰宝"之称

吴道子（680～759年），玄宗赐名道，河南阳翟（今禹州市）人，唐代第一大画家。童年的吴道子极为不幸，双亲早故，生活孤苦，迫于生计，自幼便学书习画。清苦的生活，勤奋的学习，使他很早便成才，20岁左右时已是一位颇有名气的画家了。

唐宣宗时吴道子被推崇为"画圣"，民间画塑匠人称他为"祖师"，道教中人更呼之为"吴道真君""吴真人"。被公认的吴画代表作品是《天王送子图》

《八十七神仙卷》《孔子行教像》《菩萨》《鬼伯》等。

吴道子的《天王送子图》又名《释迦降生图》，为纸本手卷，纵35.5厘米，横338.1厘米，传为宋人摹本。乃吴道子根据佛典《瑞应本起经》绘画的。作为一幅佛诞名画，可以从中看到佛教自印度传入中国后，经汉末而至盛唐，渐渐与中国文化融合。画中的人物已经本土化，不再是眼眶深凹、脸色黝黑，如达摩样，而完全是汉人模样。作为一幅中国画，又昭示着线描的一个新时代的开始。由"铁线"衍生出"兰叶线"，从此中国画的线描技法大备，无怪乎苏东坡语："画至吴道子，古今之变，天下之能事毕矣。"

《天王送子图中》中的人物神情动作、鬼怪、神龙、狮象等都描绘得极富神韵，略具夸张意味的造型更显出作者"出新意于法度之中，寄妙理于豪放之外"的艺术追求和艺术趣味。此图技法首重线条和用笔，笔势夭矫，行于所当行，止于所当止，故线条流转随心，轻重顿挫合于节奏，以动势表现生气，具有"疏体"画的特性，是典型的"吴家样"。《天王送子图》构思独到，气势磅礴，功力深厚，物象纷繁，给日后的宗教题材绘画尤其是佛道壁画带来深刻的影响。吴道子壁画原作已不可见，现存纸本是后人的摹本，形神俱佳，亦颇可观。

张僧繇的绘画主要特点是什么

张僧繇，吴（苏州）人，梁武帝时期的著名画家，是当时绘画成就最大的人。他与顾恺之、陆探微以及唐代的吴道子并称为"画家四祖"。张僧繇擅长描写人物面貌，他吸收了天竺（印度）等外来艺术的长处，在中国画中首先采用凹凸晕染法，画出的人物像和佛像栩栩如生，传神逼真。历代文献中，著录了他所画的23处寺庙壁画遗迹，也记载了他那日稀的传世画著及与日俱增的深远影响。唐代最著名的雕塑家与画圣吴道子，都直接继承了他的风格。唐代有歌谣"道子画，惠之塑，传得僧繇神笔路"，中肯地道出了这一点。张僧繇以他那画龙点睛的神笔，永远在中华民族的文化史册中占据着光荣的一席。

王维在绘画艺术上取得了哪些突出成就

王维（701~761年），字摩诘，祁（今山西祁县）人。唐代诗人、画家。

王维开启了唐代的水墨山水画时代，并对后世文人画有着极为重大的影响。从此绘画已不再完全依赖色彩，一种以水、墨作为表现手段的"写意画"逐渐取代了浓艳富丽的重彩，中国画家们更是以毕生的精力研究笔、墨的审美因素，并赋予了原本单纯的表现形式以丰富的内涵和无穷的美感。"夫画道之中，水墨最为上，肇自然之性，成造化之功"（王维《山水诀》）。他一生把所有的感情尽情挥洒于山水之间，寄情造意，诗从胸发，画由意出，情景交融，诗画同工，曲意盎然，达到了诗画相融的最高境界。

《袁安卧雪图》是王维的一幅佳作。其中雪中芭蕉的意喻得到后世的推崇，这种超越于生活常理之外的艺术处理，确立了"神情寄寓于物"的表现手段，也进一步深化了"意在笔先"的思维方式。王维好画雪景，也常有剑阁、栈道、捕鱼、山居的描绘：沉静的田园意趣，远离尘世的风景，确实令人有清新脱俗之感；渔人村民的生活作为一种山居野趣，也点缀在悠闲清雅的画面之中。"富贵山林，两得其趣"，既是历代名士的渴望，也是王维的向往。王维最重要的成就在于开创了诗情画意的境界，诗与画在意境上的交融，赋予了真正的气韵、生动的美感，从此诗的情怀进入了绘画，逐渐成了重要的审美标准之一。

王维的水墨画风，几乎影响着中唐以后的中国山水画发展的全部历史。至少可以说，占据中国古代山水画主流的文人画，都接受了王维的影响。苏轼"诗中有画，画中有诗"的赞语，奠定了王维在中国绘画史上的地位。明朝董其昌的文人画理论，把文人画的内涵，全部具体化于王维，称王维是南宗画之祖。

顾闳中《韩熙载夜宴图》有何特色

顾闳中，约910年生，980年逝世，五代南唐画家。江南人。元宗、后主时任画院待诏。工画人物，用笔圆劲，间以方笔转折，设色浓丽，善于描摹神情意态。

《韩熙载夜宴图》以连环长卷的方式描摹了南唐官宦韩熙载家开宴行乐的场景。此图以手卷形式，一共用5个场景——琵琶独奏、六么独舞、宴间小憩、管乐合奏、夜宴结束，描绘了整个夜宴的活动内容。

这幅画卷不仅仅是一幅描写私人生活的图画，更重要的是它反映出那个特定时代的风情。由于作者的细微观察，不放过任何一个细节，把韩熙载生活的情景描绘得淋漓尽致，画面里的所有人物的音容笑貌栩栩如生。在这幅巨作中，画有四十多个神态各异的人物，蒙太奇一样地重复出现，各个性格突出，神情描绘自然。

《韩熙载夜宴图》在用笔设色等方面也都达到了很高的水平，如韩熙载面部的胡须、眉毛勾染得非常到位，蓬松的须发好似从肌肤中生出一般。人物的衣纹组织得既严整又简练，非常利落洒脱，勾勒的用线犹如屈铁盘丝，柔中有刚。敷色上也独有匠心，在绚丽的色彩中，间隔以大块的黑白，起着统一画面的作用。人物服装的颜色用的大胆，红绿相互穿插，有对比又有呼应，用色不多，但却显得丰富而统一。如果仔细观察，可以看出服装上织绣的花纹细如毫发，极其工细。所有这些都突出地表现了我国传统的工笔重彩画的杰出成就，这一作品在我国古代美术史上占有重要的地位。

阎立本人物画的主要特色体现在哪些方面

阎立本（约601～673年）唐朝画家。雍州万年（今陕西西安）人，隋将作少监阎毗第三子。少时好读书。武德时为秦王（李世民）府库直，贞观时为主爵郎中，显庆中任将作大匠，代兄立德为工部尚书。总章元年（668年）升任右相，封博陵县男，咸亨元年（670年）迁中书令。咸亨四年卒。

阎立本人物画的主要特色表现如下：

首先是具有强烈的现实性和政治意义。他的作品多取材于当时具有历史意义的重大事件，侧重描绘著名历史人物，用以警示后人，弘扬治国安邦之大业。他曾为唐太宗画像，在凌烟阁画过四功臣像等。这与同代其他人物画家主要服务于宗教的绘画倾向有明显区别。

此外，阎立本的线描风格稳重坚实，设色较前代更趋于浓重精细，有时还使用金银作颜料。如果说两晋人物画已由汉代的简朴、稚拙发展为"迹简意淡而雅正"，那么阎立本则是在此基础上，又将中国绘画向盛唐的"焕烂而求备"推进了一步。他是一个承上启下的画家。

据画史记载，阎立本的作品有六七十件之多，其中最具代表性的有《步辇图》和《历代帝王图》。

阎立本《历代帝王图》的主要特点是什么

《历代帝王图》为绢本，现存美国波士顿美术馆。画的是古代的十三个帝王。其中有刘秀、曹丕、司马炎、杨坚这样的开国明君，也有陈叔宝、杨广这种昏君；有崇尚佛道之帝，也有毁灭佛法之皇。

此图的每个形象都寓有褒贬，而这一褒贬又是寓于每个帝王的性格和精神气质之中的。在表现帝王的形象时，作者善于通过人物的面容、眼神、眉宇和神情，来刻画不同的个性、气质，以表达作者对前代帝王的评价。如杨坚，不仅表现了"体貌奇特，仪表绝人"，而且以深沉的眼神、紧闭的双唇，显示出"雄图内断、英谋外决"的性格，这与杨广的虚浮外貌、萎靡身躯形成对照。作者之所以选择这十三个帝王，就是要"以尧舜之容，桀纣之像，各有善恶之状，兴废之戒焉"，带有明显的鉴诫教训的目的。

此图卷有别于魏晋时"秀骨清像"的类型化表现，而使人物肖像画达到一个新的水平。

宋徽宗对中国画坛的发展有何贡献

宋徽宗名赵佶（1082～1135年），神宗十一子，哲宗弟。对绘画具有很高的艺术造诣。在位时广收古物和书画，扩充翰林图画院，对绘画艺术有很大的推动和倡导作用，也使得当时画家的地位显著提高。因为优厚的待遇，再加上作为书画家的宋徽宗对院画创作的指导和关怀，使得这一时期的院画创作最为繁荣。在他的指示下，皇家的收藏也极大丰富，他还将宫内书画收藏编纂为《宣和书谱》和《宣和画谱》，成为今天研究古代绘画史的重要资料。

宋徽宗的绘画风格有两种。第一是精工富丽的皇派传统，从他的《听琴图》《芙蓉锦鸡图》等作品可以看出用笔精细，一派艳丽富贵的情调，他的这种风格对画院画家的影响很深。第二是他善用水墨渲染的技法，不甚注意色彩，崇尚清淡的笔墨情趣，这是从徐熙、易元吉、崔白等人接收来的画法。其传世名作有《听琴图》《芙蓉锦鸡图》《雪江归棹图》等（均藏于故宫博物院）。

马远绘画的主要特点是什么

马远，字遥父，号钦山，南宋时期杰出画家。擅山水、花鸟、人物，其山水师法李唐，多画江浙山水，树木杂卉多用夹笔，用大斧劈皴带水墨画山石，方硬严整。马远继承并发展了李唐的画风，以拖技的多姿形态画梅树，尤善于在章法大胆取舍剪裁，描绘山之一角水之一涯的局部，画面上留出大幅空白以突出景观。所以马远又号"马一角"。《寒江独钓图》，是马远构图技巧最成功的典范：一叶扁舟飘浮江面，渔翁独坐垂钓，除四周寥寥几笔微波外，全为空白，有力地衬托出江天空旷、寒意萧条的气象。

其花鸟作品善于在自然环境中描绘花鸟的神情野趣。所画人物，取材广泛，多画佛道、贵族、文人雅士、渔樵、农夫等。马远在当时影响极大，有独步画院之誉，与李唐、刘松年、夏圭并称南宋四家，又与夏圭并称马夏。有《踏歌图》《水图》《梅石溪凫图》《西园雅集图》《秋江渔隐图》《山径春行图》等传世。

"元四家"指的是哪几位画家

"元四家"是元代山水画的四位代表画家的合称。指的是元代黄公望、吴镇、倪瓒、王蒙四位画家。这四人均是江浙一带人，都擅长水墨山水并兼工竹石，为典型的文人画风格。四家既有各自的鲜明特点，又都具有元代山水画的时代风貌。他们强调诗书画印的有机结合，状物寄情，属于典型的文人画，其创作集中体现了元代山水画的最高成就。他们生活在元末社会动乱之际，虽然每个人社会地位及境况不尽相同，但他们不得意的遭遇是相似的，在艺术上都受到赵孟頫的影响。通过他们的探索和努力，中国山水画的笔墨技巧达到了一个高峰，对后世的绘画，尤其是"南宗"一派影响巨大。

金代画坛上最著名的代表人物有哪些

金灭北宋之后，控制北宋首都汴京，大量北宋内府收藏进入金代宫廷，极大地影响了金代的绘画创作。金代画家在中国绘画史上常被人忽略，但现代画作中许多著名的宋代山水作品，很可能是金人所作，而如今存有名字的画家，如武元直、李山、王庭筠、张瑀等，其山水花鸟画作，足可与南宋院画相媲美。

武元直，别号善夫，工山水，画多避世山水题材，属文人画家之流。他的艺术活动在金代中后期。今传世画迹有藏于台北故宫博物院的《赤壁图》卷。写苏轼《赤壁赋》词意，笔法劲利，墨色浓淡相间，表现山石皆有特色。

王庭筠，字子端，祖籍辽宁盖县，号黄华山主。擅诗文绘画，备受金章宗完颜璟重视。史载其画多以梅竹和山水为题材，也偶为墨戏，还善写真。传世作品仅《幽竹枯槎图》卷，其画构图笔法皆似苏轼《枯木竹石图》，现藏于日本藤井有邻馆。

张瑀，生平不详，传世书画有《文姬归汉图》，现藏吉林省博物馆，此图绢本淡设色，笔法简练劲拔，衣带飘忽。画蔡文姬及侍从等十余人骑马而行，有鹰、犬相随。另有一卷宫素然作《明妃出塞图》，藏于日本大阪美术馆，构图人物皆与此相似，这两画究竟是何关系，对此专家有较大争议。

明代画坛"吴门四家"是指哪几位

中国明代（1368～1644年）中期，苏州地区逐渐发展成为南方的大都市。经济的发达促进了文化的繁荣，绘画名家出现很多，文人名流经常聚会宴饮，很多文人把画画当做娱乐。他们继承和发展了崇尚笔墨意趣的元代绘画传统，中间以突出的沈周、文徵明、唐寅、仇英四人最出名，他们新颖的绘画风格和杰出的艺术成就闻名画坛。因他们都在江苏苏州从事绘画活动，苏州古为吴地，故后人将他们称为"吴门四家"。

四人各有所长，先后齐名。沈周，江苏吴县人，出身于书画世家，他的山水画以粗笔的勾勒和淡色渲染画法为主，水墨写意花卉很有特色。文徵明，长洲（今苏州）人，画家兼学者，主要用细笔画山水，喜欢用青绿重色罩染。唐寅，也就是唐伯虎，苏州人，他的人物画有时工笔，有时写意。仇英，太仓人，是人物、山水画高手，他从临摹古人作品中受到很多影响，擅长着色，青绿山水和工笔人物画非常优秀。

唐寅《落霞孤鹜图》的画风有何独特之处

唐寅（1470～1523年），中国明代画家、文学家。字子畏、伯虎，号六如居士、桃花庵主，自称江南第一风流才子。唐寅性格狂放不羁，在绘画中则独树一帜，自成一路。他行笔秀润缜密，具潇洒清逸的韵度。他的山水画大多表现雄伟险峻的重山复岭，楼阁溪桥，四时朝暮的江山胜景，有的描写亭榭园林、文人逸士悠闲的生活。其山水人物画，大幅气势磅礴，小幅清隽潇洒，题材面貌丰富多样。人物画多描写古今仕女生活和历史故事。他的代表作《落霞孤鹜图》《丘壑独步图》就是其绘画风格的最好体现。

《落霞孤鹜图》是唐寅山水画苍秀一路的代表作。画中高岭耸峙，几株茂密的柳树掩映着水阁台榭，下临大江。阁中一人独坐眺望，童

子侍立，远处落霞孤鹜，烟水微茫，景物十分辽阔。该画画法工整，山石轮廓用较干笔皴擦点染，线条变幻流畅，风格潇洒苍秀，构图不落俗套。画上自题诗曰："画栋珠帘烟水中，落霞孤鹜渺无踪。千年想见王南海，曾借龙王一阵风。"作者显然是借《滕王阁序》作者王勃的少年得志，为自己坎坷的遭遇吐不平。此画近于南宋院体，和他借鉴北宋、元代的作品风格不同，是他盛年时的得意之作。唐寅除绘画外，兼长诗文、书法，堪称"二绝"，他以高度的文化修养，深化了艺术表现的层次。

徐渭在绘画艺术上取得了哪些突出成就

徐渭（1521～1593 年），字文清，后改字文长，别号青藤、天池、田水月等，山阴人。他是我国明代杰出的文学艺术家，列为中国古代十大名画家之一。徐渭多才多艺，在书画、诗文、戏曲等领域均有很深造诣，且能独树一帜，给当世与后代都留下了深远的影响。其画能吸取前人精华，为青藤画派之鼻祖。

他在绘画方面的主要成就，是开创了大写意的一派画法，把传统的水墨写生技巧，发展至大刀阔斧、纵横睥睨的高度，墨酣笔健，流露出豪迈的气度。他利用泼墨画写生的山水、人物及各种花卉、虫鱼、瓜果，发展为墨汁淋漓、烟岚满纸的面貌。他的画特别讲究气韵，他的题画诗云："不求形似求神韵。"但徐渭不求形似，并非不注重观察自然，他极喜爱花木，屋外种竹、种葡萄，亲自浇灌，目的在于写生。他喜欢画牡丹，常以浓墨泼洒，这种泼墨牡丹画法，是他的创举，也表达了他愤世嫉俗、怀才不遇的情怀。

徐渭《葡萄图》有何特色

徐渭的《葡萄图》是大写意花鸟画的重要作品。此图纯以水墨写葡萄，随意涂抹点染，任乎性情。画藤条纷披错落，向下低垂。以饱含水分的泼墨写意法，点画葡萄枝叶，水墨酣畅。葡萄珠的晶莹透彻之感，显得淋漓酣畅。可看作是文人画中趋于放泼的一种典型。作画状物不拘形似，仅略得其意，重在寄兴遣怀。此图将水墨葡萄与作者的身世感慨结合为一。徐渭在画上自题诗曰："半生落魄已成翁，独立书斋啸晚风。笔底明珠无处卖，闲抛闲掷野藤中。"诗画与书法在图中得到自如充分的结合。其画面上所呈现的那种乱头粗服的美，较之元代画家的逸笔草草，更具有一种野拙的生机力感。

八大山人的绘画艺术特征是什么

八大山人，名朱耷，江西南昌人，是明末清初书画双绝的艺术大师。

他的作品往往以象征手法抒写心意，擅长花鸟、山水画。其花鸟承袭陈淳、徐渭写意花鸟画的传统，发展为阔笔大写意画法。特点是通过象征寓意的手法，对所画花鸟，鱼虫进行夸张手法，以其奇特的形象和简练的造型，使画中形象突出，主题鲜明，甚至将鸟、鱼的眼睛画成"白眼向人"，以此来表现自己孤傲不群、愤世嫉俗的性格，从而创造了一种前所未有的花鸟造型。

其画笔墨简朴豪放、苍劲率意、淋漓酣畅，构图疏简、奇险，风格雄奇朴茂。他的山水画初师董其昌，后又上窥黄公望、倪瓒，多作水墨山水，笔墨质朴雄健，意境荒凉寂寥。亦长于书法，擅行、草书，宗法王羲之、王献之、颜真卿等，以秃笔作书，风格流畅秀健。

石涛的绘画艺术特征是什么

石涛，中国清代画家，"清初四僧"之一。他擅长山水，兼工兰竹。其山水不局限于师承某家某派，而广泛师法历代画家之长，将传统的笔墨技法加以变化，又注重师法造化，从大自然中吸取创作源泉，并完善表现技法。作品笔法流畅凝重，松柔秀拙，尤长于点苔，密密麻麻，劈头盖面，丰富多彩；用墨浓淡干湿，或笔简墨淡，或浓重滋润，酣畅淋漓，极尽变化；构图新奇，或全景式场面宏阔，或局部特写，景物突出，变幻无穷。画风新颖奇异、苍劲恣肆、纵横排宕、生机益然。其花鸟、兰竹，亦不拘成法，自抒胸臆，笔墨爽利峻迈，淋漓清润，极富个性。

石涛的绘画，在当时即名重于世，由于他饱览名山大川，"搜尽奇峰打草稿"，最终形成了自己苍郁恣肆的独特风格。他的艺术成就，对后来的扬州八怪和近现代大写意花鸟画具有重大的影响。

张择端《清明上河图》是一幅怎样的画作

张择端，宋代著名画家。字正道，东武（今山东诸城）人。曾在北宋皇家翰林图画院任职。自幼好读书，又工绘画。擅长"界画"，尤善画舟车、市街、城郭、桥架。他的代表作有《清明上河图》《烟雨风雪图》和《西湖争标图》等。《清明上河图》是我国绘画史上的瑰宝，是举世闻名的风俗画杰作。

该幅图是一幅北宋风俗画卷。其画卷长528厘米，高24.8厘米，现藏于北京的故宫博物院。此图以精致的工笔记录了北宋末叶、徽宗时代首都汴京（今开封）郊区和城内汴河两岸的繁华和热闹的景象，以及优美的自然风光。该作品以长卷形式，采用散点透视的构图法，将繁杂的景物纳入统一而富于变化的画卷中，画中有814人，牲畜60多匹，船只28艘，房屋楼宇30多栋，车20辆，轿8顶，树木170多棵，往来衣着不同，神情各异，栩栩如生，其间还穿插各种活动；注重情节，构图疏密有致，富有节奏感和韵律的变化，笔墨章法都很巧妙，颇见功底。全图可分为3个段落：前段描绘了汴京郊外的景物，中段主要描绘的是上土桥及大汴河两岸的繁忙景象，后段则描绘了汴京市区的街景。人物大者不足3厘米，小者如豆粒，仔细品察，个个形神毕备，毫纤俱现，极富情趣。诚然是一幅描写北宋汴京城一角的现实主义风俗画，具有很高的历史价值和艺术水平。

黄公望《富春山居图》是一幅怎样的画作

《富春山居图》是黄公望 72 岁时为无用师和尚所绘，用六七年时间才画成，画面表现出秀润淡雅的风貌，气度不凡，以浙江富春江为背景，是黄公望的代表作。

全图用墨淡雅，山和水的布置疏密得当，墨色浓淡干湿并用，极富于变化。

明朝末年《富春山居图》传到收藏家吴洪裕手中，吴洪裕极为喜爱此画，每天不思茶饭的观赏临摹。甚至在临死前下令将此画焚烧殉葬，险在吴洪裕的侄子从火中抢救出，但此时画已被烧成一大一小两段，前段较小，称"剩山图"；后段画幅较长，称"无用师卷"。

范宽《溪山行旅图》是一幅怎样的画作

范宽（约 950 ~ 1027 年），北宋人，名中正，字中立。北宋前期著名画家。《溪山行旅图》是其著名代表作，也是中国绘画史上的杰作。作者以雄健、冷峻的笔力勾勒出山的轮廓和石纹的脉络，浓厚的墨色描绘出秦陇山川峻拔雄阔、壮丽浩莽的气概。这幅竖长的大幅作品，不仅层次丰富，墨色凝重、浑厚，而且极富美感，整个画面气势逼人，使人犹如身临其境一般。扑面而来的悬崖峭壁占了整个画面的三分之二。高山仰望，人在其中抬头仰看，山就在头上。在如此雄伟壮阔的大自然面前，人显得如此渺小。山底下，是一条小路，一队商旅缓缓走进了人们的视野——给人一种动态的音乐感觉。马队铃声渐渐进入了画面，山涧还有那潺潺溪水应和。动中有静，静中有动。这就是诗情画意！诗意在一动一静中优雅地显示出来。

王希孟《千里江山图》是一幅怎样的画作

《千里江山图》是北宋青绿山水画作品，纵51.5厘米，横1191.5厘米，绢本。作品以长卷形式，表现了绵亘山势，幽岩深谷，高峰平坡，流溪飞泉，水村野市，渔船游艇，桥梁水车，茅棚楼阁，以及捕鱼、游赏、行旅、呼渡等人物的活动。全面继承了隋唐以来青绿山水的表现手法，突出山青石绿的厚重、苍翠效果，使画面爽朗富丽。水、天、树、石间，用掺粉加赭的色泽渲染；用勾勒画轮廓，也间以没骨法画树干，用皴点画山坡，丰富了青绿山水的表现力；人物活动栩栩如生，充满了作者对美好生活境界的向往。作品意境雄浑壮阔，气势恢宏，充满着浓郁的生活气息，充分表现了自然山水的秀丽壮美。是一幅既写实又极富理想色彩的山水画杰作。

仇英《汉宫春晓图》是一幅怎样的画作

仇英，字实父，号十洲，江苏太仓人，侨居苏州，生卒年月不详，其作品见于明正德已巳至嘉靖壬子间，为明代四大家之一。本幅画以春日晨曦中的汉代宫廷为题，描绘后宫佳丽百态。其画面展示的内容十分丰富，有折枝、插花、饲养、歌舞、弹唱、围炉、装扮、浇灌、下棋、读书、斗草、对镜、观画、图像、戏婴、送食、挥扇，画后妃、宫娥、皇子、太监、画师共115人，个个衣着鲜丽，姿态各异，显示了画家过人的观察能力与精湛的写实功力。

全画构景繁复，用笔清劲而赋色妍雅，林木、奇石与华丽的宫阙穿插掩映，铺陈出宛如仙境般的瑰丽景象。除却美女群像之外，该图复融入琴棋书画、鉴古、莳花等文人式的休闲活动，成为仇英历史故事画中的精彩之作。

郎世宁《百骏图》是一幅怎样的画作

郎世宁，1688 年生，1766 年逝世，意大利米兰人，原名朱塞佩·伽斯底里奥内。他的《百骏图》为纸质，纵 102 厘米，横 813 厘米，现藏台北故宫博物院。公元 1715 年他以传教士的身份远涉重洋来到中国，就被重视西洋技艺的康熙皇帝召入宫中，从此开始了长达五十多年的宫廷画家生涯。在绘画创作中，郎世宁融中西技法于一体，形成精细逼真的效果，创造出了新的画风，因而深受康熙、雍正、乾隆器重。《百骏图》是其平生百余幅马作品中的杰作。此图描绘了百匹姿态各异的骏马放牧游息的场面。全卷色彩浓丽，构图复杂，风格独特，意趣盎然。

韩滉《五牛图》是一幅怎样的画作

韩滉（723～787 年），字太冲，长安（今陕西西安）人。经历玄宗至德宗四代。他是唐代宰相韩休的儿子，在唐德宗时期历任宰相、两浙节度使等职，封晋国公，是一位拥护统一、反对分裂割据的地主阶级政治家。擅画人物和畜兽，以绘田家风俗和牛羊著称。

他的这幅《五牛图》是一幅纸本设色画，纵 20.8 厘米，横 139.8 厘米，无作者款印，本幅及尾纸上有赵孟頫、孙弘、项元汴、弘历、金农等十四家题记，是我国现存的最早用纸作画的作品。画中的五头牛从左至右一字排开，各具状貌，姿态互异。一俯首吃草，一翘首前仰，一回首舔舌，一缓步前行，一在荆棵蹭痒。整幅画除最后右侧有一小树外，别无其他衬景，因此每头牛可独立成章。作者通过它们各自不同的面貌、姿态，表现了它们不同的性情：活泼的、沉静的、爱喧闹的、胆怯乖僻的。在技巧语汇表现上，作者更是独具匠心，选择了粗壮有力、具有块面感的线条去表现牛的强健、有力、沉稳而行动迟缓。其线条排比装饰却又不落俗套，而是笔力千钧。该画堪称绝世孤品。

"扬州八怪"是怎么来的

"扬州八怪"是中国清代中期活动于扬州地区的一批风格相近的书画家的总称，他们也称扬州画派。在艺术观上最突出的是重视个性表现。他们提倡风格独创，主张"自立门户"，他们公然宣布，自己的作品是为了卖钱谋取生活，撕破了过去文人画家把绘画创作视为"雅事"的面纱。在作品的题材上，他们一方面继承了文人画的传统，把梅、兰、竹、菊、松、石作为主要描写对象，以此来表现画家清高、孤傲、绝俗外；另一方面他们还运用象征、比拟、隐喻等手法，通过题写诗文，赋予作品以深刻的社会内容和独特的思想表现形式。为中国画开创了一个新天地，故被"正统"派视为"怪"。

"扬州八怪"之说，由来已久。但八人的名字，说法不一。据李玉棻《瓯钵罗室书画过目考》中的"八怪"为：罗聘、李方膺、李蝉、金农、黄慎、郑燮、高翔和汪士慎。此外，各书列名"八怪"的，还有高凤翰、边寿民、闵贞等，说法并不统一。今人多从李玉棻说。

郑板桥在绘画艺术上取得了哪些突出成就

郑燮（1693～1765 年），字克柔，号板桥，江苏兴化人，康熙秀才、雍正举人、乾隆进士。客居扬州，以卖画为生。为"扬州八怪"之一，其诗、书、画世称"三绝"，尤擅画兰竹。

他的画一般只有几竿竹、一块石、几笔兰，构图很简单，但构思布局却十分巧妙，用墨的浓淡衬出立体感。竹叶兰叶都是一笔勾成，虽只有黑色一种，但能让人感到兰竹的勃勃生气。他是一位注重自然，主张首先从生活入手的画家。"眼中之竹""胸中之竹""手中之竹"的画竹过程，是对他重视生活感受的创作观念的绝佳表述。

在艺术手法上，郑板桥主张"意在笔先"，用墨干淡并兼，笔法疲劲挺拔，布局疏密相间，以少胜多，具有"清癯雅脱"的意趣。他还重视诗、书、画三者的结合，用诗文点题，将书法题识穿插于画面形象之中，形成不可分割的统一体。尤其是将书法融于绘画之中，画竹是"以书之关纽透入于画"，画兰叶是"借草书中之中竖，长撇运之"，进一步发展了文人画的特点。

《兰竹图》是他的代表作。该画虽以寥寥数笔，写翠竹几竿、芳兰数丛、巨石一壁，然而却极好地表现出欣欣向荣而又兀傲清劲的精神。巨石仅以淡淡皴染，就突现了峭拔凌厉的气势；翠竹枝干粗细相间，竹叶疏密成致，迎风摇曳，细致坚韧，苍翠之感油生；兰草疏密相间，虽一丛丛地分散，但在竹、石的有机穿插和统贯下，不仅各丛之间有呼应，而且与竹、石构成有机的画面。整幅作品看来，笔情纵逸，但又苍劲严整，颇得萧爽之趣。而题画诗，不仅拓广了画意，并且补充了画面的空虚部位，使整体平衡紧凑。这种富有气机的作品，倘若不是对生活有细致的观察和深刻的理解，是难以成就的。

吴昌硕的绘画有何特色

吴昌硕，浙江湖州安吉人，清晚期著名画家、书法家、篆刻家，为"后海派"中的代表。

吴昌硕受徐渭和八大山人影响最大，最擅长写意花卉。由于他的书法，篆刻功底深厚，能够把书法，篆刻的行笔、运刀及章法、体势融于绘画之中，所以形成了富有金石味的独特画风，他自己说："我平生得力之处在于能以作书之法作画。"他常常用篆笔写梅兰，狂草作葡萄。所作花卉木石，笔力老成，浑厚苍劲，纵横恣肆，气势雄放，布局新颖，构图也近书印的章法布白，喜取"之"字和"女"的格局，或作对角斜势，虚实相生，主体突出。用色上似赵之谦，喜用浓丽对比的颜色，尤善用西洋红，色泽强烈鲜艳。形成了影响近现代中国画坛的直扦胸襟、酣畅淋漓的"大写意"表现形式。

如何评价敦煌壁画的艺术价值

敦煌壁画是敦煌艺术的主要组成部分，规模巨大，内容丰富，技艺精湛。5万多平方米的壁画大体可分为下列几类：佛像画、经变画、民族传统神话题材、供养人画像、装饰图案画、故事画。敦煌莫高窟的735个洞窟中近500窟绘着巨幅壁画，总面积达45000多平方米，绘画时间长逾千年。敦煌莫高窟的壁画堪称中华民族艺术宝库中最为灿烂的一颗明珠。在世界美术史上，也是惊人的伟绩，享有崇高的地位。

莫高窟壁画中最闻名于世的形象首推飞天。飞天是唐壁画引人注目的一方面，她总是配合佛陀说法而出现，有的飞翔，有的腾跃，有的扬手散花，有的互相顾盼，给人以遨游太空的欢乐景象。飞天，已成为举世闻名的敦煌壁画标志。

早期的莫高窟壁画的题材多为佛教故事，也有现实场面，如耕地、交战等，此外还有流传的神话题材，如伏羲、女娲等。这些中国传统题材与印度传来的神话如修罗王等交织在一起，表明早期佛教壁画与道、儒思想的融合。

进入唐代以后，随着文化艺术进入全面繁荣时期，敦煌的石窟创作也出现了高潮。唐代佛教典籍经过大量翻译和广泛流行，大量的佛经内容变为图像。这一时期"经变画"的规模十分宏伟。几乎一进洞窟，除塑像外，其余三壁都是巨幅绘画，人物众多，色彩绚烂华丽。这种通壁大画的出现，是唐代敦煌壁画的重要特色。

敦煌壁画填补了我国唐代以前绘画传世作品极为稀少的重大空缺，完整地保留了自北朝至元代的佛教绘画真迹，是我国最为完整的宗教绘画体系，为探索中国美术发展史提供了最系统、最丰富的历史资料。此外，敦煌壁画蕴涵了诸多历史时段中国绘画技法与绘画风格的承传与沿革。从中可以看出我国各个朝代绘画风格、技巧的发展与演变。其博大精深的内涵，为后世画家提供了丰富的营养。

清代宫廷画有何特色

清宫廷绘画主要分为三个发展时期：①顺治、康熙朝为初创阶段；②雍正、乾隆朝为鼎盛阶段；③嘉庆朝以后为衰落阶段。其盛衰与清代国力的消长密切相关。在宫廷中供职的画家，绝大部分为来自民间的职业画家，另外还有若干欧洲来华的传教士画家。清代宫廷绘画，大致可分为纪实绘画、装饰绘画、历史题材绘画和宗教绘画四类。

纪实绘画包括皇帝后妃及文武大臣的肖像、皇帝日常生活的图景和记录当时重大事件。装饰绘画包括大量粘贴于宫殿墙壁和案头观赏的山水、花鸟画。历史题材绘画创作不多。宗教绘画，佛道题材均有其中一部分受西藏喇嘛教艺术的影响，颇具特色。

帝后肖像画上作者不署名款，其余作品署款有固定格式，须用工楷字体书写，画家姓名前必冠以"臣"字，如"臣丁观鹏奉恭绘""臣郎世宁恭画"。纪实绘画中人物肖像、服饰、武备、仪仗、阵式、舟车等的描绘具体写实，具有很高的史料价值。部分山水、花鸟画往往描绘塞外景物，在题材上有新的开拓。清代宫廷绘画作品与过去各代画院绘画作品一样，宫廷富贵气息浓厚，用笔细密繁琐，色彩清丽华艳，但是从格式上看缺少变化是其一大弱点。

最著名的"中华十大传世名画"是什么

"中华十大传世名画"是中国美术史上十座不朽的丰碑，是中华文明史上十部伟大的巨著，是华夏文明的永久标签。它们是：

（1）东晋顾恺之的《洛神赋图》。该画用笔细劲古朴，体现了早期山水画的特点。

（2）唐代阎立本的《步辇图》。该画充分展露出盛唐一代明君唐太宗的风范与威仪，巧妙地运用了对比手法进行衬托表现。

（3）唐代张萱、周昉的《唐宫仕女图》。该图表现了贵族妇女生活情调，成为唐代仕女画的主要艺术特征。

（4）唐代韩滉的《五牛图》。其用笔之细，描写之传神，牛态之可掬，几可呼之欲出。

（5）五代顾闳中的《韩熙载夜宴图》。该图用笔细润圆劲，人物形象栩栩如生，是今存五代时期人物画中最杰出的代表作。

（6）北宋王希孟的《千里江山图》。画中描写了岗峦起伏的群山和烟波浩渺的江湖，是中国传统山水画中少见的巨制。

（7）北宋张择端的《清明上河图》。画中人物800之多，却神情各异。笔墨章法非常巧妙，具有极高的艺术价值。

（8）元代黄公望的《富春山居图》。这幅画把浩渺连绵的江南山水表现得淋漓尽致，达到了十分优美的境界。

（9）明代仇英的《汉宫春晓图》。这幅画表现出了宫中嫔妃的日常生活。在中国重彩仕女画中独树一帜。

（10）清代郎世宁的《百骏图》。此画描绘了百匹骏马放牧游息的场面。风格独特，别具意趣。

"中华十大传世名画"承载了古老的中华民族独特的艺术气质，用色彩记录了绵延五千年的悠久历史和横亘万里的锦绣河山，它们流传的历史就是中华民族荣辱兴衰的历史。可以说，中国十大传世名画是一部流动的历史、无声的乐章，它向世人展示了中国艺术瑰宝的真正魅力。

为什么说芮城的永乐宫壁画具有极其珍贵的价值

位于山西省芮城的永乐宫，是典型的元代建筑风格，粗大的斗拱层层叠叠地交错着，四周的雕饰不多，比起明、清两代的建筑，显得较为简洁、明朗。几个殿以南、北为中轴线，依次排列。其永乐宫壁画是我国现存壁画艺术的瑰宝，可与敦煌壁画媲美。它不仅是我国绘画史上的重要杰作，在世界绘画史上也是罕见的巨制。永乐宫壁画总面积达 960 平方米，题材丰富，画技高超，继承了唐、宋以来优秀的绘画技法，又融合了元代的绘画特点，形成了其可贵风格，成为元代寺观壁画中最为引人注目的一章。它用传统的程式画法，画面利用了不同的面部颜色、衣着和神态表达不同神仙的身份、性格，帝君的神情多半比较肃穆；武将则全身披甲，鬓发飞扬；玉女则含情脉脉地微笑，有的在对话，有的在沉思，也有些在凝神、在顾盼，形象各具特色。每个神像大都只是寥寥几笔，以浓淡粗细的长线变化，就充分表现出了质感的动势。在用色上，采用了传统的重彩勾填方法，以墨线为骨干，再填以金、朱红、青绿等色，配搭得十分和谐。近 300 个神仙朝着同一个方向行进，形成了一道朝圣的洪流，气氛神圣、庄严，但形象无一雷同，让人叹为观止。

作为唐、宋绘画艺术特别是壁画艺术的直接继承者，永乐宫壁画在我国绘画史上占有重要地位。从目前发现的我国古代绘画遗迹来看，元代人物画大幅的极少，永乐宫壁画就显得尤为珍贵，是研究元代绘画的重要资料，并可从中得到发展中国传统绘画艺术的重要启示。

参考文献

［1］任浩之. 国学知识全知道［M］. 北京：当代世界出版社，2009 年.

［2］张铭一. 国学知识全读本［M］. 武汉：武汉出版社，2010 年.

［3］肖辅臣. 国学知识全知道［M］. 北京：中国华侨出版社，2010 年.

［4］张志勇. 一次读完 30 部国学经典［M］. 哈尔滨：哈尔滨出版社，2008
年.

［5］曹胜高. 国学通论［M］. 北京：北京大学出版社，2008 年.

［6］黎重. 快乐国学一本通——有关中国传统文化的 1001 个趣味问题［M］. 北
京：中央编译出版社，2010 年.

［7］黎靖. 开心学国学［M］. 北京：新世界出版社，2010 年.

［8］蔡践. 不可不知的 300 部国学名著（修订版）［M］. 北京：中央编译出
版社，2010 年.

［9］王克忠. 国学精粹［M］. 北京：中国纺织出版社，2007 年.